CLASSIQUES
FRANÇAIS,

ÉDITION STÉRÉOTYPE,

Procédé de Firmin Didot Frères.

PARIS.

CROCHARD ET Cie,

PLACE DE L'ÉCOLE-DE-MÉDECINE, 13.

Y. 5454
+ HK.

LA PUCELLE

DE

VOLTAIRE.

PARIS. — IMPRIMERIE DE FAIN ET THUNOT
RUE RACINE, 28, PRÈS DE L'ODÉON.

LA PUCELLE,

POËME

EN VINGT-UN CHANTS, AVEC LES NOTES,

PAR VOLTAIRE.

Édition Stereotype,
D'APRÈS LE PROCÉDÉ DE FIRMIN DIDOT.

PARIS.
FORTIN, MASSON ET Cⁱᵉ, LIBRAIRES,
PLACE DE L'ÉCOLE DE MÉDECINE, 1.
1842

PRÉFACE

DE DON APULEIUS RISORIUS,

BENEDICTIN.

Remercions la bonne ame par laquelle une Pucelle nous est venue. Ce poëme héroïque et moral fut composé vers l'an 1730, comme les doctes le savent, et comme il appert par plusieurs traits de cet ouvrage. Nous voyons dans une lettre de 1740, imprimée dans le recueil des opuscules d'un grand prince, sous le nom du Philosophe de Sans souci, qu'une princesse d'Allemagne, à laquelle on avait prêté le manuscrit, seulement pour le lire, fut si édifiée de la circonspection qui regne dans un sujet si scabreux, qu'elle passa un jour et une nuit à le faire copier, et à transcrire elle-même tous les endroits les plus moraux. C'est cette même copie qui nous est enfin parvenue. On a souvent imprimé des lambeaux de notre Pucelle, et les vrais amateurs de la saine littérature ont été bien scandalisés de la voir si horriblement défigurée(1). Des éditeurs l'ont

---

(1) Lorsque ces éditions parurent, Voltaire crut devoir les désavouer par la lettre qui suit, adressée à l'académie française.

Messieurs,

« Je crois qu'il n'appartient qu'à ceux qui sont, comme

donnée en quinze chants, d'autres en seize, d'autres en dix-huit, d'autres en vingt-quatre, tantôt en

---

vous, à la tête de la littérature, d'adoucir les nouveaux désagréments auxquels les gens de lettres sont exposés depuis quelques années. Lorsqu'on donne une piece de théâtre à Paris, si elle a un peu de succès, on la transcrit d'abord aux représentations, et on l'imprime souvent pleine de fautes. Des curieux sont-ils en possession de quelques fragments d'un ouvrage, on se hâte d'ajuster ces fragments comme on peut; on remplit les vuides au hasard, et on donne hardiment, sous le nom de l'auteur, un livre qui n'est pas le sien. C'est à la fois le voler et le défigurer. C'est ainsi qu'on s'avisa d'imprimer sous mon nom, il y a deux ans, sous le titre ridicule d'Histoire universelle, deux petits volumes sans suite et sans ordre, qui ne contiendraient pas l'histoire d'une ville, et où chaque date était une erreur. Quand on ne peut imprimer l'ouvrage dont on est en possession, on le vend en manuscrit; et j'apprends qu'à présent on débite de cette maniere quelques fragments informes et falsifiés des mémoires que j'avais amassés dans les archives publiques, sur la guerre de 1741. On en use encore ainsi à l'égard d'une plaisanterie faite, il y a plus de trente ans, sur le même sujet qui rendit Chapelain si fameux. Les copies manuscrites qu'on m'en a envoyées de Paris sont de telle nature qu'un homme qui a l'honneur d'être votre confrere, qui sait un peu sa langue, et qui a puisé quelque goût dans votre société et dans vos écrits, ne sera jamais soupçonné d'avoir composé cet ouvrage tel qu'on le débite. On vient de l'imprimer d'une maniere non moins ridicule et non moins révoltante. Ce poëme a été d'abord imprimé à Francfort, quoiqu'il soit annoncé de Louvain; et l'on vient d'en donner en Hollande deux éditions qui ne sont pas plus exactes que la premiere.

Cet abus de nous attribuer des ouvrages que nous

coupant un chant en deux, tantôt en remplissant des lacunes par des vers que le cocher de Vertamont, sortant du cabaret pour aller en bonne fortune, aurait désavoués. (1)

Voici donc Jeanne dans toute sa pureté. Nous

---

n'avons pas faits, de falsifier ceux que nous avons faits, et de vendre ainsi notre nom, ne peut être détruit que par le décri dans lequel ces œuvres de ténèbres doivent tomber. C'est à vous, messieurs, et aux académies formées sur votre modèle, dont j'ai l'honneur d'être associé, que je dois m'adresser : lorsque des hommes comme vous élevent leur voix pour réprouver tous ces ouvrages que l'ignorance et l'avidité débitent, le public que vous éclairez est bientôt désabusé.

Je suis avec beaucoup de respect, etc. »

(1) Dans les dernieres éditions que des barbares ont faites de ce poëme, le lecteur est indigné de voir une multitude de vers tels que ceux-ci :

Chandos, suant et soufflant comme un bœuf,
Tâte du doigt si l'autre est une fille.
Au diable soit, dit-il, la sotte aiguille !
Bientôt le diable emporte l'étui neuf.
Il veut encor secouer sa guenille....
Chacun avait son trot et son allure.

On y dit de saint Louis :

Qu'il eût mieux fait, certes, le pauvre sire,
De se gaudir avec sa Margoton...
Onc ne tâta de bisque, d'ortolans, etc.

On y trouve Calvin du temps de Charles VII. Tout est défiguré, tout est gâté par des absurdités sans nombre : c'est un capucin défroqué, lequel a pris le nom de Maubert, qui est l'auteur de cette infamie faite uniquement pour la canaille.

craignons de faire un jugement téméraire en nommant l'auteur à qui on attribue ce poëme épique. Il suffit que les lecteurs puissent tirer quelque instruction de la morale cachée sous les allégories du poëme. Qu'importe de connaître l'auteur? il y a beaucoup d'ouvrages que les doctes et les sages lisent avec délices sans savoir qui les a faits, comme le *Pervigilium Veneris*, la satire sous le nom de Pétrone, et tant d'autres.

Ce qui nous console beaucoup, c'est qu'on trouvera dans notre Pucelle bien moins de choses hardies et libres que dans tous les grands hommes d'Italie qui ont écrit dans ce goût.

Verùm enim verò, à commencer par le Pulci, nous serions bien fâchés que notre discret auteur eût approché des petites libertés que prend ce docteur florentin dans son Morgante. Ce Luigi Pulci, qui était un grave chanoine, composa son poëme, au milieu du quinzieme siecle, pour la *signora Lucrezia Tuornaboni*, mere de Laurent de Médicis le magnifique; et il est rapporté qu'on chantait le Morgante à la table de cette dame. C'est le second poëme épique qu'ait eu l'Italie. Il y a eu de grandes disputes parmi les savants pour savoir si c'est un ouvrage sérieux ou plaisant.

Ceux qui l'ont cru sérieux se fondent sur l'exorde de chaque chant qui commence par des versets de l'écriture. Voici, par exemple, l'exorde du premier chant:

> In principio era il verbo appresso a Dio;
> Ed era Iddio il verbo, e il verbo lui.
> Questo era il principio al parer mio, etc.

PRÉFACE.

Si le premier chant commence par l'évangile, le dernier finit par le *Salve, Regina;* et cela peut justifier l'opinion de ceux qui ont cru que l'auteur avait écrit sérieusement, puisque dans ce temps-là les pieces de théâtre qu'on jouait en Italie étaient tirées de la passion et des actes des saints.

Ceux qui ont regardé le Morgante comme un ouvrage badin n'ont considéré que quelques hardiesses trop fortes auxquelles il s'abandonne.

Morgante demande à Margutte s'il est chrétien ou mahométan.

> E se egli crede in Cristo o in Macometto.
> Rispose allor Margutte, a dirtel' tosto:
> Io non credo più al nero ch'all'azzurro;
> Ma nel cappone, o lesso, o vogli arrosto,
> . . . .
> Ma sopra tutto nel buon vino ho fede.
> . . . .
> Or queste son' tre virtù cardinale,
> La gola, e'l culo, e'l dado, ch'io t'ho detto.

Vous remarquerez, s'il vous plaît, que le Crescembeni, qui ne fait nulle difficulté de ranger le Pulci parmi les vrais poëtes épiques, dit, pour l'excuser, qu'il était l'écrivain de son temps le plus modeste et le plus mesuré : *il più modesto e moderato scrittore.* Le fait est qu'il fut le précurseur du Boyardo et de l'Arioste; c'est par lui que les Roland, les Renaud, les Olivier, les Dudon, furent célèbres en Italie, et il est presque égal à l'Arioste pour la pureté de la langue.

On en a fait depuis peu une très belle édition *con licenza di superiori.* Ce n'est pas moi assurément qui l'ai faite; et si notre Pucelle parlait aussi impudemment que ce Margutte, fils d'un prêtre turc et d'une religieuse grecque, je me garderais bien de l'imprimer.

On ne trouvera pas non plus dans Jeanne les mêmes témérités que dans l'Arioste; on n'y verra point un S. Jean qui habite dans la lune, et qui dit :

>Gli scrittori amo, e fo il debito mio,
>Che al vostro mondo fui scrittor anche io;
>E ben convenne al mio lodato Cristo
>Rendermi guiderdon d'un sì gran sorte, etc.

Cela est gaillard; et S. Jean prend là une licence qu'aucun saint de la Pucelle ne prendra jamais. Il semble que Jésus ne doive sa divinité qu'au premier chapitre de S. Jean, et que cet évangéliste l'ait flatté. Ce discours sent un peu son socinien. Notre auteur discret n'a garde de tomber dans un tel excès.

C'est encore pour nous un grand sujet d'édification que notre modeste auteur n'ait imité aucun de nos anciens romans, dont le savant Huet, évêque d'Avranche, et le compilateur l'abbé Lenglet, ont fait l'histoire. Qu'on se donne seulement le plaisir de lire Lancelot du Lac, au chapitre intitulé : « Comment Lancelot coucha avec la royne, et comment le sire de Lagant la reprint »; on verra quelle est la pudeur de notre auteur en comparaison de nos auteurs antiques.

Mais *quid dicam* de l'histoire merveilleuse de Gargantua, dédiée au cardinal de Tournon? On sait

PRÉFACE.

que le chapitre des *Torche-cu* est un des plus modestes de l'ouvrage.

Nous ne parlons point ici des modernes; nous dirons seulement que tous les vieux contes imaginés en Italie, et mis en vers par La Fontaine, sont encore moins moraux que notre Pucelle. Au reste, nous souhaitons à tous nos graves censeurs les sentiments délicats du beau Monrose; à nos prudes, s'il y en a, la naïveté d'Agnès, et la tendresse de Dorothée; à nos guerriers, le bras de la robuste Jeanne; à tous les jésuites, le caractere du bon confesseur Bonifoux; à tous ceux qui tiennent une bonne maison, les attentions et le savoir-faire de Bonneau.

Nous croyons d'ailleurs ce petit livre un remede excellent contre les vapeurs qui affligent en ce temps-ci plusieurs dames et plusieurs abbés; et, quand nous n'aurions rendu que ce service au public, nous croirions n'avoir pas perdu notre temps.

LA PUCELLE D'ORLÉANS.

CHANT PREMIER.

ARGUMENT.

Amours honnêtes de Charles VII et d'Agnès Sorel. Siege d'Orléans par les Anglais. Apparition de S. Denis, etc.

Je ne suis né pour célébrer les saints :
Ma voix est faible, et même un peu profane.
Il faut pourtant vous chanter cette Jeanne
Qui fit, dit-on, des prodiges divins.
Elle affermit de ses pucelles mains
Des fleurs de lis la tige gallicane,
Sauva son roi de la rage anglicane,
Et le fit oindre au maître-autel de Reims.
Jeanne montra sous féminin visage,
Sous le corset et sous le cotillon,
D'un vrai Roland le vigoureux courage.
J'aimerais mieux, le soir, pour mon usage,
Une beauté douce comme un mouton;
Mais Jeanne d'Arc eut un cœur de lion :
Vous le verrez, si lisez cet ouvrage.
Vous tremblerez de ses exploits nouveaux;
Et le plus grand de ses rares travaux
Fut de garder un an son pucelage.

O Chapelain (1), toi dont le violon
De discordante et gothique mémoire,
Sous un archet maudit par Apollon,
D'un ton si dur a raclé son histoire;
Vieux Chapelain, pour l'honneur de ton art,
Tu voudrais bien me prêter ton génie:
Je n'en veux point; c'est pour la Motte-Houdart, (2)
Quand l'Iliade est par lui travestie.
 Le bon roi Charle, au printemps de ses jours,
Au temps de pâque, en la cité de Tours,
A certain bal (ce prince aimait la danse)
Avait trouvé, pour le bien de la France,
Une beauté nommée Agnès Sorel. (3)
Jamais l'amour ne forma rien de tel:
Imaginez de Flore la jeunesse,
La taille et l'air de la nymphe des bois,
Et de Vénus la grace enchanteresse,
Et de l'Amour le séduisant minois,
L'art d'Arachné, le doux chant des sirènes:
Elle avait tout; elle aurait dans ses chaînes
Mis les héros, les sages, et les rois;
La voir, l'aimer, sentir l'ardeur brûlante
Des doux desirs en leur chaleur naissante,
Lorgner Agnès, soupirer et trembler,
Perdre la voix en voulant lui parler,
Presser ses mains d'une main caressante,
Laisser briller sa flamme impatiente,
Montrer son trouble, en causer à son tour,
Lui plaire enfin, fut l'affaire d'un jour:
Princes et rois vont très vite en amour.
Agnès voulut, savante en l'art de plaire,
Couvrir le tout des voiles du mystere,
Voiles de gaze, et que les courtisans
Percent toujours de leurs yeux mal-faisants.
Pour colorer, comme on put, cette affaire
Le roi fit choix du conseiller Bonneau, (4)

Confident sûr, et très bon Tourangeau :
Il eut l'emploi qui, certes, n'est pas mince,
Et qu'à la cour, où tout se peint en beau,
Nous appelons être l'ami du prince,
Et qu'à la ville, et sur-tout en province,
Les gens grossiers ont nommé maquereau.
Monsieur Bonneau, sur le bord de la Loire,
Était seigneur d'un fort joli château.
Agnès un soir s'y rendit en bateau,
Et le roi Charle y vint à la nuit noire.
On y soupa ; Bonneau servit à boire ;
Tout fut sans faste, et non pas sans apprêts.
Festins des dieux, vous n'êtes rien auprès !
Nos deux amants, pleins de trouble et de joie,
Ivres d'amour, à leurs desirs en proie,
Se renvoyaient des regards enchanteurs,
De leurs plaisirs brûlants avant-coureurs.
Les doux propos, libres sans indécence,
Aiguillonnaient leur vive impatience.
Le prince en feu des yeux la dévorait ;
Contes d'amour d'un air tendre il faisait,
Et du genou le genou lui serrait.

Le souper fait, on eut une musique
Italienne en genre chromatique ; (5)
On y mêla trois différentes voix
Aux violons, aux flûtes, aux hautbois :
Elles chantaient l'allégorique histoire
De ces héros qu'amour avait domtés,
Et qui, pour plaire à de tendres beautés,
Avaient quitté les fureurs de la gloire.
Dans un réduit cette musique était
Près de la chambre où le bon roi soupait.
La belle Agnès, discrete et retenue,
Entendait tout, et d'aucun n'était vue.

Déja la lune est au haut de son cours :
Voilà minuit ; c'est l'heure des amours.

Dans une alcove artistement dorée,
Point trop obscure, et point trop éclairée,
Entre deux draps que la Frise a tissus,
D'Agnès Sorel les charmes sont reçus.
Près de l'alcove une porte est ouverte,
Que dame Alix, suivante très experte,
En s'en allant oublia de fermer.
O vous, amants, vous qui savez aimer,
Vous voyez bien l'extrême impatience
Dont pétillait notre bon roi de France!
Sur ses cheveux, en tresse retenus,
Parfums exquis sont déjà répandus:
Il vient, il entre au lit de sa maîtresse;
Moment divin de joie et de tendresse!
Le cœur leur bat; l'amour et la pudeur
Au front d'Agnès font monter la rougeur.
La pudeur passe, et l'amour seul demeure:
Son tendre amant l'embrasse tout à l'heure;
Ses yeux ardents, éblouis, enchantés,
Avidement parcourent ses beautés.
Qui n'en serait en effet idolâtre?
Sous un cou blanc qui fait honte à l'albâtre,
Sont deux tetons séparés, faits au tour,
Allants, venants, arrondis par l'Amour;
Leur boutonnet a la couleur des roses.
Teton charmant qui jamais ne reposes,
Vous invitiez les mains à vous presser,
L'œil à vous voir, la bouche à vous baiser.
Pour mes lecteurs tout plein de complaisance,
J'allais montrer à leurs yeux ébaudis
De ce beau corps les contours arrondis;
Mais la vertu qu'on nomme bienséance
Vient arrêter mes pinceaux trop hardis.
Tout est beauté, tout est charme dans elle.
La volupté, dont Agnès a sa part,
Lui donne encore une grace nouvelle;

Elle l'anime : amour est un grand fard,
Et le plaisir embellit toute belle.
 Trois mois entiers nos deux jeunes amants
Furent livrés à ces ravissements.
Du lit d'amour ils vont droit à la table :
Un déjeûner restaurant, délectable,
Rend à leurs sens leur premiere vigueur ;
Puis, pour la chasse épris de même ardeur,
Ils vont tous deux sur des chevaux d'Espagne
Suivre cent chiens japants dans la campagne.
A leur retour on les conduit aux bains ;
Pâtes, parfums, odeurs de l'Arabie,
Qui font la peau douce, fraîche et polie,
Sont prodigués sur eux à pleines mains.
 Le dîner vient ; la délicate chere,
L'oiseau du Phase, et le coq de bruyere,
De vingt ragoûts l'apprêt délicieux,
Charment le nez, le palais, et les yeux :
Du vin d'Aï la mousse pétillante,
Et du Tokai la liqueur jaunissante,
En chatouillant les fibres des cerveaux,
Y porte un feu qui s'exhale en bons mots
Aussi brillants que la liqueur légere
Qui monte et saute et mousse au bord du verre :
L'ami Bonneau d'un gros rire applaudit
A son bon roi qui montre de l'esprit.
Le dîner fait, on digere, on raisonne,
On conte, on rit, on médit du prochain,
On fait brailler des vers à maître Alain,
On fait venir des docteurs de Sorbonne,
Des perroquets, un singe, un arlequin.
Le soleil baisse ; une troupe choisie
Avec le roi court à la comédie ;
Et, sur la fin de ce fortuné jour,
Le couple heureux s'enivre encor d'amour.
 Plongés tous deux dans le sein des délices

Ils paraissaient en goûter les prémices.
Toujours heureux et toujours plus ardents,
Point de soupçons, encor moins de querelles,
Nulle langueur; et l'Amour et le Temps
Auprès d'Agnès ont oublié leurs ailes.
Charles souvent disait entre ses bras,
En lui donnant des baisers tout de flamme:
Ma chere Agnès, idole de mon ame,
Le monde entier ne vaut point vos appas;
Vaincre et régner, n'est rien qu'une folie.
Mon parlement (6) me bannit aujourd'hui;
Au fier Anglais la France est asservie.
Ah! qu'il soit roi; mais qu'il me porte envie:
J'ai votre cœur, je suis plus roi que lui.

 Un tel discours n'est pas trop héroïque;
Mais un héros, quand il tient dans un lit
Maîtresse honnête, et que l'amour le pique,
Peut s'oublier, et ne sait ce qu'il dit.

 Comme il menait cette joyeuse vie,
Tel qu'un abbé dans sa grasse abbaye,
Le prince anglais (7), toujours plein de furie,
Toujours aux champs, toujours armé, botté,
Le pot en tête et la dague au côté,
Lance en arrêt, la visiere haussée,
Foulait aux pieds la France terrassée.
Il marche, il vole, il renverse en son cours
Les murs épais, les menaçantes tours,
Répand le sang, prend l'argent, taxe, pille,
Livre aux soldats et la mere et la fille,
Fait violer des couvents de nonnains,
Boit le muscat des peres bernardins,
Frappe en écus l'or qui couvre les saints,
Et, sans respect pour Jésus ni Marie,
De mainte église il fait mainte écurie:
Ainsi qu'on voit dans une bergerie
Des loups sanglants de carnage altérés,

CHANT I.

Et sous leurs dents les troupeaux déchirés,
Tandis qu'au loin, couché dans la prairie,
Colin s'endort sur le sein d'Egérie,
Et que son chien près d'eux est occupé
A se saisir des restes du soupé.

Or, du plus haut du brillant apogée,
Séjour des saints, et fort loin de nos yeux,
Le bon Denis (8), prêcheur de nos aïeux,
Vit les malheurs de la France affligée,
L'état horrible où l'Anglais l'a plongée,
Paris aux fers, et le roi très chrétien
Baisant Agnès, et ne songeant à rien.
Ce bon Denis est patron de la France
Ainsi que Mars fut le saint des Romains,
Ou bien Pallas chez les Athéniens.
Il faut pourtant en faire différence;
Un saint vaut mieux que tous les dieux païens.

Ah! par mon chef, dit-il, il n'est pas juste
De voir ainsi tomber l'empire auguste
Où de la foi j'ai planté l'étendard:
Trône des lis, tu cours trop de hasard;
Sang des Valois, je ressens tes miseres.
Ne souffrons pas que les superbes freres
De Henri cinq (9), sans droit et sans raison,
Chassent ainsi le fils de la maison.
J'ai, quoique saint, et Dieu me le pardonne!
Aversion pour la race bretonne:
Car, si j'en crois le livre des destins,
Un jour ces gens, raisonneurs et mutins,
Se gausseront des saintes décrétales,
Déchireront les romaines annales,
Et tous les ans le pape brûleront.
Vengeons de loin ce sacrilege affront:
Mes chers Français seront tous catholiques;
Ces fiers Anglais seront tous hérétiques:
Frappons, chassons ces dogues britanniques;

Punissons-les, par quelque nouveau tour,
De tout le mal qu'ils doivent faire un jour.
 Des Gallicans ainsi parlait l'apôtre,
De maudissons lardant sa patenôtre :
Et cependant que tout seul il parlait,
Dans Orléans un conseil se tenait.
Par les Anglais cette ville bloquée
Au roi de France allait être extorquée.
Quelques seigneurs et quelques conseillers,
Les uns pédants, et les autres guerriers,
Sur divers tons déplorant leur misere,
Pour leur refrein disaient, que faut-il faire?
Poton, la Hire, et ce brave Dunois, (10)
S'écriaient tous en se mordant les doigts :
Allons, amis, mourons pour la patrie;
Mais aux Anglais vendons cher notre vie.
Le Richemont criait tout haut : Par Dieu,
Dans Orléans il faut mettre le feu;
Et que l'Anglais, qui pense ici nous prendre,
N'ait rien de nous que fumée et que cendre.
 Pour la Trimouille, il disait : C'est en vai*
Que mes parents me firent Poitevin;
J'ai dans Milan laissé ma Dorothée ;
Pour Orléans, hélas! je l'ai quittée.
Je combattrai, mais je n'ai plus d'espoir :
Faut-il mourir, ô ciel, sans la revoir?
Le président Louvet (11), grand personnage,
Au maintien grave, et qu'on eût pris pour sage,
Dit : Je voudrais que préalablement
Nous fissions rendre arrêt de parlement
Contre l'Anglais, et qu'en ce cas énorme
Sur toute chose on procédât en forme.
Louvet était un grand clerc; mais, hélas!
Il ignorait son triste et piteux cas :
S'il le savait, sa gravité prudente
Procéderait contre sa présidente;

CHANT I.

Le grand Talbot, le chef des assiégeants,
Brûle pour elle, et regne sur ses sens :
Louvet l'ignore, et sa mâle éloquence
N'a pour objet que de venger la France.
Dans ce conseil de sages, de héros,
On entendait les plus nobles propos ;
Le bien public, la vertu les inspire :
Sur-tout l'adroit et l'éloquent la Hire
Parla long-temps, et pourtant parla bien ;
Ils disaient d'or, et ne concluaient rien.

    Comme ils parlaient, on vit par la fenêtre
Je ne sais quoi dans les airs apparaître :
Un beau fantôme au visage vermeil,
Sur un rayon détaché du soleil,
Des cieux ouverts fend la voûte profonde ;
Odeur de saint se sentait à la ronde.
Le farfadet dessus son chef avait
A deux pendants une mitre pointue
D'or et d'argent, sur le sommet fendue ;
Sa dalmatique au gré des vents flottait,
Son front brillait d'une sainte auréole, (12)
Son cou penché laissait voir son étole ;
Sa main portait ce bâton pastoral
Qui fut jadis *lituus* augural. (13)
A cet objet, qu'on discernait fort mal,
Voilà d'abord monsieur de la Trimouille,
Paillard dévot, qui prie et s'agenouille.
Le Richemont, qui porte un cœur de fer,
Blasphémateur, jureur impitoyable,
Haussant la voix, dit que c'était le diable
Qui leur venait du fin fond de l'enfer ;
Que ce serait chose très agréable
Si l'on pouvait parler à Lucifer.
Maître Louvet s'en courut au plus vite
Chercher un pot tout rempli d'eau bénite.
Poton, la Hire, et Dunois, ébahis,

Ouvrent tous trois de grands yeux ébaubis :
Tous les valets sont couchés sur le ventre.
L'objet approche, et le saint fantôme entre
Tout doucement porté sur son rayon ;
Puis donne à tous sa bénédiction.
Soudain chacun se signe et se prosterne.
 Il les releve avec un air paterne ;
Puis il leur dit : Ne faut vous effrayer ;
Je suis Denis (14), et saint de mon métier :
J'aime la Gaule, et l'ai catéchisée ;
Et ma bonne ame est très-scandalisée
De voir Charlot, mon filleul tant aimé,
Dont le pays en cendre est consumé,
Et qui s'amuse, au lieu de le défendre,
A deux tetons qu'il ne cesse de prendre.
J'ai résolu d'assister aujourd'hui
Les bons Français qui combattent pour lui ;
Je veux finir leur peine et leur misere.
Tout mal, dit-on, guérit par son contraire :
Or si Charlot veut, pour une catin,
Perdre la France et l'honneur avec elle,
J'ai résolu, pour changer son destin,
De me servir des mains d'une pucelle.
Vous, si d'en-haut vous desirez les biens,
Si vos cœurs sont et français et chrétiens,
Si vous aimez le roi, l'état, l'église,
Assistez-moi dans ma sainte entreprise ;
Montrez le nid où nous devons chercher
Ce vrai phénix que je veux dénicher.
 Ainsi parla le vénérable sire.
Quand il eut fait, chacun se prit à rire.
Le Richemont, né plaisant et moqueur,
Lui dit : Ma foi, mon cher prédicateur,
Monsieur le saint, ce n'était pas la peine
D'abandonner le céleste domaine
Pour demander à ce peuple méchant

Ce beau joyau que vous estimez tant.
Quand il s'agit de sauver une ville,
Un pucelage est une arme inutile.
Pourquoi d'ailleurs le prendre en ce pays?
Vous en avez tant dans le paradis!
Rome et Lorette ont cent fois moins de cierges
Que chez les saints il n'est là-haut de vierges.
Chez les Français, hélas! il n'en est plus;
Tous nos moutiers sont à sec là-dessus;
Nos francs-archers, nos officiers, nos princes,
Ont dès long-temps dégarni les provinces:
Ils ont tous fait, en dépit de vos saints,
Plus de bâtards encor que d'orphelins.
Monsieur Denis, pour finir nos querelles,
Cherchez ailleurs, s'il vous plaît, des pucelles.

Le saint rougit de ce discours brutal;
Puis aussitôt il remonte à cheval
Sur son rayon, sans dire une parole,
Pique des deux, et par les airs s'envole,
Pour déterrer, s'il peut, ce beau bijou
Qu'on tient si rare, et dont il semble fou.
Laissons-le aller; et tandis qu'il se perche
Sur l'un des traits qui vont porter le jour,
Ami lecteur, puissiez-vous en amour
Avoir le bien de trouver ce qu'il cherche!

FIN DU CHANT I.

CHANT II.

ARGUMENT.

Jeanne, armée par S. Denis, va trouver Charles VII à Tours: ce qu'elle fit en chemin; et comment elle eut son brevet de pucelle.

Heureux cent fois qui trouve un pucelage !
C'est un grand bien : mais de toucher un cœur
Est à mon sens un plus cher avantage.
Se voir aimé, c'est là le vrai bonheur.
Qu'importe, hélas ! d'arracher une fleur ?
C'est à l'amour à nous cueillir la rose.
De très grands clercs ont gâté par leur glose
Un si beau texte : ils ont cru faire voir
Que le plaisir n'est point dans le devoir.
Je veux contre eux faire un jour un beau livre;
J'enseignerai le grand art de bien vivre ;
Je montrerai qu'en réglant nos desirs,
C'est du devoir que viennent nos plaisirs.
Dans cette honnête et savante entreprise
Du haut des cieux saint Denis m'aidera :
Je l'ai chanté, sa main me soutiendra.
En attendant il faut que je vous dise
Quel fut l'effet de sa sainte entremise.
   Vers les confins du pays champenois,
Où cent poteaux, marqués de trois merlettes, (1)
Disaient aux gens: « En Lorraine vous êtes »,

CHANT II.

Est un vieux bourg peu fameux autrefois ;
Mais il mérite un grand nom dans l'histoire,
Car de lui vient le salut et la gloire
Des fleurs de lis et du peuple gaulois.
De Domremi chantons tous le village ;
Faisons passer son beau nom d'âge en âge.

O Domremi ! tes pauvres environs
N'ont ni muscats, ni pêches, ni citrons,
Ni mine d'or, ni bon vin qui nous damne ;
Mais c'est à toi que la France doit Jeanne.
Jeanne (2) y naquit : certain curé du lieu,
Faisant par-tout des serviteurs à Dieu,
Ardent au lit, à table, à la priere,
Moine autrefois, de Jeanne fut le pere ;
Une robuste et grasse chambriere
Fut l'heureux moule où ce pasteur jeta
Cette beauté qui les Anglais domta.
Vers les seize ans en une hôtellerie
On l'engagea pour servir l'écurie
A Vaucouleurs ; et déja de son nom
La renommée emplissait ce canton.
Son air est fier, assuré, mais honnête ;
Ses grands yeux noirs brillent à fleur de tête ;
Trente-deux dents d'une égale blancheur
Sont l'ornement de sa bouche vermeille,
Qui semble aller de l'une à l'autre oreille,
Mais bien bordée et vive en sa couleur,
Appétissante et fraîche par merveille ;
Ses tetons bruns, mais fermes comme un roc,
Tentent la robe, et le casque, et le froc :
Elle est active, adroite, vigoureuse,
Et d'une main potelée et nerveuse
Soutient fardeaux, verse cent brocs de vin,
Sert le bourgeois, le noble, le robin ;
Chemin faisant, vingt soufflets distribue
Aux étourdis dont l'indiscrete main

Va tâtonnant sa cuisse ou gorge nue;
Travaille et rit du soir jusqu'au matin,
Conduit chevaux, les panse, abreuve, étrille,
Et, les pressant de sa cuisse gentille,
Les monte à cru comme un soldat romain. (3)
O profondeur! ô divine Sagesse!
Que tu confonds l'orgueilleuse faiblesse
De tous ces grands, si petits à tes yeux!
Que les petits sont grands, quand tu le veux!
Ton serviteur Denis le bienheureux
N'alla rôder aux palais des princesses,
N'alla chez vous, mesdames les duchesses;
Denis courut, amis, qui le croirait?
Chercher l'honneur, où? dans un cabaret.
Il était temps que l'apôtre de France
Envers sa Jeanne usât de diligence;
Le bien public était en grand hasard.
De Satanas la malice est connue;
Et si le saint fût arrivé plus tard
D'un seul moment, la France était perdue:
Un cordelier, qu'on nommait Grisbourdon
Avec Chandos arrivé d'Albion,
Etait alors dans cette hôtellerie:
Il aimait Jeanne autant que sa patrie;
C'était l'honneur de la pénaillerie,
De tous côtés allant en mission,
Prédicateur, confesseur, espion,
De plus grand clerc en la sorcellerie, (4)
Savant dans l'art en Egypte sacré,
Dans ce grand art cultivé chez les mages,
Chez les Hébreux, chez les antiques sages,
De nos savants dans nos jours ignoré.
Jours malheureux! tout est dégénéré.
En feuilletant ses livres de cabale,
Il vit qu'aux siens Jeanne serait fatale,
Qu'elle portait dessous son court jupon

CHANT II.

Tout le destin d'Angleterre et de France.
Encouragé par la noble assistance
De son génie, il jura son cordon,
Son dieu, son diable, et saint François d'Assise,
Qu'à ses vertus Jeanne serait soumise,
Qu'il saisirait ce beau palladion. (5)
Il s'écriait, en faisant l'oraison:
Je servirai ma patrie et l'église;
Moine et Breton, je dois faire le bien
De mon pays, et plus encor le mien.

 Au même temps un ignorant, un rustre,
Lui disputait cette conquête illustre:
Cet ignorant valait un cordelier;
Car vous saurez qu'il était muletier;
Le jour, la nuit, offrant sans fin, sans terme,
Son lourd service et l'amour le plus ferme.
L'occasion, la douce égalité,
Faisaient pencher Jeanne de son côté;
Mais sa pudeur triomphait de la flamme
Qui par les yeux se glissait dans son ame.
Le Grisbourdon vit sa naissante ardeur:
Mieux qu'elle encore il lisait dans son cœur.
Il vint trouver son rival si terrible;
Puis il lui tint ce discours très plausible:

 Puissant héros, qui passez au besoin
Tous les mulets commis à votre soin,
Vous méritez, sans doute, la Pucelle:
Elle a mon cœur comme elle a tous vos vœux;
Rivaux ardents, nous nous craignons tous deux,
Et comme vous je suis amant fidele.
Çà, partageons; et, rivaux sans querelle,
Tâtons tous deux de ce morceau friand,
Qu'on pourrait perdre en se le disputant:
Conduisez-moi vers le lit de la belle;
J'évoquerai le démon du dormir;
Ses doux pavots vont soudain l'assoupir,

Et tour à tour nous veillerons pour elle.
Incontinent le pere au grand cordon
Prend son grimoire, évoque le démon
Qui de Morphée eut autrefois le nom.
Ce pesant diable est maintenant en France ;
Vers le matin, lorsque nos avocats
Vont s'enrouer à commenter Cujas,
Avec messieurs il ronfle à l'audience ;
L'après-dîner il assiste aux sermons
Des apprentis dans l'art des Massillons,
A leurs trois points, à leurs citations,
Aux lieux communs de leur belle éloquence :
Dans le parterre il vient bâiller le soir.
 Aux cris du moine il monte en son char noir,
Par deux hiboux traîné dans la nuit sombre ;
Dans l'air il glisse, et doucement fend l'ombre :
Les yeux fermés, il arrive en bâillant,
Se met sur Jeanne, et tâtonne, et s'étend,
Et secouant son pavot narcotique,
Lui souffle au sein vapeur soporifique.
Tel on nous dit que le moine Girard, (6)
En confessant la gentille Cadiere,
Insinuait de son souffle paillard
De diablotaux une ample fourmilliere.
 Nos deux galants, pendant ce doux sommeil,
Aiguillonnés du démon du réveil,
Avaient de Jeanne ôté la couverture.
Déja trois dés roulant sur son beau sein,
Vont décider, au jeu de saint Guilain,
Lequel des deux doit tenter l'aventure.
Le moine gagne ; un sorcier est heureux :
Le Grisbourdon se saisit des enjeux ;
Il fond sur Jeanne. O soudaine merveille !
Denis arrive, et Jeanne se réveille.
O dieu, qu'un saint fait trembler tout pécheur !
Nos deux rivaux se renversent de peur.

CHANT II.

Chacun d'eux fuit, emportant dans le cœur
Avec la crainte un desir de mal faire.
Vous avez vu, sans doute, un commissaire
Cherchant de nuit un couvent de Vénus;
Un jeune essaim de tendrons demi-nus
Saute du lit, s'esquive, se dérobe
Aux yeux hagards du noir pédant en ro.
Ainsi fuyaient mes paillards confondus.

Denis s'avance et reconforte Jeanne,
Tremblante encor de l'attentat profane.
Puis il lui dit : Vase d'élection,
Le Dieu des rois, par tes mains innocentes,
Veut des Français venger l'oppression,
Et renvoyer dans les champs d'Albion
Des fiers Anglais les cohortes sanglantes.
Dieu sait changer d'un souffle tout-puissant
Le roseau frêle en cedre du Liban,
Sécher les mers, abaisser les collines,
Du monde entier réparer les ruines.
Devant tes pas la foudre grondera,
Autour de toi la terreur volera,
Et tu verras l'ange de la victoire
Ouvrir pour toi les sentiers de la gloire.
Suis-moi, renonce à tes humbles travaux;
Viens placer Jeanne au nombre des héros.

A ce discours terrible et pathétique,
Très consolant et très théologique,
Jeanne étonnée, ouvrant un large bec,
Crut quelque temps que l'on lui parlait grec.
La grace agit ; cette augustine grace
Dans son esprit porte un jour efficace.
Jeanne sentit dans le fond de son cœur
Tous les élans d'une sublime ardeur.
Non, ce n'est plus Jeanne la chambriere,
C'est un héros, c'est une ame guerriere.
Tel un bourgeois humble, simple, grossier,

Qu'un vieux richard a fait son héritier,
En un palais fait changer sa chaumiere;
Son air honteux devient démarche fiere;
Les grands surpris admirent sa hauteur,
Et les petits l'appellent monseigneur.
 Or, pour hâter leur auguste entreprise,
Jeanne et Denis s'en vont droit à l'église.
Lors apparut dessus le maître-autel
(Fille de Jean, quelle fut ta surprise!)
Un beau harnois tout frais venu du ciel;
Des arsenaux du terrible empirée,
En cet instant, par l'archange Michel
La noble armure avait été tirée:
On y voyait l'armet de Débora; (7)
Ce clou pointu funeste à Sisara;
Le caillou rond dont un berger fidele
De Goliath entama la cervelle;
Cette mâchoire avec quoi combattit
Le fier Samson, qui ses cordes rompit
Lorsqu'il se vit vendu par sa donzelle;
Le coutelet de la belle Judith,
Cette beauté si galamment perfide,
Qui, pour le ciel, saintement homicide,
Son cher amant massacra dans son lit.
A ces objets la sainte émerveillée
De cette armure est bientôt habillée;
Elle vous prend et casque et corselet,
Brassards, cuissarts, baudrier, gantelet,
Lance, clou, dague, épieu, caillou, mâchoire,
Marche, s'essaie, et brûle pour la gloire.
 Toute héroïne a besoin d'un coursier:
Jeanne en demande au triste muletier;
Mais aussitôt un âne se présente,
Au beau poil gris, à la voix éclatante,
Bien étrillé, sellé, bridé, ferré,
Portant arçons, avec chanfrein doré,

CHANT II.

Caracollant, du pied frappant la terre,
Comme un coursier de Thrace ou d'Angleterre.
  Ce beau grison deux ailes possédait
Sur son échine, et souvent s'en servait.
Ainsi Pégase, au haut des deux collines,
Portait jadis neuf pucelles divines ;
Et l'hippogriffe, à la lune volant,
Portait Astolphe au pays de saint Jean.
Mon cher lecteur veut connaître cet âne
Qui vint alors offrir sa croupe à Jeanne ;
Il le saura, mais dans un autre chant : (8)
Je l'avertis cependant qu'il révere
Cet âne heureux, qui n'est pas sans mystere.
  Sur son grison Jeanne a déja sauté ;
Sur son rayon Denis est remonté :
Tous deux s'en vont vers les rives de Loire
Porter au roi l'espoir de la victoire.
L'âne tantôt trotte d'un pied léger,
Tantôt s'éleve et fend les champs de l'air.
Le cordelier, toujours plein de luxure,
Un peu remis de sa triste aventure,
Usant enfin de ses droits de sorcier,
Change en mulet le pauvre muletier,
Monte dessus, chevauche, pique, et jure
Qu'il suivra Jeanne au bout de la nature
Le muletier, en son mulet caché,
Bât sur le dos, crut gagner au marché ;
Et du vilain l'ame terrestre et crasse
A peine vit qu'elle eût changé de place.
  Jeanne et Denis s'en allaient donc vers Tours
Chercher ce roi plongé dans les amours.
Près d'Orléans comme ensemble ils passerent,
L'ost des Anglais de nuit ils traverserent.
Ces fiers Bretons, ayant bu tristement,
Cuvaient leur vin, dormaient profondément.
Tout était ivre, et goujats et vedettes ;

On n'entendait ni tambours ni trompettes ;
L'un dans sa tente était couché tout nu,
L'autre ronflait sur son page étendu.
　　Alors Denis, d'une voix paternelle,
Tint ces propos tout bas à la Pucelle :
Fille de bien, tu sauras que Nisus, (9)
Etant un soir aux tentes de Turnus,
Bien secondé de son cher Euryale,
Rendit la nuit aux Rutulois fatale.
Le même advint au quartier de Rhésus, (10)
Quand la valeur du preux fils de Tydée,
Par la nuit noire et par Ulysse aidée,
Sut envoyer, sans danger, sans effort,
Tant de Troyens du sommeil à la mort.
Tu peux jouir de semblable victoire.
Parle, dis-moi, veux-tu de cette gloire ?
Jeanne lui dit : Je n'ai point lu l'histoire ;
Mais je serais d'un courage bien bas
De tuer gens qui ne combattent pas.
Disant ces mots elle avise une tente
Que les rayons de la lune brillante
Faisaient paraître à ses yeux éblouis
Tente d'un chef ou d'un jeune marquis ;
Cent gros flacons remplis d'un vin exquis
Sont tout auprès. Jeanne avec assurance
D'un grand pâté prend les vastes débris,
Et boit six coups, avec monsieur Denis,
A la santé de son bon roi de France.
　　La tente était celle de Jean Chandos, (11)
Fameux guerrier, qui dormait sur le dos.
Jeanne saisit sa redoutable épée,
Et sa culotte en velours découpée.
Ainsi jadis David, aimé de Dieu,
Ayant trouvé Saül en certain lieu,
Et lui pouvant ôter très bien la vie,
De sa chemise il lui coupa partie,

Pour faire voir à tous les potentats
Ce qu'il put faire, et ce qu'il ne fît pas.
Près de Chandos était un jeune page
De quatorze ans, mais charmant pour son âge,
Lequel montrait deux globes faits au tour,
Qu'on aurait pris pour ceux du tendre amour.
Non loin du page était une écritoire,
Dont se servait le jeune homme après boire,
Quand tendrement quelques vers il faisait
Pour la beauté qui son cœur séduisait.
Jeanne prend l'encre, et sa main lui dessine
Trois fleurs de lis, juste dessous l'échine;
Présage heureux du bonheur des Gaulois,
Et monument de l'amour de ses rois.
Le bon Denis voyait, se pâmant d'aise,
Les lis français sur une fesse anglaise.

Qui fut penaud le lendemain matin?
Ce fut Chandos, ayant cuvé son vin;
Car s'éveillant, il vit sur ce beau page
Les fleurs de lis. Plein d'une juste rage,
Il crie alerte; il croit qu'on le trahit:
A son épée il court auprès du lit;
Il cherche en vain, l'épée est disparue;
Point de culotte: il se frotte la vue,
Il gronde, il crie, et pense fermement
Que le grand diable est entré dans le camp.

Ah! qu'un rayon de soleil, et qu'un âne,
Cet âne ailé qui sur son dos a Jeanne,
Du monde entier feraient bientôt le tour!
Jeanne et Denis arrivent à la cour.
Le doux prélat sait par expérience
Qu'on est railleur à cette cour de France;
Il se souvient des propos insolents
Que Richemont lui tint dans Orléans,
Et ne veut plus à pareille aventure
D'un saint évêque exposer la figure.

Pour son honneur il prit un nouveau tour ;
Il s'affubla de la triste encolure
Du bon Roger, seigneur de Baudricour, (12)
Preux chevalier et ferme catholique,
Hardi parleur, loyal et véridique,
Malgré cela pas trop mal à la cour.

  Eh ! jour de Dieu, dit-il parlant au prince,
Vous languissez au fond d'une province,
Esclave roi, par l'amour enchaîné !
Quoi ! votre bras indignement repose !
Ce front royal, ce front n'est couronné
Que de tissus et de myrte et de rose !
Et vous laissez vos cruels ennemis
Rois dans la France et sur le trône assis !
Allez mourir, ou faites la conquête
De vos états ravis par ces mutins :
Le diadême est fait pour votre tête,
Et les lauriers n'attendent que vos mains.
Dieu, dont l'esprit allume mon courage,
Dieu, dont ma voix annonce le langage,
De sa faveur est prêt à vous couvrir.
Osez le croire, osez vous secourir :
Suivez du moins cette auguste amazone ;
C'est votre appui, c'est le soutien du trône,
C'est par son bras que le maître des rois
Veut rétablir nos princes et nos lois.
Jeanne avec vous chassera la famille
De cet Anglais si terrible et si fort :
Devenez homme ; et, si c'est votre sort
D'être à jamais mené par une fille,
Fuyez au moins celle qui vous perdit,
Qui votre cœur dans ses bras amollit ;
Et, digne enfin de ce secours étrange,
Suivez les pas de celle qui vous venge.

  Un roi de France eut toujours dans le cœur
Avec l'amour un très grand fonds d'honneur.

CHANT II.

Du vieux soldat le discours pathétique
A dissipé son sommeil léthargique,
Ainsi qu'un ange un jour du haut des airs,
De sa trompette ébranlant l'univers,
Rouvrant la tombe, animant la poussiere,
Rappellera les morts à la lumiere.
Charle éveillé, Charle bouillant d'ardeur,
Ne lui répond qu'en s'écriant aux armes.
Les seuls combats à ses yeux ont des charmes:
Il prend sa pique, il brûle de fureur.

Bientôt après la premiere chaleur
De ces transports où son ame est en proie,
Il voulut voir si celle qu'on envoie
Vient de la part du diable ou du Seigneur,
Ce qu'il doit croire, et si ce grand prodige
Est en effet ou miracle ou prestige.
Donc, se tournant vers la fiere beauté,
Le roi lui dit d'un ton de majesté,
Qui confondrait toute autre fille qu'elle:
Jeanne, écoutez; Jeanne, êtes-vous pucelle?
Jeanne lui dit: O grand sire, ordonnez
Que médecins, lunettes sur le nez,
Matrones, clercs, pédants, apothicaires,
Viennent sonder ces féminins mysteres;
Et, si quelqu'un se connait à cela,
Qu'il trousse Jeanne, et qu'il regarde là.

A sa réponse et sage et mesurée
Le roi vit bien qu'elle était inspirée.
Or sus, dit-il, si vous en savez tant,
Fille de bien, dites-moi dans l'instant
Ce que j'ai fait cette nuit à ma belle;
Mais parlez net. Rien du tout, lui dit-elle.
Le roi surpris soudain s'agenouilla,
Cria tout haut miracle, et se signa.
Incontinent la cohorte fourrée,
Bonnet en tête, Hippocrate à la main,

Vient observer le pur et noble sein
De l'amazone à leurs regards livrée : (13)
On la met nue ; et monsieur le doyen,
Ayant le tout considéré très bien,
Dessus, dessous, expédie à la belle
En parchemin un brevet de pucelle.

 L'esprit tout fier de ce brevet sacré,
Jeanne soudain d'un pas délibéré
Retourne au roi, devant lui s'agenouille,
Et déployant la superbe dépouille
Que sur l'Anglais elle a prise en passant :
Permets, dit-elle, ô mon maître puissant,
Que sous tes lois la main de ta servante
Ose venger la France gémissante.
Je remplirai les oracles divins :
J'ose à tes yeux jurer par mon courage,
Par cette épée, et par mon pucelage,
Que tu seras huilé bientôt à Reims.
Tu chasseras les anglaises cohortes
Qui d'Orléans environnent les portes.
Viens accomplir tes augustes destins,
Viens, et, de Tours abandonnant la rive,
Dès ce moment souffre que je te suive.

 Les courtisans autour d'elle pressés,
Les yeux au ciel, et vers Jeanne adressés,
Battent des mains, l'admirent, la secondent;
Cent cris de joie à son discours répondent :
Dans cette foule il n'est point de guerrier
Qui ne voulût lui servir d'écuyer,
Porter sa lance, et lui donner sa vie ;
Il n'en est point qui ne soit possédé
Et de la gloire, et de la noble envie
De lui ravir ce qu'elle a tant gardé.
Prêt à partir chaque officier s'empresse :
L'un prend congé de sa vieille maîtresse ;
L'un, sans argent, va droit à l'usurier :

L'antre à son hôte, et compte sans payer.
Denis a fait déployer l'oriflamme. (14)
A cet aspect le roi Charles s'enflamme
D'un noble espoir à sa valeur égal.
Cet étendard aux ennemis fatal,
Cette héroïne, et cet âne aux deux ailes,
Tout lui promet des palmes immortelles.

Denis voulut, en partant de ces lieux,
Des deux amants épargner les adieux;
On eût versé des larmes trop ameres,
Ou eût perdu des heures toujours cheres.

Agnès dormait, quoiqu'il fût un peu tard :
Elle était loin de craindre un tel départ.
Un songe heureux, dont les erreurs la frappent,
Lui retraçait des plaisirs qui s'échappent;
Elle croyait tenir entre ses bras
Le cher amant dont elle est souveraine :
Songe flatteur, tu trompais ses appas !
Son amant fuit, et saint Denis l'entraîne.
Tel dans Paris un médecin prudent
Force au régime un malade gourmand,
A l'appétit se montre inexorable,
Et sans pitié le fait sortir de table.

Le bon Denis eut à peine arraché
Le roi de France à son charmant péché,
Qu'il courut vîte à son ouaille chere,
A sa pucelle, à sa fille guerriere.
Il a repris son air de bienheureux,
Son ton dévot, ses plats et courts cheveux,
L'anneau béni, la crosse pastorale,
Ses gants, sa croix, sa mitre épiscopale :
Va, lui dit-il, sers la France et ton roi,
Mon œil benin sera toujours sur toi;
Mais au laurier du courage héroïque
Joins le rosier de la vertu pudique.
Je conduirai tes pas dans Orléans.

Lorsque Talbot, le chef des mécréants,
Le cœur saisi du démon de luxure,
Croira tenir sa présidente impure,
Il tombera sous ton robuste bras.
Punis son crime, et ne l'imite pas.
Sois à jamais dévote avec courage.
Je pars : adieu ; pense à ton pucelage.
La belle en fit un serment solennel ;
Et son patron repartit pour le ciel.

FIN DU CHANT II.

CHANT III.

ARGUMENT.

Description du palais de la Sottise. Combat vers Orléans. Agnès se revêt de l'armure de Jeanne pour aller trouver son amant : elle est prise par les Anglais, et sa pudeur souffre beaucoup.

Ce n'est le tout d'avoir un grand courage,
Un coup-d'œil ferme au milieu des combats,
D'être tranquille à l'aspect du carnage,
Et de conduire un monde de soldats ;
Car tout cela se voit en tous climats,
Et tour-à-tour ils ont cet avantage.
Qui me dira si nos ardents Français,
Dans ce grand art, l'art affreux de la guerre,
Sont plus savants que l'intrépide Anglais ;
Si le Germain l'emporte sur l'Ibere ?
Tous ont vaincu, tous ont été défaits.
Le grand Condé fut battu par Turenne ; (1)
Le fier Villars fut vaincu par Eugene ; (2)
De Stanislas le vertueux support,
Ce roi soldat, don Quichotte du Nord,
Dont la valeur a paru plus qu'humaine,
N'a-t-il pas vu, dans le fond de l'Ukraine,
A Pultava tous ses lauriers flétris (3)
Par un rival, objet de ses mépris ?
   Un beau secret serait, à mon avis,

De bien savoir éblouir le vulgaire,
De s'établir un divin caractere,
D'en imposer aux yeux des ennemis :
Car les Romains, à qui tout fut soumis,
Domtaient l'Europe au milieu des miracles :
Ce ciel pour eux prodigua les oracles ;
Jupiter, Mars, Pollux, et tous les dieux
Guidaient leur aigle et combattaient pour eux.
Ce grand Bacchus qui mit l'Asie en cendre,
L'antique Hercule, et le fier Alexandre,
Pour mieux régner sur les peuples conquis,
De Jupiter ont passé pour les fils ;
Et l'on voyait les princes de la terre
A leurs genoux redouter le tonnerre,
Tomber du trône, et leur offrir des vœux.

 Denis suivit ces exemples fameux ;
Il prétendit que Jeanne la pucelle
Chez les Anglais passât même pour telle,
Et que Bedfort, et l'amoureux Talbot,
Et Tirconel, et Chandos l'indévot,
Crussent la chose, et qu'ils vissent dans Jeanne
Un bras divin, fatal à tout profane.

 Pour réussir en ce hardi dessein,
Il s'en va prendre un vieux bénédictin,
Non tel que ceux dont le travail immense
Vient d'enrichir les libraires de France,
Mais un prieur engraissé d'ignorance,
Et n'ayant lu que son missel latin :
Frere Lourdis fut le bon personnage
Qui fut choisi pour ce nouveau voyage.

 Devers la lune, où l'on tient que jadis
Etait placé des fous le paradis, (4)
Sur les confins de cet abyme immense
Où le chaos, et l'Erèbe, et la nuit,
Avant les temps de l'univers produit,
Ont exercé leur aveugle puissance,

CHANT III.

Il est un vaste et caverneux séjour,
Peu caressé des doux rayons du jour,
Et qui n'a rien qu'une lumiere affreuse,
Froide, tremblante, incertaine, et trompeuse ;
Pour toute étoile on a des feux follets ;
L'air est peuplé de petits farfadets.
De ce pays la reine est la Sottise.
Ce vieil enfant porte une barbe grise,
Oeil de travers, et bouche à la Danchet : (5)
Sa lourde main tient pour sceptre un hochet ;
De l'Ignorance elle est, dit-on, la fille.
Près de son trône est sa sotte famille,
Le fol Orgueil, l'Opiniâtreté,
Et la Paresse, et la Crédulité.
Elle est servie, elle est flattée en reine :
On la croirait en effet souveraine ;
Mais ce n'est rien qu'un fantôme impuissant,
Un Chilpéric, un vrai roi fainéant.
La Fourberie est son ministre avide ;
Tout est réglé par ce maire perfide ;
Et la Sottise est son digne instrument.
Sa cour pléniere est à son gré fournie
De gens profonds en fait d'astrologie,
Sûrs de leur art, à tous moments déçus,
Dupes, frippons, et partant toujours crus.
　C'est là qu'on voit les maîtres d'alchymie
Faisant de l'or et n'ayant pas un sou,
Les Roses-croix, et tout ce peuple fou
Argumentant sur la théologie.
　Le gros Lourdis, pour aller en ces lieux,
Fut donc choisi parmi tous ses confreres.
Lorsque la nuit couvrait le front des cieux
D'un tourbillon de vapeurs non légeres,
Enveloppé dans le sein du repos,
Il fut conduit au paradis des sots. (6)
Quand il y fut, il ne s'étonna gueres :

Tout lui plaisait; et même en arrivant
Il crut encore être dans son couvent.
   Il vit d'abord la suite emblématique
Des beaux tableaux de ce séjour antique.
Cacodémon, qui ce grand temple orna,
Sur la muraille à plaisir griffonna
Un long croquis de toutes nos sottises,
Traits d'étourdi, pas de clerc, balourdises,
Projets mal faits, plus mal exécutés,
Et tous les mois du mercure vantés.
Dans cet amas de merveilles confuses,
Parmi ces flots d'imposteurs et de buses,
On voit sur-tout un superbe Écossais,
Laws est son nom : nouveau roi des Français,
D'un beau papier il porte un diadême,
Et sur son front il est écrit *systême ;* (7)
Environné de grands ballots de vent,
Sa noble main les donne à tout venant;
Prêtres, catins, guerriers, gens de justice,
Lui vont porter leur or par avarice.
   Ah! quel spectacle! ah! vous êtes donc là,
Tendre Escobar, suffisant Molina, (8)
Petit Doucin, dont la main pateline
Donne à baiser une bulle divine,
Que le Tellier (9) lourdement fabriqua,
Dont Rome même en secret se moqua,
Et qui chez nous est la noble origine
De nos partis, de nos divisions,
Et, qui pis est, de volumes profonds,
Remplis, dit-on, de poisons hérétiques,
Tous poisons froids, et tous soporifiques.
   Les combattants, nouveaux Bellérophons,
Dans cette nuit, montés sur des chimères,
Les yeux bandés, cherchent leurs adversaires;
De longs sifflets leur servent de clairons,
Et, dans leur docte et sainte frénésie,

CHANT III.

Ils vont frappant à grands coups de vessie.
Ciel! que d'écrits, de disquisitions,
De mandements, et d'explications,
Que l'on explique encor, peur de s'entendre!

O chroniqueur des héros du Scamandre,
Toi qui jadis des grenouilles, des rats,
Si doctement as chanté les combats,
Sors du tombeau, viens célébrer la guerre
Que pour la bulle on fera sur la terre!
Le janséniste, esclave du destin,
Enfant perdu de la grace efficace,
Dans ses drapeaux porte un Saint-Augustin,
Et pour plusieurs il marche avec audace. (10)
Les ennemis s'avancent tout courbés
Dessus le dos de cent petits abbés.

Cessez, cessez, ô discordes civiles!
Tout va changer: place, place, imbécilles.
Un grand tombeau sans ornement, sans art,
Est élevé non loin de Saint-Médard. (11)
L'esprit divin, pour éclairer la France,
Sous cette tombe enferme sa puissance:
L'aveugle y court, et d'un pas chancelant
Aux Quinze-vingts retourne en tâtonnant;
Le boiteux vient clopinant sur la tombe,
Crie *Hosanna*, saute, gigotte, et tombe;
Le sourd approche, écoute, et n'entend rien.
Tout aussitôt de pauvres gens de bien,
D'aise pâmés, vrais témoins de miracle,
Du bon Pâris baisent le tabernacle. (12)
Frere Lourdis, fixant ses deux gros yeux,
Voit ce saint œuvre, en rend graces aux cieux
Joint les deux mains, et, riant d'un sot rire,
Ne comprend rien, et toute chose admire.

Ah! le voici ce savant tribunal
Moitié prélats et moitié monacal;
D'inquisiteurs une troupe sacrée

Est là pour dieu de sbirres entourée ;
Ces saints docteurs, assis en jugement,
Ont pour habits plumes de chat-huant;
Oreilles d'âne ornent leur tête auguste :
Et pour peser le juste avec l'injuste,
Le vrai, le faux, balance est dans leurs mains.
Cette balance a deux larges bassins :
L'un, tout comblé, contient l'or qu'ils escroquent,
Le bien, le sang des pénitents qu'ils croquent ;
Dans l'autre sont bulles, brefs, oremus,
Beaux chapelets, scapulaires, agnus.
Aux pieds bénits de la docte assemblée,
Voyez-vous pas le pauvre Galilée, (13)
Qui tout contrit leur demande pardon,
Bien condamné pour avoir eu raison !
 Murs de Loudun, quel nouveau feu s'allume ?
C'est un curé que le bûcher consume :
Douze faquins ont déclaré sorcier
Et fait griller messire Urbain-Grandier. (14)
 Galigaï, ma chere maréchale, (15)
Du parlement, épaulé de maint pair,
La compagnie ignorante et vénale
Te fait chauffer en feu brillant et clair
Pour avoir fait pacte avec Lucifer.
Ah ! qu'aux savants notre France est fatale !
Qu'il y fait bon croire au pape, à l'enfer,
Et se borner à savoir son *Pater*.
Je vois plus loin cet arrêt authentique (16)
Pour Aristote et contre l'émétique.
 Venez, venez, mon beau pere Girard ; (17)
Vous méritez un long article à part :
Vous voilà donc, mon confesseur de fille,
Tendre dévot, qui prêchez à la grille ;
Que dites-vous des pénitents appas
De ce tendron converti dans vos bras ?
J'estime fort cette douce aventure.

Tout est humain, Girard, en votre fait;
Ce n'est pas là pécher contre nature :
Que de dévots en ont encor plus fait !
Mais, mon ami, je ne m'attendais guere
De voir entrer le diable en cette affaire.
Girard, Girard ! tous vos accusateurs,
Jacobin, carme, et faiseurs d'écriture,
Juges, témoins, ennemis, protecteurs,
Aucun de vous n'est sorcier, je vous jure.
Lourdis enfin voit nos vieux parlements
De vingt prélats brûler les mandements,
Et par arrêt exterminer la race
D'un certain fou qu'on nomme saint Ignace;
Mais, à leur tour, eux-même on les proscrit :
Quesnel en pleure, et saint Ignace en rit ;
Paris s'émeut à leur destin tragique,
Et s'en console à l'opéra-comique.

O toi, Sottise ! ô grosse déité,
De qui les flancs à tout âge ont porté
Plus de mortels que Cybele féconde
N'avait jadis donné de dieux au monde,
Qu'avec plaisir ton grand œil hébété
Voit tes enfants dont ma patrie abonde !
Sots traducteurs, et sots compilateurs,
Et sots auteurs, et non moins sots lecteurs.
Je t'interroge, ô suprême puissance !
Daigne m'apprendre, en cette foule immense,
De tes enfants qui sont les plus chéris,
Les plus féconds en lourds et plats écrits,
Les plus constants à broncher comme à braire
A chaque pas dans la même carriere :
Ah ! je connais que tes soins les plus doux,
Sont pour l'auteur du journal de Trévoux.

Tandis qu'ainsi Denis, notre bon pere,
Devers la lune en secret préparait
Contre l'Anglais cet innocent mystere,

Une autre scene en ce moment s'ouvrait
Chez les grands fous du monde sublunaire.
Charle est déja parti pour Orléans ;
Ses étendards flottent au gré des vents :
A ses côtés Jeanne, le casque en tête,
Déja de Reims lui promet la conquête.
Voyez-vous pas ces jeunes écuyers,
Et cette fleur de loyaux chevaliers ?
La lance au poing, cette troupe environne
Avec respect notre sainte amazone.
Ainsi l'on voit le sexe masculin
A Fontevrauld servir le féminin ; (18)
Le sceptre est là dans les mains d'une femme ;
Et pere Anselme est béni par madame.
 La belle Agnès, en ces cruels moments,
Ne voyant plus son amant qu'elle adore,
Cede au chagrin dont l'excès la dévore ;
Un froid mortel s'empare de ses sens.
L'ami Bonneau, toujours plein d'industrie,
En cent façons la rappelle à la vie.
Elle ouvre encor ses yeux, ces doux vainqueurs,
Mais ce n'est plus que pour verser des pleurs ;
Puis, sur Bonneau se penchant d'un air tendre,
C'en est donc fait, dit-elle, on me trahit :
Où va-t-il donc ? que veut-il entreprendre ?
Etait-ce-là le serment qu'il me fit
Lorsqu'à sa flamme il me fit condescendre ?
Toute la nuit il faudra donc m'étendre,
Sans mon amant, seule au milieu d'un lit ;
Et cependant cette Jeanne hardie,
Non des Anglais, mais d'Agnès ennemie,
Va contre moi lui prévenir l'esprit.
Ciel ! que je hais ces créatures fieres,
Soldats en jupe, hommasses chevalieres, (19)
Du sexe mâle affectant la valeur,
Sans posséder les agréments du nôtre,

CHANT III.

A tous les deux prétendant faire honneur,
Et qui ne sont ni de l'un ni de l'autre !
Disant ces mots elle pleure et rougit,
Frémit de rage, et de douleur gémit.
La jalousie en ses yeux étincelle ;
Puis tout-à-coup d'une ruse nouvelle
Le tendre amour lui fournit le dessein.

Vers Orléans elle prend son chemin :
De dame Alix et de Bonneau suivie,
Agnès arrive en une hôtellerie,
Où dans l'instant, lasse de chevaucher,
La fière Jeanne avait été coucher.
Agnès attend qu'en ce logis tout dorme,
Et cependant subtilement s'informe
Où couche Jeanne, où l'on met son harnois ;
Puis dans la nuit se glisse en tapinois,
De Jean Chandos prend la culotte, et passe
Ses cuisses entre, et l'aiguillette lace :
De l'amazone elle prend la cuirasse ;
Le dur acier forgé pour les combats
Presse et meurtrit ses membres délicats.
L'ami Bonneau la soutient sous les bras.

La belle Agnès dit alors à voix basse :
Amour, amour, maître de tous mes sens,
Donne la force à cette main tremblante,
Fais-moi porter cette armure pesante
Pour mieux toucher l'auteur de mes tourments.
Mon amant veut une fille guerrière ;
Tu fais d'Agnès un soldat pour lui plaire :
Je le suivrai ; qu'il permette aujourd'hui
Que ce soit moi qui combatte avec lui ;
Et si jamais la terrible tempête
Des dards anglais vient menacer sa tête,
Qu'ils tombent tous sur ces tristes appas ;
Qu'il soit du moins sauvé par mon trépas ;
Qu'il vive heureux, que je meure pâmée

Entre ses bras, et que je meure aimée!
Tandis qu'ainsi cette belle parlait,
Et que Bonneau ses armes lui mettait,
Le roi Charlot à trois milles était.

La tendre Agnès prétend à l'heure même,
Pendant la nuit, aller voir ce qu'elle aime.
Ainsi vêtue, et pliant sous le poids,
N'en pouvant plus, maudissant son harnois,
Sur un cheval elle s'en va juchée,
Jambe meurtrie, et la fesse écorchée.
Le gros Bonneau, sur un normand monté,
Va lourdement, et ronfle à son côté.
Le tendre Amour, qui craint tout pour la belle,
La voit partir, et soupire pour elle.

Agnès à peine avait gagné chemin
Qu'elle entendit devers un bois voisin
Bruit de chevaux, et grand cliquetis d'armes :
Le bruit redouble ; et voici des gendarmes,
Vêtus de rouge ; et, pour comble de maux,
C'étaient les gens de monsieur Jean Chandos.
L'un d'eux s'avance, et demande *Qui vive ?*
A ce grand cri notre amante naïve,
Songeant au roi, répondit sans détour :
Je suis Agnès ; vive France et l'amour !
A ces deux noms, que le ciel équitable
Voulut unir du nœud le plus durable,
On prend Agnès et son gros confident :
Ils sont tous deux menés incontinent
A ce Chandos qui, terrible en sa rage,
Avait juré de venger son outrage,
Et de punir les brigands ennemis
Qui sa culotte et son fer avaient pris.

Dans ces moments où la main bienfaisante
Du doux sommeil laisse nos yeux ouverts,
Quand les oiseaux reprennent leurs concerts,
Qu'on sent en soi sa vigueur renaissante,

CHANT III.

Que les desirs, peres des voluptés,
Sont par les sens dans notre ame excités ;
Dans ces moments, Chandos, on te présente
La belle Agnès, plus belle et plus brillante
Que le soleil au bord de l'orient.
Que sentis-tu, Chandos, en t'éveillant,
Lorsque tu vis cette nymphe si belle
A tes côtés, et tes gregues sur elle?

 Chandos, pressé d'un aiguillon bien vif,
La dévorait de son regard lascif.
Agnès en tremble, et l'entend qui marmotte
Entre ses dents : *Je raurai ma culotte !*
A son chevet d'abord il la fait seoir :
Quittez, dit-il, ma belle prisonniere,
Quittez ce poids d'une armure étrangere.
Ainsi parlant, plein d'ardeur et d'espoir,
Il la décasque, il vous la décuirasse :
La belle Agnès s'en défend avec grace ;
Elle rougit d'une aimable pudeur,
Pensant à Charle, et soumise au vainqueur.
Le gros Bonneau, que le Chandos destine
Au digne emploi de chef de sa cuisine,
Va dans l'instant mériter cet honneur :
Des boudins blancs il était l'inventeur,
Et tu lui dois, ô nation française,
Pâtés d'anguille, et gigots à la braise.

 Monsieur Chandos, hélas ! que faites-vous ?
Disait Agnès d'un ton timide et doux.
Pardieu, dit-il, (tout héros anglais jure) (20)
Quelqu'un m'a fait une sanglante injure.
Cette culotte est mienne ; et je prendrai
Ce qui fut mien où je le trouverai.
Parler ainsi, mettre Agnès toute nue,
C'est même chose ; et la belle éperdue
Tout en pleurant était entre ses bras,
Et lui disait, Non, je n'y consens pas.

3.

Dans l'instant même un horrible fracas
Se fait entendre ; on crie, Alerte, aux armes!
Et la trompette, organe du trépas,
Sonne la charge, et porte les alarmes.
A son réveil, Jeanne, cherchant en vain
L'affublement du harnois masculin,
Son bel armet ombragé de l'aigrette,
Et son haubert (21), et sa large braguette, (22)
Sans raisonner saisit soudainement
D'un écuyer le dur accoutrement,
Monte à cheval sur son âne, et s'écrie :
Venez venger l'honneur de la patrie.
Cent chevaliers s'empressent sur ses pas ;
Ils sont suivis de six cents vingt soldats.
Frere Lourdis, en ce moment de crise,
Du beau palais où regne la Sottise
Est descendu chez les Anglais guerriers,
Environné d'atomes tout grossiers,
Sur son gros dos portant balourderies,
Oeuvres de moine et belles âneries.
Ainsi bâté, sitôt qu'il arriva,
Sur les Anglais sa robe il secoua,
Son ample robe, et dans leur camp versa
Tous les trésors de sa crasse ignorance,
Trésors communs au bon pays de France.
Ainsi des nuits la noire déité,
Du haut d'un char d'ébene marqueté,
Répand sur nous les pavots et les songes,
Et nous endort dans le sein des mensonges.

FIN DU CHANT III.

CHANT IV.

ARGUMENT.

Jeanne et Dunois combattent les Anglais. Ce qui leur arrive dans le château d'Hermaphrodix.

Si j'étais roi, je voudrais être juste,
Dans le repos maintenir mes sujets,
Et tous les jours de mon empire auguste
Seraient marqués par de nouveaux bienfaits.
Que si j'étais contrôleur des finances,
Je donnerais à quelques beaux-esprits,
Par-ci, par-là, de bonnes ordonnances;
Car, après tout, leur travail vaut son prix.
Que si j'étais archevêque à Paris,
Je tâcherais avec le moliniste
D'apprivoiser le rude janséniste.
Mais si j'aimais une jeune beauté,
Je ne voudrais m'éloigner d'auprès d'elle,
Et chaque jour une fête nouvelle,
Chassant l'ennui de l'uniformité,
Tiendrait son cœur en mes fers arrêté.
Heureux amants, que l'absence est cruelle!
Que de dangers on essuie en amour!
On risque, hélas! dès qu'on quitte sa belle,
D'être cocu deux ou trois fois par jour.
  Le preux Chandos à peine avait la joie
De s'ébaudir sur sa nouvelle proie,

Que tout-à-coup Jeanne de rang en rang
Porte la mort et fait couler le sang.
De Débora la redoutable lance
Perce Dildo, si fatal à la France,
Lui qui pilla les trésors de Clairvaux,
Et viola les sœurs de Fontevraux;
D'un coup nouveau les deux yeux elle creve
A Fonkinar, digne d'aller en Greve :
Cet impudent, né dans les durs climats
De l'Hibernie, au milieu des frimas,
Depuis trois ans faisait l'amour en France
Comme un enfant de Rome ou de Florence;
Elle terrasse et mylord Halifax,
Et son cousin l'impertinent Borax,
Et Midarblou, qui renia son pere,
Et Bartonay qui fit cocu son frere.
A son exemple on ne voit chevalier,
Il n'est gendarme, il n'est bon écuyer
Qui dix Anglais n'enfile de sa lance.
La mort les suit, la terreur les devance :
On croyait voir en ce moment affreux
Un dieu puissant qui combat avec eux.

Parmi le bruit de l'horrible tempête,
Frere Lourdis criait à pleine tête :
Elle est pucelle; Anglais, frémissez tous;
C'est saint Denis qui l'arme contre vous :
Elle est pucelle; elle a fait des miracles;
Contre son bras vous n'avez point d'obstacles :
Vite à genoux, excréments d'Albion,
Demandez-lui sa bénédiction.
Le fier Talbot, écumant de colere,
Incontinent fait empoigner le frere;
On vous le lie; et le moine content,
Sans s'émouvoir, continuait criant :
« Je suis martyr; Anglais, il faut me croire :
« Elle est pucelle; elle aura la victoire. »

CHANT IV.

L'homme est crédule, et dans son faible cœur
Tout est reçu; c'est une molle argile:
Mais que sur-tout il paraît bien facile
De nous surprendre et de nous faire peur!
Du bon Lourdis le discours extatique
Fit plus d'effet sur le cœur des soldats
Que l'amazone et sa troupe héroïque
N'en avaient fait par l'effort de leurs bras.
Ce vieil instinct qui fait croire aux prodiges,
L'esprit d'erreur, le trouble, les vertiges,
La froide crainte, et les illusions,
Ont fait tourner la tête des Bretons.
De ces Bretons la nation hardie
Avait alors peu de philosophie;
Maints chevaliers étaient des esprits lourds:
Les beaux-esprits ne sont que de nos jours.

Le preux Chandos, toujours plein d'assurance,
Criait aux siens: Conquérants de la France,
Marchez à droite. Il dit, et dans l'instant
On tourne à gauche, et l'on fuit en jurant.
Ainsi jadis dans ces plaines fécondes
Que de l'Euphrate environnent les ondes,
Quand des humains l'orgueil capricieux
Voulut bâtir près des voûtes des cieux, (1)
Dieu, ne voulant d'un pareil voisinage,
En cent jargons transmua leur langage;
Sitôt qu'un d'eux à boire demandait,
Plâtre ou mortier d'abord on lui donnait;
Et cette gent, de qui Dieu se moquait,
Se sépara, laissant là son ouvrage.

On sait bientôt aux remparts d'Orléans
Ce grand combat contre les assiégeants.
La renommée y vole à tire d'aile,
Et va prônant le nom de la Pucelle.
Vous connaissez l'impétueuse ardeur
De nos Français; ces fous sont pleins d'honneur:

Ainsi qu'au bal ils vont tous aux batailles.
Déja Dunois, la gloire des bâtards,
Dunois qu'en Grèce on aurait pris pour Mars,
Et la Trimouille, et la Hire, et Saintrailles,
Et Richemont, sont sortis des murailles,
Croyant déja chasser les ennemis,
Et criant tous : Où sont-ils ? où sont-ils ?

Ils n'étaient pas bien loin ; car près des portes
Sire Talbot, homme de très grand sens,
Pour s'opposer à l'ardeur de nos gens,
En embuscade avait mis dix cohortes.

Sire Talbot a depuis plus d'un jour
Juré tout haut par saint George et l'Amour
Qu'il entrerait dans la ville assiégée.
Son ame était vivement partagée :
Du gros Louvet la superbe moitié
Avait pour lui plus que de l'amitié ;
Et ce héros, qu'un noble espoir enflamme,
Veut conquérir et la ville et sa dame.
Nos chevaliers à peine ont fait cent pas
Que ce Talbot leur tombe sur les bras ;
Mais nos Français ne s'étonnerent pas.
Champs d'Orléans, noble et petit théâtre
De ce combat terrible, opiniâtre,
Le sang humain dont vous fûtes couverts
Vous engraissa pour plus de cent hivers.
Jamais les champs de Zama (2), de Pharsale, (3)
De Malplaquet la campagne fatale, (4)
Célebres lieux couverts de tant de morts,
N'ont vu tenter de plus hardis efforts.
Vous eussiez vu les lances hérissées,
L'une sur l'autre en cent tronçons cassées ;
Les écuyers, les chevaux renversés,
Dessus leurs pieds à l'instant redressés ;
Le feu jaillir des coups de cimeterre,
Et du soleil redoubler la lumiere ;

De tous côtés voler, tomber à bas.
Epaules, nez, mentons, pieds, jambes, bras.
　Du haut des cieux les anges de la guerre,
Le fier Michel, et l'exterminateur,
Et des Persans le grand flagellateur, (5)
Avaient les yeux attachés sur la terre,
Et regardaient ce combat plein d'horreur.
　Michel alors prit la vaste balance (6)
Où dans le ciel on pèse les humains;
D'une main sûre il pesa les destins,
Et les héros d'Angleterre et de France.
Nos chevaliers, pesés exactement,
Légers de poids par malheur se trouverent;
Du grand Talbot les destins l'emporterent:
C'était du ciel un secret jugement.
Le Richemont se voit incontinent
Percé d'un trait de la hanche à la fesse;
Le vieux Saintraille au-dessus du genou;
Le beau la Hire, ah! je n'ose dire où,
Mais que je plains sa gentille maîtresse!
Dans un marais la Trimouille enfoncé
N'en put sortir qu'avec un bras cassé:
Donc à la ville il fallut qu'ils revinssent
Tout éclopés, et qu'au lit ils se tinssent.
Voilà comment ils furent bien punis;
Car ils s'étaient moqués de saint Denis.
　Comme il lui plaît Dieu fait justice ou grâce:
Quesnel (7) l'a dit; nul ne peut en douter.
Or il lui plut le bâtard excepter
Des étourdis dont il punit l'audace.
Un chacun d'eux laidement ajusté
S'en retournait sur un brancard porté,
En maugréant et Jeanne et sa fortune.
Dunois, n'ayant égratignure aucune,
Pousse aux Anglais, plus prompt que les éclairs:
Il fend leurs rangs, se fait jour à travers,

Passe, et se trouve aux lieux où la Pucelle
Fait tout tomber ou tout fuir devant elle.
Quand deux torrents, l'effroi des laboureurs,
Précipités du sommet des montagnes,
Mêlent leurs flots, assemblent leurs fureurs,
Ils vont noyer l'espoir de nos campagnes :
Plus dangereux étaient Jeanne et Dunois
Unis ensemble, et frappants à la fois.

Dans leur ardeur si bien ils s'emporterent,
Si rudement les Anglais ils chasserent,
Que de leurs gens bientôt ils s'écarterent.
La nuit survint. Jeanne et l'autre héros,
N'entendant plus ni Français ni Chandos,
Font tous deux halte, en criant *Vive France* !
Au coin d'un bois où régnait le silence :
Au clair de lune ils cherchent le chemin,
Ils viennent, vont, tournent, le tout en vain :
Enfin rendus, ainsi que leur monture,
Mourants de faim, et lassés de chercher,
Ils maudissaient la fatale aventure
D'avoir vaincu sans savoir où coucher.
Tel un vaisseau, sans voile, sans boussole,
Tournoie au gré de Neptune et d'Eole.

Un certain chien qui passa tout auprès,
Pour les sauver sembla venir exprès ;
Ce chien approche, il jappe, il leur fait fête ;
Virant sa queue, et portant haut sa tête,
Devant eux marche ; et, se tournant cent fois,
Il paraissait leur dire en son patois :
Venez par-là, messieurs, suivez-moi vite ;
Venez, vous dis-je, et vous aurez bon gîte.
Nos deux héros entendirent fort bien
Par ses façons ce que voulait ce chien.
Ils suivent donc, guidés par l'espérance,
En priant dieu pour le bien de la France,
Et se faisant tous deux de temps en temps

Sur leurs exploits de très beaux compliments.
Du coin lascif d'une vive prunelle
Dunois lorgnait malgré lui la Pucelle :
Mais il savait qu'à son bijou caché
De tout l'état le sort est attaché,
Et qu'à jamais la France est ruinée
Si cette fleur se cueille avant l'année.
Il étouffait noblement ses desirs,
Et préférait l'état à ses plaisirs.
Et cependant quand la route mal sûre
De l'âne saint faisait clocher l'allure,
Dunois ardent, Dunois officieux,
De son bras droit retenait la guerrière ;
Et Jeanne d'Arc, en clignotant des yeux,
De son bras gauche étendu par derriere
Serrait aussi ce héros vertueux :
Dont il advint, tandis qu'ils chevaucherent,
Que très souvent leurs bouches se toucherent,
Pour se parler tous les deux de plus près
De la patrie et de ses intérêts.

 On m'a conté, ma belle Konismare, (8)
Que Charles douze, en son humeur bizarre,
Vainqueur des rois, et vainqueur de l'amour,
N'osa t'admettre à sa brutale cour :
Charles craignit de te rendre les armes ;
Il se sentit, il évita tes charmes :
Mais tenir Jeanne et ne point y toucher,
Se mettre à table, avoir faim sans manger,
Cette victoire était cent fois plus belle.
Dunois ressemble à Robert d'Arbrisselle, (9)
A ce grand saint qui se plut à coucher
Entre les bras de deux nonnes fessues,
A caresser quatre cuisses dodues,
Quatre tetons, et le tout sans pécher.

 Au point du jour apparut à leur vue
Un beau palais d'une vaste étendue :

De marbre blanc était bâti le mur ;
Une dorique et longue colonnade
Porte un balcon formé de jaspe pur ;
De porcelaine était la balustrade.
Nos paladins enchantés, éblouis,
Crurent entrer tout droit en paradis.
Le chien aboie ; aussitôt vingt trompettes
Se font entendre, et quarante estafiers
A pourpoints d'or, à brillantes braguettes,
Viennent s'offrir à nos deux chevaliers.
Très galamment deux jeunes écuyers
Dans le palais par la main les conduisent ;
Dans des bains d'or filles les introduisent
Honnêtement ; puis lavés, essuyés,
D'un déjeûner amplement festoyés,
Dans de beaux lits brodés ils se coucherent,
Et jusqu'au soir en héros ils ronflerent.

Il faut savoir que le maître et seigneur
De ce logis, digne d'un empereur,
Etait le fils de l'un de ces génies
Des vastes cieux habitants éternels,
De qui souvent les grandeurs infinies
S'humanisaient chez les faibles mortels.
Or cet esprit, mêlant sa chair divine
Avec la chair d'une bénédictine,
En avait eu le noble Hermaphrodix,
Grand nécromant, et le très digne fils
De cet incube et de la mere Alix.
Le jour qu'il eut quatorze ans accomplis,
Son géniteur, descendant de sa sphere,
Lui dit : Enfant, tu me dois la lumiere ;
Je viens te voir, tu peux former des vœux ;
Souhaite, parle, et je te rends heureux.
Hermaphrodix, né très voluptueux,
Et digne en tout de sa belle origine,
Dit : Je me sens de race bien divine,

CHANT IV.

Car je rassemble en moi tous les desirs,
Et je voudrais avoir tous les plaisirs.
De voluptés rassasiez mon ame ;
Je veux aimer comme homme et comme femme,
Etre la nuit du sexe féminin,
Et tout le jour du sexe masculin.
L'incube dit, *Tel sera ton destin;*
Et dès ce jour la ribaude figure
Jouit des droits de sa double nature.
Ainsi Platon, le confident des dieux, (10)
A prétendu que nos premiers aïeux,
D'un pur limon pêtri des mains divines,
Nés tous parfaits, et nommés androgynes,
Egalement des deux sexes pourvus,
Se suffisaient par leurs propres vertus.

   Hermaphrodix était bien au-dessus ;
Car se donner du plaisir à soi-même
Ce n'est pas là le sort le plus divin ;
Il est plus beau d'en donner au prochain,
Et deux à deux est le bonheur suprême.
Ses courtisans disaient que tour-à-tour
C'était Vénus, c'était le tendre Amour :
De tous côtés ils lui cherchaient des filles,
Des bacheliers, ou des veuves gentilles.

   Hermaphrodix avait oublié net
De demander un don plus nécessaire,
Un don sans quoi nul plaisir n'est parfait,
Un don charmant ; eh quoi ? celui de plaire.
Dieu, pour punir cet effréné paillard,
Le fit plus laid que Samuël Bernard ;
Jamais ses yeux ne firent de conquêtes ;
C'est vainement qu'il prodiguait les fêtes,
Les longs repas, les danses, les concerts ;
Quelquefois même il composait des vers.
Mais quand le jour il tenait une belle,
Et quand la nuit sa vanité femelle

Se soumettait à quelque audacieux,
Le ciel alors trahissait tous ses vœux ;
Il recevait pour toutes embrassades
Mépris, dégoûts, injures, rebufades.
Le juste ciel lui faisait bien sentir
Que les grandeurs ne sont pas du plaisir.
Quoi ! disait-il, la moindre chambriere
Tient son galant étendu sur son sein ;
Un lieutenant trouve une conseillere ;
Dans un moutier un moine a sa nonnain ;
Et moi génie, et riche, et souverain,
Je suis le seul dans la machine ronde
Privé d'un bien dont jouit tout le monde !
Lors il jura par les quatre éléments
Qu'il punirait les garçons et les belles
Qui n'auraient pas pour lui des sentiments,
Et qu'il ferait des exemples sanglants
Des cœurs ingrats, et sur-tout des cruelles.

Il recevait en roi les survenants :
Et de Saba la reine basanée, (11)
Et Thalestris, dans la Perse amenée,
Avaient reçu de moins riches présents
Des deux grands rois qui brûlerent pour elles,
Qu'il n'en faisait aux chevaliers errants,
Aux bacheliers, aux gentes demoiselles.
Mais si quelqu'un d'un esprit trop rétif
Manquait pour lui d'un peu de complaisance,
S'il lui faisait la moindre résistance,
Il était sûr d'être empalé tout vif.

Le soir venu, monseigneur étant femme,
Quatre huissiers de la part de madame
Viennent prier notre aimable bâtard
De vouloir bien descendre sur le tard
Dans l'entresol, tandis qu'en compagnie
Jeanne soupait avec cérémonie.
Le beau Dunois tout parfumé descend

Au cabinet où le souper l'attend ;
Tel que jadis la sœur de Ptolomée, (*)
De tout plaisir noblement affamée,
Sut en donner à ces Romains fameux,
A ces héros fiers et voluptueux,
Au grand César, au brave ivrogne Antoine ;
Tel que moi-même en ai fait chez un moine,
Vainqueur heureux de ses pesants rivaux,
Quand on l'élut roi tondu de Clairvaux ;
Ou tel encore aux voûtes éternelles,
Si l'on en croit frere Orphée et Nason,
Et frere Homere, Hésiode, Platon,
Le dieu des dieux, patron des infideles,
Loin de Junon soupe avec Sémélé,
Avec Isis, Europe, ou Danaé ;
Les plats sont mis sur la table divine,
Des belles mains de la tendre Euphrosine,
Et de Thalie, et de la jeune Eglé,
Qui, comme on sait, sont là-haut les trois Graces,
Dont nos pédants suivent si peu les traces.

Le doux nectar est servi par Hébé,
Et par l'enfant du fondateur de Troie, (**)
Qui dans Ida par un aigle enlevé
De son seigneur en secret fait la joie.
Ainsi soupa madame Hermaphrodix
Avec Dunois, juste entre neuf et dix.

Madame avait prodigué la parure :
Les diamants surchargeaient sa coiffure ;
Son gros cou jaune, et ses deux bras quarrés
Sont de rubis, de perles entourés :
Elle en était encor plus effroyable.
Elle le presse au sortir de la table :
Dunois trembla pour la premiere fois.

(*) Cléopâtre.   (**) Ganymede.

Des chevaliers c'était le plus courtois :
Il eût voulu de quelque politesse
Payer au moins les soins de son hôtesse ;
Et du tendron contemplant la laideur,
Il se disait, J'en aurai plus d'honneur.
Il n'en eut point : le plus brillant courage
Peut quelquefois essuyer cet outrage.
Hermaphrodix en son affliction
Eut pour Dunois quelque compassion,
Car en secret son ame était flattée
Des grands efforts du triste champion ;
Sa probité, sa bonne intention
Fut cette fois pour le fait réputée :
Demain, dit-elle, on pourra vous offrir
Votre revanche. Allez, faites en sorte
Que votre amour sur vos respects l'emporte,
Et soyez prêt, seigneur, à mieux servir.

Déja du jour la belle avant-couriere
De l'orient entr'ouvrait la barriere.
Or vous savez que cet instant préfix
En cavalier changeait Hermaphrodix.
Alors, brûlant d'une flamme nouvelle,
Il s'en va droit au lit de la Pucelle,
Les rideaux tire, et lui fourrant au sein
Sans compliment son impudente main,
En lui donnant un baiser immodeste,
Attente en maître à sa pudeur céleste :
Plus il s'agite, et plus il devient laid.
Jeanne, qu'anime une chrétienne rage,
D'un bras nerveux lui détache un soufflet
A poing fermé sur son vilain visage.
Ainsi j'ai vu, dans mes fertiles champs,
Sur un pré verd, une de mes cavales,
Au poil de tigre, aux taches inégales,
Aux pieds légers, aux jarrets bondissants,
Réprimander d'une fiere ruade

CHANT IV.

Un bourriquet de sa croupe amoureux,
Qui dans sa lourde et grossiere embrassade
Dressait l'oreille et se croyait heureux.
Jeanne en cela fit, sans doute, une faute ;
Elle devait des égards à son hôte.
De la pudeur je prends les intérêts,
Cette vertu n'est point chez moi bannie,
Mais quand un prince, et sur-tout un génie,
De vous baiser a quelque douce envie,
Il ne faut pas lui donner des soufflets.
Le fils d'Alix, quoiqu'il fût des plus laids,
N'avait point vu de femme assez hardie
Pour l'oser battre en son propre palais.
Il crie, on vient ; ses pages, ses valets,
Gardes, lutins, à ses ordres sont prêts :
L'un d'eux lui dit que la fiere Pucelle
Envers Dunois n'était pas si cruelle.
O calomnie, affreux poison des cours !
Discours malins, faux rapports, médisance,
Serpents maudits, sifflerez-vous toujours
Chez les amants comme à la cour de France !

Notre tyran, doublement outragé,
Sans nul délai voulut être vengé.
Il prononça la sentence fatale :
Allez, dit-il, amis, qu'on les empale.
On obéit ; on fit incontinent
Tous les apprêts de ce grand châtiment.
Jeanne et Dunois, l'honneur de leur patrie,
S'en vont mourir au printemps de leur vie.
Le beau bâtard est garrotté tout nu
Pour être assis sur un bâton pointu.
Au même instant une troupe profane
Mene au poteau la belle et fiere Jeanne ;
Et ses soufflets ainsi que ses appas
Seront punis par un affreux trépas.
De sa chemise aussitôt dépouillée,

De coups de fouet en passant flagellée,
Elle est livrée aux cruels empaleurs.
Le beau Dunois, soumis à leurs fureurs,
N'attendant plus que son heure derniere,
Faisait à Dieu sa dévote priere ;
Mais une œillade impérieuse et fiere
De temps en temps étonnait les bourreaux,
Et ces regards disaient, c'est un héros.
Mais quand Dunois eut vu son héroïne,
Des fleurs de lis vengeresse divine,
Prête à subir cette effroyable mort,
Il déplora l'inconstance du sort :
De la Pucelle il parcourait les charmes ;
Et regardant les funestes apprêts
De ce trépas, il répandit des larmes,
Que pour lui-même il ne versa jamais.

Non moins superbe, et non moins charitable,
Jeanne, aux frayeurs toujours impénétrable,
Languissamment le beau bâtard lorgnait,
Et pour lui seul son grand cœur gémissait.
Leur nudité, leur beauté, leur jeunesse,
En dépit d'eux réveillaient leur tendresse.
Ce feu si doux, si discret, et si beau,
Ne s'échappait qu'au bord de leur tombeau :
Et cependant l'animal amphibie,
A son dépit joignant la jalousie,
Faisait aux siens l'effroyable signal
Qu'on empalât le couple déloyal.

Dans ce moment une voix de tonnerre,
Qui fit trembler et les airs et la terre,
Crie : Arrêtez, gardez-vous d'empaler,
N'empalez pas. Ces mots font reculer
Les fiers licteurs. On regarde, on avise
Sous le portail un grand homme d'église,
Coiffé d'un froc, les reins ceints d'un cordon :
On reconnut le pere Grisbourdon.

CHANT IV.

Ainsi qu'un chien, dans la forêt voisine,
Ayant senti d'une adroite narine
Le doux fumet, et tous ces petits corps
Sortant au loin de quelque cerf dix cors,
Il le poursuit d'une course légere,
Et sans le voir, par l'odorat mené,
Franchit fossé, se glisse en la bruyere :
Par d'autres cerfs il n'est point détourné :
Ainsi le fils de saint François d'Assise,
Porté toujours sur son lourd muletier,
De la Pucelle a suivi le sentier,
Courant sans cesse, et ne lâchant point prise.

En arrivant il cria : Fils d'Alix,
Au nom du diable, et par les eaux du Styx,
Par le démon qui fut ton digne pere,
Par le psautier de sœur Alix ta mere,
Sauve le jour à l'objet de mes vœux :
Regarde-moi, je viens payer pour deux ;
Si ce guerrier et si cette Pucelle
Ont mérité ton indignation,
Je tiendrai lieu de ce couple rebelle ;
Tu sais quelle est ma réputation :
Tu vois de plus cet animal insigne,
Ce mien mulet, de me porter si digne ;
Je t'en fais don, c'est pour toi qu'il est fait ;
Et tu diras, Tel moine, tel mulet.
Laissons aller ce gendarme profane ;
Qu'on le délie, et qu'on nous laisse Jeanne ;
Nous demandons tous deux pour digne prix
Cette beauté dont nos cœurs sont épris.

Jeanne écoutait cet horrible langage
En frémissant ; sa foi, son pucelage,
Ses sentiments d'amour et de grandeur,
Plus que la vie étaient chers à son cœur.
La grace encor, du ciel ce don suprême,
Dans son esprit combattait Dunois même.

Elle pleurait, elle implorait les cieux;
Et rougissant d'être ainsi toute nue,
De temps en temps fermant ses tristes yeux,
Ne voyant point, pensait n'être point vue.
    Le bon Dunois était désespéré:
Quoi! disait-il, ce pendard décloîtré
Aura ma Jeanne, et perdra ma patrie!
Tout va céder à ce sorcier impie!
Tandis que moi, discret jusqu'à ce jour,
Modestement je cachais mon amour!
    Et cependant l'offre honnête et polie
De Grisbourdon fit un très bon effet
Sur les cinq sens, sur l'ame du génie.
Il s'adoucit, il parut satisfait.
Ce soir, dit-il, vous et votre mulet
Tenez-vous prêts: je cede, je pardonne
A ces Français; je vous les abandonne.
    Le moine gris possédait le bâton
Du bon Jacob, (12) l'anneau de Salomon,
Sa clavicule, et la verge enchantée
Des conseillers-sorciers de Pharaon,
Et le balai sur qui parut montée
Du preux Saül la sorciere édentée,
Quand dans Endor à ce prince imprudent
Elle fit voir l'ame d'un revenant.
Le cordelier en savait tout autant;
Il fit un cercle, et prit de la poussiere,
Que sur la bête il jeta par derriere,
En lui disant ces mots toujours puissants
Que Zoroastre enseignait aux Persans. (13)
A ces grands mots dits en langue du diable,
O grand pouvoir! ô merveille ineffable!
Notre mulet sur deux pieds se dressa,
Sa tête oblongue en ronde se changea,
Ses longs crins noirs petits cheveux devinrent,
Sous son bonnet ses oreilles se tinrent.

CHANT IV.

Ainsi jadis ce sublime empereur, (14)
Dont Dieu punit le cœur dur et superbe,
Devenu bœuf, et sept ans nourri d'herbe,
Redevint homme, et n'en fut pas meilleur.

Du ceintre bleu de la céleste sphere
Denis voyait avec des yeux de pere
De Jeanne d'Arc le déplorable cas :
Il eût voulu s'élancer ici-bas ;
Mais il était lui-même en embarras.
Denis s'était attiré sur les bras
Par son voyage une fâcheuse affaire.
Saint George était le patron d'Angleterre ; (15)
Il se plaignit que monsieur saint Denis
Sans aucun ordre et sans aucun avis,
A ses Bretons eût fait ainsi la guerre.
George et Denis, de propos en propos,
Piqués au vif, en vinrent aux gros mots.
Les saints anglais ont dans leur caractere
Je ne sais quoi de dur et d'insulaire :
On tient toujours un peu de son pays.
En vain notre ame est dans le paradis ;
Tout n'est pas pur, et l'accent de province
Ne se perd point, même à la cour du prince.

Mais il est temps, lecteur, de m'arrêter :
Il faut fournir une longue carriere ;
J'ai peu d'haleine, et je dois vous conter
L'évènement de tout ce grand mystere,
Dire comment ce nœud se débrouilla,
Ce que fit Jeanne, et ce qui se passa
Dans les enfers, au ciel, et sur la terre.

FIN DU CHANT IV.

CHANT V.

ARGUMENT.

Le cordelier Grisbourdon, qui avait voulu violer Jeanne, est en enfer très justement. Il raconte son aventure aux diables.

O mes amis, vivons en bons chrétiens !
C'est le parti, croyez-moi, qu'il faut prendre.
A son devoir il faut enfin se rendre.
Dans mon printemps j'ai hanté des vauriens ;
A leurs desirs ils se livraient en proie,
Souvent au bal, jamais dans le saint lieu,
Soupant, couchant chez des filles de joie,
Et se moquant des serviteurs de Dieu.
Qu'arrive-t-il ? la mort, la mort fatale,
Au nez camard, à la tranchante faux,
Vient visiter nos diseurs de bons mots ;
La fievre ardente, à la marche inégale,
Fille du Styx, huissiere d'Atropos,
Porte le trouble en leurs petits cerveaux ;
A leur chevet une garde, un notaire,
Viennent leur dire : Allons, il faut partir ;
Où voulez-vous, monsieur, qu'on vous enterre ?
Lors un tardif et faible repentir
Sort à regret de leur mourante bouche,
L'un à son aide appelle saint Martin,
L'autre saint Roch, l'autre sainte Mitouche. (1)

CHANT V.

On psalmodie, on braille du latin,
On les asperge, hélas! le tout en vain.
Au pied du lit se tapit le malin,
Ouvrant la griffe, et lorsque l'ame échappe,
Du corps chétif, au passage il la happe,
Puis vous la porte au fin fond des enfers,
Digne séjour de ces esprits pervers.
 Mon cher lecteur, il est temps de te dire
Qu'un jour Satan, seigneur du sombre empire, (2)
A ses vassaux donnait un grand régal.
Il était fête au manoir infernal:
On avait fait une énorme recrue;
Et les démons buvaient la bien-venue.
D'un certain pape et d'un gros cardinal,
D'un roi du Nord, de quatorze chanoines,
Trois intendants, deux conseillers, vingt moines,
Tout frais venus du séjour des mortels,
Et dévolus aux brasiers éternels.
Le roi cornu de la huaille noire
Se déridait entouré de ses pairs.
On s'enivrait du nectar des enfers,
On fredonnait quelques chansons à boire,
Lorsqu'à la porte il s'élève un grand cri:
Ah! bon jour donc, vous voilà, vous voici;
C'est lui, messieurs, c'est le grand émissaire,
C'est Grisbourdon, notre féal ami;
Entrez, entrez, et chauffez-vous ici;
Et bras dessus, et bras dessous, beau-père,
Beau Grisbourdon, docteur de Lucifer,
Fils de Satan, apôtre de l'enfer.
On vous l'embrasse, on le baise, on le serre;
On vous le porte en moins d'un tour de main,
Toujours baisé, vers le lieu du festin.
 Satan se leve, et lui dit: Fils du diable,
O des frapparts ornement véritable, (3)
Certes sitôt je n'esp rais te voir:

4.

Chez les humains tu m'étais nécessaire;
Qui mieux que toi peuplait notre manoir?
Par toi la France était mon séminaire;
En te voyant je perds tout mon espoir.
Mais du destin la volonté soit faite !
Bois avec nous, et prends place à ma draite.

 Le cordelier, plein d'une sainte horreur,
Baise à genoux l'ergot de son seigneur;
Puis d'un air morne il jette au loin la vue
Sur cette vaste et brûlante étendue,
Séjour de feu qu'habitent pour jamais
L'affreuse mort, les tourments, les forfaits;
Trône éternel où sied l'esprit immonde,
Abyme immense où s'engloutit le monde;
Sépulcre où gît la docte antiquité,
Esprit, amour, savoir, grace, beauté,
Et cette foule immortelle, innombrable,
D'enfants du ciel créés tous pour le diable.

 Tu sais, lecteur, qu'en ces feux dévorants
Les meilleurs rois sont avec les tyrans.
Nous y plaçons Antonin, Marc-Aurele;
Ce bon Trajan, des princes le modele;
Ce doux Titus, l'amour de l'univers;
Les deux Catons, ces fléaux des pervers;
Ce Scipion, maître de son courage,
Lui qui vainquit et l'amour et Carthage.
Vous y grillez, sage et docte Platon,
Divin Homere, éloquent Cicéron;
Et vous, Socrate, enfant de la sagesse,
Martyr de Dieu dans la profane Grece ;
Juste Aristide, et vertueux Solon :
Tous malheureux morts sans confession.

 Mais ce qui plus étonna Grisbourdon,
Ce fut de voir en la chaudiere grande
Certains quidams, saints ou rois, dont le nom
Orne l'histoire, et pare la légende.

CHANT V.

Un des premiers était le roi Clovis. (4)
Je vois d'abord mon lecteur qui s'étonne
Qu'un si grand roi, qui tout son peuple a mis
Dans le chemin du benoît paradis,
N'ait pu jouir du salut qu'il nous donne.
Ah! qui croirait qu'un premier roi chrétien
Fût en effet damné comme un païen?
Mais mon lecteur se souviendra très bien
Qu'être lavé de cette eau salutaire
Ne suffit pas quand le cœur est gâté.
Or ce Clovis, dans le crime empâté,
Portait un cœur inhumain, sanguinaire;
Et saint Remi ne put laver jamais
Ce roi des Francs, gangrené de forfaits.

Parmi ces grands, ces souverains du monde,
Ensevelis dans cette nuit profonde,
On discernait le fameux Constantin.
Est-il bien vrai? criait avec surprise
Le moine gris: ô rigueur! ô destin!
Quoi! ce héros, fondateur de l'église,
Qui de la terre a chassé les faux dieux,
Est descendu dans l'enfer avec eux!
Lors Constantin dit ces propres paroles: (5)
J'ai renversé le culte des idoles;
Sur les débris de leurs temples fumants
Au Dieu du ciel j'ai prodigué l'encens;
Mais tous mes soins pour sa grandeur suprême
N'eurent jamais d'autre objet que moi-même;
Les saints autels n'étaient à mes regards
Qu'un marche-pied du trône des Césars;
L'ambition, les fureurs, les délices,
Etaient mes dieux, avaient mes sacrifices:
L'or des chrétiens, leurs intrigues, leur sang,
Ont cimenté ma fortune et mon rang;
Pour conserver cette grandeur si chere
J'ai massacré mon malheureux beau-pere :

Dans les plaisirs et dans le sang plongé,
Faible et barbare en ma fureur jalouse,
Ivre d'amour, et de soupçons rongé,
Je fis périr mon fils et mon épouse.
O Grisbourdon! ne sois plus étonné.
Si, comme toi, Constantin est damné.

Le révérend de plus en plus admire
Tous les secrets du ténébreux empire.
Il voit par-tout de grands prédicateurs,
Riches prélats, casuistes, docteurs,
Moines d'Espagne, et nonnains d'Italie.
De tous les rois il voit les confesseurs;
De nos beautés il voit les directeurs:
Le paradis ils ont eu dans leur vie.
Il apperçut dans le fond d'un dortoir
Certain frocard, moitié blanc, moitié noir,
Portant criniere en écuelle arrondie:
Au fier aspect de cet animal pie,
Le cordelier, riant d'un ris malin,
Se dit tout bas, Cet homme est jacobin. (6)
Quel est ton nom? lui cria-t-il soudain.
L'ombre répond d'un ton mélancolique:
Hélas! mon fils, je suis saint Dominique. (7)

A ce discours, à cet auguste nom,
Vous eussiez vu reculer Grisbourdon;
Il se signait, il ne pouvait le croire.
Comment, dit-il, dans la caverne noire
Un si grand saint, un apôtre, un docteur!
Vous, de la foi le sacré promoteur,
Homme de Dieu, prêcheur évangélique,
Vous dans l'enfer, ainsi qu'un hérétique!
Certes ici la grace est en défaut.
Pauvres humains, qu'on est trompé là-haut!
Et puis allez, dans vos cérémonies,
De tous les saints chanter les litanies.

Lors repartit avec un ton dolent

CHANT V.

Notre Espagnol, au manteau noir et blanc :
Ne songeons plus aux vains discours des hommes ;
De leurs erreurs qu'importe le fracas ?
Infortunés, tourmentés où nous sommes,
Loués, fêtés où nous ne sommes pas,
Tel sur la terre a plus d'une chapelle,
Qui dans l'enfer rôtit bien tristement;
Et tel au monde on damne impunément,
Qui dans les cieux a la vie éternelle.
Pour moi, je suis dans la noire sequelle
Très justement, pour avoir autrefois
Persécuté ces pauvres Albigeois.
Je n'étais pas envoyé pour détruire ;
Et je suis cuit pour les avoir fait cuire.

Oh! quand j'aurais une langue de fer,
Toujours parlant, je ne pourrais suffire,
Mon cher lecteur, à te nombrer et dire
Combien de saints on rencontre en enfer.

Quand des damnés la cohorte rôtie
Eut assez fait au fils de saint François
Tous les honneurs de leur triste patrie,
Chacun cria d'une commune voix :
Cher Grisbourdon, conte-nous, conte, conte,
Qui t'a conduit vers une fin si prompte ;
Conte-nous donc par quel étonnant cas
Ton ame dure est tombée ici-bas.
Messieurs, dit-il, je ne m'en défends pas ;
Je vous dirai mon étrange aventure ;
Elle pourra vous étonner d'abord :
Mais il ne faut me taxer d'imposture ;
On ne ment plus sitôt que l'on est mort.

J'étais là-haut, comme on sait, votre apôtre
Et, pour l'honneur du froc, et pour le vôtre,
Je concluais l'exploit le plus galant
Que jamais moine ait fait hors du couvent.
Mon muletier, ah! l'animal insigne!

Ah ! le grand homme ! ah ! quel rival condigne (8)
Mon muletier, ferme dans son devoir,
D'Hermaphrodix avait passé l'espoir.
J'avais aussi, pour ce monstre femelle,
Sans vanité, prodigué tout mon zele :
Le fils d'Alix, ravi d'un tel effort,
Nous laissait Jeanne en vertu de l'accord.
Jeanne la forte, et Jeanne la rebelle,
Perdait bientôt ce grand nom de pucelle :
Entre mes bras elle se débattait ;
Le muletier par-dessous la tenait ;
Hermaphrodix de bon cœur ricanait.
   Mais croirez-vous ce que je vais vous dire?
L'air s'entr'ouvrit; et du haut de l'empire
Qu'on nomme ciel (lieux où ni vous ni moi
N'irons jamais, et vous savez pourquoi)
Je vis descendre, ô fatale merveille !
Cet animal qui porte longue oreille,
Et qui jadis à Balaam parla,
Quand Balaam sur la montagne alla.
Quel terrible âne ! il portait une selle
D'un beau velours, et sur l'arçon d'icelle
Etait un sabre à deux larges tranchants :
De chaque épaule il lui sortait une aile
Dont il volait, et devançait les vents.
A haute voix alors s'écria Jeanne :
Dieu soit loué ! voici venir mon âne.
A ce discours je fus transi d'effroi :
L'âne à l'instant ses quatre genoux plie,
Leve sa queue et sa tête polie,
Comme disant à Dunois, Monte-moi.
Dunois le monte, et l'animal s'envole
Sur notre tête, et passe, et caracole.
Dunois planant, le cimeterre en main,
Sur moi chétif fondit d'un vol soudain.
Mon cher Satan, mon seigneur souverain,

CHANT V.

Ainsi, dit-on, lorsque tu fis la guerre
Imprudemment au maître du tonnerre, (9)
Tu vis sur toi s'élancer saint Michel,
Vengeur fatal des injures du ciel.
    Réduit alors à défendre ma vie,
J'eus mon recours à la sorcellerie.
Je dépouillai d'un nerveux cordelier
Le sourcil noir et le visage altier.
Je pris la mine et la forme charmante
D'une beauté douce, fraîche, innocente;
De blonds cheveux se jouaient sur mon sein;
De gaze fine une étoffe brillante
Fit entrevoir une gorge naissante:
J'avais tout l'art du sexe féminin;
Je composais mes yeux et mon visage;
On y voyait cette naïveté
Qui toujours trompe, et qui toujours engage.
Sous ce vernis un air de volupté
Eût des humains rendu fou le plus sage:
J'eusse amolli le cœur le plus sauvage;
Car j'avais tout, artifice et beauté.
Mon paladin en parut enchanté.
J'allais périr; ce héros invincible
Avait levé son braquemart (10) terrible;
Son bras était à demi-descendu,
Et Grisbourdon se croyait pourfendu.
    Dunois regarde; il s'émeut, il s'arrête.
Qui de Méduse eût vu jadis la tête,
Etait en roc mué soudainement:
Le beau Dunois changea bien autrement.
Il avait l'ame avec les yeux frappée:
Je vis tomber sa redoutable épée;
Je vis Dunois sentir à mon aspect
Beaucoup d'amour, et beaucoup de respect.
Qui n'aurait cru que j'eusse eu la victoire?
Mais voici bien le pis de mon histoire.

Le muletier, qui pressait dans ses bras
De Jeanne d'Arc les robustes appas,
En me voyant si gentille et si belle,
Brûla soudain d'une flamme nouvelle.
Hélas! mon cœur ne le soupçonnait pas
De convoiter des charmes délicats.
Un cœur grossier connaître l'inconstance!
Il lâcha prise, et j'eus la préférence.
Il quitte Jeanne; ah, funeste beauté!
A peine Jeanne est-elle en liberté,
Qu'elle apperçut le brillant cimeterre
Qu'avait Dunois laissé tomber par terre.
Du fer tranchant sa dextre se saisit;
Et, dans l'instant que le rustre infidèle
Quittait pour moi la superbe pucelle,
Par le chignon Jeanne d'Arc m'abattit,
Et d'un revers la nuque me fendit.
Depuis ce temps je n'ai nulle nouvelle
Du muletier, de Jeanne la cruelle,
D'Hermaphrodix, de l'âne, de Dunois.
Puissent-ils tous être empalés cent fois!
Et que le ciel, qui confond les coupables,
Pour mon plaisir les donne à tous les diables!
Ainsi parlait le moine avec aigreur;
Et tout l'enfer en rit d'assez bon cœur.

FIN DU CHANT V.

CHANT VI.

ARGUMENT.

Aventure d'Agnès et de Monrose. Temple de la renommée. Aventure tragique de Dorothée.

Quittons l'enfer, quittons ce gouffre immonde
Où Grisbourdon brûle avec Lucifer :
Dressons mon vol aux campagnes de l'air,
Et revoyons ce qui se passe au monde.
Ce monde, hélas ! est bien un autre enfer.
J'y vois par-tout l'innocence proscrite,
L'homme de bien flétri par l'hypocrite ;
L'esprit, le goût, les beaux arts éperdus,
Sont envolés, ainsi que les vertus.
Une rampante et lâche politique
Tient lieu de tout, est le mérite unique.
Le zele affreux des dangereux dévots
Contre le sage arme la main des sots ;
Et l'intérêt, ce vil roi de la terre,
Pour qui l'on fait et la paix et la guerre,
Triste et pensif auprès d'un coffre-fort,
Vend le plus faible aux crimes du plus fort.
Chétifs mortels, insensés et coupables,
De tant d'horreurs à quoi bon vous noircir ?
Ah, malheureux ! qui péchez sans plaisir,
Dans vos erreurs soyez plus raisonnables ;
Soyez au moins des pécheurs fortunés ;

Et, puisqu'il faut que vous soyez damnés,
Damnez-vous donc pour des fautes aimables.
 Agnès Sorel sut en user ainsi.
On ne lui peut reprocher dans sa vie
Que les douceurs d'une tendre folie.
Je lui pardonne, et je pense qu'aussi
Dieu tout clément aura pris pitié d'elle :
En paradis tout saint n'est pas pucelle ;
Le repentir est vertu du pécheur.
 Quand Jeanne d'Arc défendait son honneur,
Et que du fil de sa céleste épée
De Grisbourdon la tête fut coupée,
Notre âne ailé, qui dessus son harnois
Portait en l'air le chevalier Dunois,
Conçut alors le caprice profane
De l'éloigner, et de l'ôter à Jeanne.
Quelle raison en avait-il ? l'amour,
Le tendre amour, et la naissante envie
Dont en secret son ame était saisie.
L'ami lecteur apprendra quelque jour
Quel trait de flamme, et quelle idée hardie
Pressait déjà ce héros d'Arcadie.
 L'animal saint eut donc la fantaisie
De s'envoler devers la Lombardie ;
Le bon Denis en secret conseilla
Cette escapade à sa monture ailée :
Vous demandez, lecteur, pourquoi cela ?
C'est que Denis lut dans l'ame troublée
De son bel âne, et de son beau bâtard.
Tous deux brûlaient d'un feu qui tôt ou tard
Aurait pu nuire à la cause commune,
Perdre la France, et Jeanne, et sa fortune.
Denis pensa que l'absence et le temps
Les guériraient de leurs amours naissants.
Denis encore avait en cette affaire
Un autre but, une bonne œuvre à faire.

CHANT VI.

Craignez, lecteur, de blâmer ses desseins,
Et respectez tout ce que font les saints.
    L'âne céleste, où Denis met sa gloire,
S'envola donc loin des rives de Loire,
Droit vers le Rhône ; et Dunois stupéfait
A tire d'aile est parti comme un trait.
Il regardait de loin son héroïne,
Qui, toute nue, et le fer à la main,
Le cœur ému d'une fureur divine,
Rouge de sang, se frayait un chemin.
Hermaphrodix veut l'arrêter en vain ;
Ses farfadets, son peuple aérien,
En cent façons volent sur son passage.
Jeanne s'en moque, et passe avec courage.
Lorsqu'en un bois quelque jeune imprudent
Voit une ruche, et, s'approchant, admire
L'art étonnant de ce palais de cire,
De toutes parts un essaim bourdonnant
Sur mon badaud s'en vient fondre avec rage ;
Un peuple ailé lui couvre le visage :
L'homme piqué court à tort, à travers ;
De ses deux mains il frappe, il se démene,
Dissipe, tue, écrase par centaine,
Cette canaille habitante des airs.
C'était ainsi que la pucelle fiere
Chassait au loin cette foule légere.
    A ses genoux le chétif muletier,
Craignant pour soi le sort du cordelier,
Tremble, et s'écrie : O pucelle ! ô ma mie,
Dans l'écurie autrefois tant servie !
Quelle furie ! épargne au moins ma vie ;
Que les honneurs ne changent point tes mœurs !
Tu vois mes pleurs, ah, Jeanne ! je me meurs !
    Jeanne répond : Faquin, je te fais grace ;
Dans ton vil sang, de fange tout chargé,
Ce fer divin ne sera point plongé.

Végete encore, et que ta lourde masse
Ait à l'instant l'honneur de me porter :
Je ne te puis en mulet translater ;
Mais ne m'importe ici de ta figure ;
Homme ou mulet, tu seras ma monture.
Dunois m'a pris l'âne qui fut pour moi,
Et je prétends le retrouver en toi :
Çà, qu'on se courbe. Elle dit ; et la bête
Baisse à l'instant sa chauve et lourde tête,
Marche des mains, et Jeanne sur son dos
Va dans les champs affronter les héros.
Pour le génie, il jura par son pere
De tourmenter toujours les bons Français ;
Son cœur navré pencha vers les Anglais :
Il se promit, dans sa juste colere,
De se venger du tour qu'on lui jouait,
De bien punir tout français indiscret
Qui, pour son dam, passerait sur sa terre.
Il fait bâtir au plus vite un château
D'un goût bizarre et tout-à-fait nouveau,
Un labyrinthe, un piege, où sa vengeance
Veut attraper les héros de la France. (1)
  Mais que devint la belle Agnès Sorel ?
Vous souvient-il de son trouble cruel ?
Comme elle fut interdite, éperdue,
Quand Jean Chandos l'embrassait toute nue ?
Ce Jean Chandos s'élança de ses bras
Très brusquement, et courut aux combats.
La belle Agnès crut sortir d'embarras.
De son danger encor toute surprise,
Elle jurait de n'être jamais prise
A l'avenir en un semblable cas.
Au bon roi Charle elle jurait tout bas
D'aimer toujours ce roi qui n'aime qu'elle,
De respecter ce tendre et doux lien,
Et de mourir plutôt qu'être infidele :

Mais il ne faut jamais jurer de rien.

Dans ce fracas, dans ce trouble effroyable,
D'un camp surpris tumulte inséparable,
Quand chacun court, officier et soldat,
Que l'un s'enfuit, et que l'autre combat,
Que les valets, frippons suivant l'armée,
Pillent le camp, de peur des ennemis;
Parmi les cris, la poudre, et la fumée,
La belle Agnès, se voyant sans habits,
Du grand Chandos entre en la garde-robe;
Puis, avisant chemise, mules, robe,
Saisit le tout en tremblant et sans bruit:
Même elle prend jusqu'au bonnet de nuit.
Tout vint à point: car de bonne fortune
Elle apperçut une jument bai-brune,
Bride à la bouche, et selle sur le dos,
Que l'on devait amener à Chandos.
Un écuyer, vieil ivrogne intrépide,
Tout en dormant la tenait par la bride.
L'adroite Agnès s'en va subtilement
Oter la bride à l'écuyer dormant;
Puis, se servant de certaine escabelle,
Y pose un pied, monte, se met en selle,
Pique, et s'en va, croyant gagner les bois,
Pleine de crainte et de joie à la fois.
L'ami Bonneau court à pied dans la plaine,
En maudissant sa pesante bedaine.
Ce beau voyage, et la guerre, et la cour,
Et les Anglais, et Sorel, et l'amour.

Or de Chandos le très fidele page
(Monrose était le nom du personnage), (2)
Qui revenait ce matin d'un message,
Voyant de loin tout ce qui se passait,
Cette jument qui vers les bois courait,
Et de Chandos la robe et le bonnet,
Devinant mal ce que ce pouvait être,

Crut fermement que c'était son cher maître,
Qui, loin du camp, demi-nu s'enfuyait.
Epouvanté de l'étrange aventure,
D'un coup de fouet il hâte sa monture,
Galope, et crie: Ah, mon maître! ah, seigneur!
Vous poursuit-on? Charlot est-il vainqueur?
Où courez-vous? je vais par-tout vous suivre;
Si vous mourez, je cesserai de vivre:
Il dit, et vole; et le vent emportait
Lui, son cheval, et tout ce qu'il disait.

La belle Agnès, qui se croit poursuivie,
Court dans le bois, au péril de sa vie;
Le page y vole; et plus elle s'enfuit,
Plus notre Anglais avec ardeur la suit.
La jument bronche, et la belle éperdue,
Jetant un cri dont retentit la nue,
Tombe à côté sur la terre étendue.
Le page arrive aussi prompt que les vents:
Mais il perdit l'usage de ses sens,
Quand cette robe ouverte et voltigeante
Lui découvrit une beauté touchante,
Un sein d'albâtre, et les charmants trésors
Dont la nature enrichissait son corps.

Bel Adonis (3), telle fut ta surprise,
Quand la maîtresse et de Mars et d'Anchise,
Du haut des cieux, le soir, au coin d'un bois,
S'offrit à toi pour la première fois.
Vénus, sans doute, avait plus de parure;
Une jument n'avait point renversé
Son corps divin, de fatigue harassé;
Bonnet de nuit n'était point sa coiffure;
Son cu d'ivoire était sans meurtrissure:
Mais Adonis, à ces attraits tout nus,
Balancerait entre Agnès et Vénus.

Le jeune Anglais se sentit l'ame atteinte
D'un feu mêlé de respect et de crainte;

CHANT VI.

Il prend Agnès, et l'embrasse en tremblant:
Hélas! dit-il, seriez-vous point blessée?
Agnès sur lui tourne un œil languissant,
Et, d'une voix timide, embarrassée,
En soupirant elle lui parle ainsi:
Qui que tu sois qui me poursuis ici,
Si tu n'as point un cœur né pour le crime,
N'abuse point du malheur qui m'opprime;
Jeune étranger, conserve mon honneur,
Sois mon appui, sois mon libérateur.
Elle ne put en dire davantage:
Elle pleura, détourna son visage,
Triste, confuse, et tout bas promettant
D'être fidele au bon roi son amant.
Monrose ému fut un temps en silence;
Puis il lui dit d'un ton tendre et touchant:
O de ce monde adorable ornement,
Que sur les cœurs vous avez de puissance!
Je suis à vous, comptez sur mon secours;
Vous disposez de mon cœur, de mes jours,
De tout mon sang; ayez tant d'indulgence
Que d'accepter que j'ose vous servir;
Je n'en veux point une autre récompense:
C'est être heureux que de vous secourir.
Il tire alors un flacon d'eau des carmes;
Sa main timide en arrose ses charmes,
Et ces endroits de roses et de lis
Qu'avaient la selle et la chûte meurtris.
La belle Agnès rougissait sans colere,
Ne trouvait point sa main trop téméraire,
Et le lorgnait sans bien savoir pourquoi,
Jurant toujours d'être fidele au roi.
Le page ayant employé sa bouteille:
Rare beauté, dit-il, je vous conseille
De cheminer jusqu'en un bourg voisin:
Nous marcherons par ce petit chemin.

Dedans ce bourg nul soldat ne demeure,
Nous y serons avant qu'il soit une heure.
J'ai de l'argent; et l'on vous trouvera
Et coiffe, et jupe, et tout ce qu'il faudra
Pour habiller avec plus de décence
Une beauté digne d'un roi de France.

La dame errante approuva son avis;
Monrose était si tendre et si soumis,
Etait si beau, savait à tel point vivre,
Qu'on ne pouvait s'empêcher de le suivre.

Quelque censeur, interrompant le fil
De mon discours, dira : Mais se peut-il
Qu'un étourdi, qu'un jeune Anglais, qu'un page,
Fût près d'Agnès respectueux et sage;
Qu'il ne prît point la moindre liberté?
Ah! laissez là vos censures rigides:
Ce page aimait; et si la volupté
Nous rend hardis, l'amour nous rend timides.

Agnès et lui marchaient donc vers ce bourg,
S'entretenant de beaux propos d'amour,
D'exploits de guerre, et de chevalerie,
De vieux romans pleins de galanterie.
Notre écuyer, de cent pas en cent pas,
S'approchait d'elle, et baisait ses beaux bras;
Le tout d'un air respectueux et tendre :
La belle Agnès ne savait s'en défendre;
Mais rien de plus: ce jeune homme de bien
Voulait beaucoup, et ne demandait rien.
Dedans le bourg ils sont entrés à peine,
Dans un logis son écuyer la mene
Bien fatiguée; Agnès entre deux draps
Modestement repose ses appas.
Monrose court, et va tout hors d'haleine
Chercher par-tout pour dignement servir,
Alimenter, chausser, coiffer, vêtir,
Cette beauté déja sa souveraine.

Charmant enfant, dont l'amour et l'honneur
Ont pris plaisir à diriger le cœur,
Où sont les gens dont la sagesse égale
Les procédés de ton ame loyale?

Dans ce logis (je ne puis le nier)
De Jean Chandos logeait un aumônier.
Tout aumônier est plus hardi qu'un page.
Le scélérat, informé du voyage
Du beau Monrose et de la belle Agnès,
Et, trop instruit que dans son voisinage,
A quatre pas, reposaient tant d'attraits,
Pressé soudain de son desir infâme,
Les yeux ardents, le sang rempli de flamme,
Le corps en rut, de luxure enivré,
Entre en jurant comme un désespéré,
Ferme la porte, et les deux rideaux tire.
Mais, cher lecteur, il convient de te dire
Ce que faisait en ce même moment
Le grand Dunois sur son âne volant.

Au haut des airs, où les Alpes chenues
Portent leur tête et divisent les nues,
Vers ce rocher fendu par Annibal, (4)
Fameux passage aux Romains si fatal,
Qui voit le ciel s'arrondir sur sa tête,
Et sous ses pieds se former la tempête,
Est un palais de marbre transparent,
Sans toit ni porte, ouvert à tout venant.
Tous les dedans sont des glaces fideles;
Si que chacun qui passe devant elles,
Ou belle ou laide, ou jeune homme ou barbon,
Peut se mirer tant qu'il lui semble bon.

Mille chemins menent devers l'empire
De ces beaux lieux où si bien l'on se mire;
Mais ces chemins sont tous bien dangereux;
Il faut franchir des abymes affreux.
Tel bien souvent sur ce nouvel Olympe

Est arrivé sans trop savoir par où :
Chacun y court ; et tandis que l'un grimpe,
Il en est cent qui se cassent le cou.
   De ce palais la superbe maîtresse
Est cette vieille et bavarde déesse,
La Renommée, à qui dans tous les temps
Le plus modeste a donné quelque encens.
Le sage dit que son cœur la méprise ;
Qu'il hait l'éclat que lui donne un grand nom ;
Que la louange est pour l'ame un poison :
Le sage ment, et dit une sottise.
   La Renommée est donc en ces hauts lieux.
Les courtisans dont elle est entourée,
Princes, pédants, guerriers, religieux,
Cohorte vaine, et de vent enivrée,
Vont tous priant, et criant à genoux :
Ô Renommée ! ô puissante déesse !
Qui savez tout, et qui parlez sans cesse,
Par charité, parlez un peu de nous !
   Pour contenter leurs ardeurs indiscrètes,
La Renommée a toujours deux trompettes :
L'une, à sa bouche appliquée à propos,
Va célébrant les exploits des héros ;
L'autre est au cu, puisqu'il faut vous le dire :
C'est celle-ci qui sert à nous instruire
De ce fatras de volumes nouveaux,
Productions de plumes mercenaires,
Et du Parnasse insectes éphémères,
Qui l'un par l'autre éclipsés tour à tour,
Faits en un mois, périssent en un jour.
Ensevelis dans le fond des colleges,
Rongés des vers, eux et leurs privileges.
   Un vil ramas de prétendus auteurs,
Du vrai génie infâmes détracteurs,
Guyon, Fréron, la Beaumelle, Nonotte,
Et ce rebut de la troupe bigotte.

CHANT VI.

Ce Savatier, de la fraude instrument,
Qui vend sa plume, et ment pour de l'argent;
Tous ces marchands d'opprobre et de fumée,
Osent pourtant chercher la Renommée;
Couverts de fange, ils ont la vanité
De se montrer à la divinité :
A coup de fouets chassés du sanctuaire,
A peine encore ils ont vu son derriere.

 Gentil Dunois, sur ton ânon monté,
En ce beau lieu tu te vis transporté.
Ton nom fameux, qu'avec justice on fête,
Etait corné par la trompette honnête.
Tu regardas ces miroirs si polis.
O quelle joie enchantait tes esprits !
Car tu voyais dans ces glaces brillantes
De tes vertus les peintures vivantes;
Non seulement des sieges, des combats,
Et ces exploits qui font tant de fracas,
Mais des vertus encor plus difficiles,
Des malheureux de tes bienfaits chargés
Te bénissant au sein de leurs asyles,
Des gens de bien à la cour protégés,
Des orphelins de leurs tuteurs vengés.
Dunois ainsi contemplant son histoire
Se complaisait à jouir de sa gloire.
Son âne aussi, s'amusant à se voir,
Se pavanait de miroir en miroir.

 On entendit dessus ces entrefaites
Sonner en l'air une des deux trompettes;
Elle disait : Voici l'horrible jour
Où dans Milan la sentence est dictée;
On va brûler la belle Dorothée :
Pleurez, mortels qui connaissez l'amour.
Qui ? dit Dunois; quelle est donc cette belle ?
Qu'a-t-elle fait ? pourquoi la brûle-t-on ?
Passe après tout si c'est une laidron;

Mais dans le feu mettre un jeune tendron !
Par tous les saints! c'est chose trop cruelle :
Les Milanais ont donc perdu l'esprit.
Comme il parlait la trompette reprit :
O Dorothée, ô pauvre Dorothée!
En feu cuisant tu vas être jetée,
Si la valeur d'un chevalier loyal
Ne te *recout* de ce brasier fatal.

 A cet avis Dunois sentit dans l'ame
Un prompt desir de secourir la dame ;
Car vous savez que sitôt qu'il s'offrait
Occasion de marquer son courage,
Venger un tort, redresser quelque outrage,
Sans raisonner ce héros y courait.
Allons, dit-il à son âne fidele,
Vole à Milan, vole où l'honneur t'appelle.
L'âne aussitôt ses deux ailes étend ;
Un chérubin va moins rapidement. (6)
On voit déja la ville où la justice
Arrangeait tout pour cet affreux supplice.
Dans la grand' place on éleve un bûcher ;
Trois cents archers, gens cruels et timides,
Du mal d'autrui monstres toujours avides,
Rangent le peuple, empêchent d'approcher.
On voit par-tout le beau monde aux fenêtres,
Attendant l'heure, et déja larmoyant :
Sur un balcon l'archevêque et ses prêtres
Observent tout d'un œil ferme et content.

 Quatre alguazils (7) amenent Dorothée,
Nue en chemise, et de fer garrottée.
Le désespoir et la confusion,
Le juste excès de son affliction
Devant ses yeux répandent un nuage ;
Des pleurs amers inondent son visage.
Elle entrevoit d'un œil mal assuré
L'affreux poteau pour sa mort préparé ;

CHANT VI.

Et ses sanglots se faisant un passage :
O mon amant ! ô toi qui dans mon cœur
Regnes encore en ces moments d'horreur !...
Elle ne put en dire davantage ;
Et bégayant le nom de son amant,
Elle tomba sans voix, sans mouvement,
Le front jauni d'une pâleur mortelle :
Dans cet état elle était encor belle.

Un scélérat nommé Sacrogorgon,
De l'archevêque infâme champion, (8)
La dague au poing vers le bûcher s'avance,
Le chef armé de fer et d'impudence,
Et dit tout haut : Messieurs, je jure Dieu
Que Dorothée a mérité le feu ;
Est-il quelqu'un qui prenne sa querelle ?
Est-il quelqu'un qui combatte pour elle ?
S'il en est un, que cet audacieux
Ose à l'instant se montrer à mes yeux,
Voici de quoi lui fendre la cervelle :
Disant ces mots il marche fièrement,
Branlant en l'air un braquemart (9) tranchant,
Roulant les yeux, tordant sa laide bouche.
On frémissait à son aspect farouche ;
Et dans la ville il n'était écuyer
Qui Dorothée osât justifier.
Sacrogorgon venait de les confondre :
Chacun pleurait, et nul n'osait répondre.

Le fier prélat du haut de son balcon
Encourageait le brutal champion.

Le beau Dunois, qui planait sur la place,
Fut si choqué de l'insolente audace
De ce pervers, et Dorothée en pleurs
Etait si belle au sein de tant d'horreurs,
Son désespoir la rendait si touchante,
Qu'en la voyant il la crut innocente.
Il saute à terre, et d'un ton élevé :

C'est moi, dit-il, face de réprouvé,
Qui viens ici montrer par mon courage
Que Dorothée est vertueuse et sage,
Et que tu n'es qu'un fanfaron brutal,
Suppôt du crime, et menteur déloyal.
Je veux d'abord savoir de Dorothée
Quelle noirceur lui peut être imputée,
Quel est son cas, et par quel guet-à-pan
On fait brûler les belles à Milan.
Il dit: le peuple, à la surprise en proie,
Poussa des cris d'espérance et de joie.
Sacrogorgon, qui se mourait de peur,
Fit comme il put semblant d'avoir du cœur.
Le fier prélat, sous sa mine hypocrite,
Ne peut cacher le trouble qui l'agite.

A Dorothée alors le beau Dunois
S'en vint parler d'un air noble et courtois.
Les yeux baissés, la belle lui raconte
En soupirant son malheur et sa honte:
L'âne divin, sur l'église perché,
De tout ce cas paraissait fort touché;
Et de Milan les dévotes familles
Bénissaient Dieu qui prend pitié des filles.

FIN DU CHANT VI.

CHANT VII.

ARGUMENT.

Comment Dunois sauva Dorothée condamnée à la mort par l'inquisition.

Lorsqu'autrefois, au printemps de mes jours,
Je fus quitté par ma belle maîtresse,
Mon tendre cœur fut navré de tristesse,
Et je pensais renoncer aux amours;
Mais d'offenser par le moindre discours
Cette beauté que j'avais encensée,
De son bonheur oser troubler le cours,
Un tel forfait n'entra dans ma pensée.
Gêner un cœur, ce n'est pas ma façon:
Que si je traite ainsi les infideles,
Vous comprenez, à plus forte raison,
Que je respecte encor plus les cruelles.
Il est affreux d'aller persécuter
Un jeune cœur que l'on n'a pu domter.
Si la maîtresse, objet de votre hommage,
Ne peut pour vous des mêmes feux brûler,
Cherchez ailleurs un plus doux esclavage:
On trouve assez de quoi se consoler:
Ou bien buvez; c'est un parti fort sage.
Et plût à Dieu qu'en un cas tout pareil
Le tonsuré, qu'amour rendit barbare,
Cet oppresseur d'une beauté si rare,
Se fût servi d'un aussi bon conseil!

Déja Dunois à la belle affligée
Avait rendu le courage et l'espoir:
Mais avant tout il convenait savoir
Les attentats dont elle était chargée.
    O vous, dit-elle en baissant ses beaux yeux,
Ange divin, qui descendez des cieux,
Vous qui venez prendre ici ma défense,
Vous savez bien quelle est mon innocence.
Dunois reprit: Je ne suis qu'un mortel;
Je suis venu par une étrange allure
Pour vous sauver d'un trépas si cruel.
Nul dans les cœurs ne lit que l'Eternel.
Je crois votre ame et vertueuse et pure:
Mais dites-moi pour Dieu votre aventure.
    Lors Dorothée, en essuyant les pleurs
Dont le torrent son beau visage mouille,
Dit: L'amour seul a fait tous mes malheurs.
Connaissez-vous monsieur de la Trimouille?
    Oui, dit Dunois, c'est mon meilleur ami;
Peu de héros ont une ame aussi belle;
Mon roi n'a point de guerrier plus fidele;
L'Anglais n'a point de plus fier ennemi;
Nul chevalier n'est plus digne qu'on l'aime.
Il est trop vrai, dit-elle, c'est lui-même.
Il ne s'est pas écoulé plus d'un an
Depuis le jour qu'il a quitté Milan.
C'est en ces lieux qu'il m'avait adorée;
Il le jurait, et j'ose être assurée
Que son grand cœur est toujours enflammé,
Qu'il m'aime encor, car il est trop aimé.
    Ne doutez point, dit Dunois, de son ame;
Votre beauté vous répond de sa flamme:
Je le connais; il est, ainsi que moi,
A ses amours fidele comme au roi.
L'autre reprit: Ah! monsieur, je vous croi.
O jour heureux où je le vis paraître,

CHANT VII.

Où des mortels il était à mes yeux
Le plus aimable et le plus vertueux,
Où de mon cœur il se rendit le maître !
Je l'adorais avant que ma raison
Eût pu savoir si je l'aimais ou non.
 Ce fut, monsieur, ô moment délectable !
Chez l'archevêque, où nous étions à table,
Que ce héros, plein de sa passion,
Me fit, me fit sa déclaration.
Ah ! j'en perdis la parole et la vue ;
Mon sang brûla d'une ardeur inconnue :
Du tendre amour j'ignorais le danger,
Et de plaisir je ne pouvais manger.
Le lendemain il me rendit visite ;
Elle fut courte, il prit congé trop vîte.
Quand il partit mon cœur le rappelait,
Mon tendre cœur après lui s'envolait.
Le lendemain il eut un tête-à-tête
Un peu plus long, mais non pas moins honnête ;
Le lendemain il en reçut le prix
Par deux baisers sur mes lèvres ravis.
Le lendemain il osa davantage ;
Il me promit la foi de mariage.
Le lendemain il fut entreprenant ;
Le lendemain il me fit un enfant.
Que dis-je, hélas ! faut-il que je raconte
De point en point mes malheurs et ma honte,
Sans que je sache, ô digne chevalier,
A quel héros j'ose me confier ?
 Le chevalier, par pure obéissance,
Dit, sans vanter ses faits ni sa naissance,
Je suis Dunois. C'était en dire assez.
Dieu, reprit-elle, ô Dieu qui m'exaucez,
Quoi ! vos bontés font voler à mon aide
Ce grand Dunois, ce bras à qui tout cede !
Ah ! qu'on voit bien d'où vous tenez le jour,

Charmant bâtard, cœur noble, ame sublime ;
Le tendre amour me faisait sa victime ;
Mon salut vient d'un enfant de l'amour !
Le ciel est juste, et l'espoir me ranime.

   Vous saurez donc, brave et gentil Dunois,
Que mon amant, au bout de quelques mois,
Fut obligé de partir pour la guerre,
Guerre funeste, et maudite Angleterre !
Il écouta la voix de son devoir.
Mon tendre amour était au désespoir.
Un tel état vous est connu, sans doute,
Et vous savez, monsieur, ce qu'il en coûte.
Ce fier devoir fit seul tous nos malheurs :
Je l'approuvais en répandant des pleurs :
Mon cœur était forcé de se contraindre ;
Et je mourais, mais sans pouvoir m'en plaindre.
Il me donna le présent amoureux
D'un bracelet fait de ses blonds cheveux,
Et son portrait, qui, trompant son absence,
M'a fait cent fois retrouver sa présence.
Un cher écrit sur-tout il me laissa,
Que de sa main le ferme amour traça ;
C'était, monsieur, une juste promesse,
Un sûr garant de sa sainte tendresse ;
On y lisait : Je jure par l'amour,
Par les plaisirs de mon ame enchantée,
De revenir bientôt en cette cour
Pour épouser ma chere Dorothée.

   Las ! il partit, il porta sa valeur
Dans Orléans. Peut-être il est encore
Dans ces remparts où l'appela l'honneur.
Ah ! s'il savait quels maux et quelle horreur
Sont loin de lui le prix de mon ardeur !
Non, juste ciel ! il vaut mieux qu'il l'ignore.

   Il partit donc ; et moi, je m'en allai,
Loin des soupçons d'une ville indiscrete,

CHANT VII.

Chercher aux champs une sombre retraite
Conforme aux soins de mon cœur désolé.
Mes parents morts, libre dans ma tristesse,
Cachée au monde, et fuyant tous les yeux,
Dans le secret le plus mystérieux
J'ensevelis mes pleurs, et ma grossesse.
Mais, par malheur, hélas! je suis la niece
De l'archevêque... à ces funestes mots
Elle sentit redoubler ses sanglots.

Puis, vers le ciel tournant ses yeux en larmes,
J'avais, dit-elle, en secret mis au jour
Ce tendre fruit de mon furtif amour;
Avec mon fils consolant mes alarmes,
De mon amant j'attendais le retour.
A l'archevêque il prit en fantaisie
De venir voir quelle espece de vie
Menait sa niece au fond de ces forêts:
Pour ma campagne il quitta son palais;
Il fut touché de mes faibles attraits.
Cette beauté, présent cher et funeste,
Ce don fatal, qu'aujourd'hui je déteste,
Perça son cœur des plus dangereux traits.
Il s'expliqua: ciel, que je fus surprise!
Je lui parlai des devoirs de son rang,
De son état, des nœuds sacrés du sang;
Je remontrai l'horreur de l'entreprise;
Elle outrageait la nature et l'église:
Hélas! j'eus beau lui parler de devoir,
Il s'entêta d'un chimérique espoir.
Il se flattait que mon cœur indocile
D'aucun objet ne s'était prévenu,
Qu'enfin l'amour ne m'était point connu,
Que son triomphe en serait plus facile;
Il m'accablait de ses soins fatigants,
De ses desirs rebutés et pressants.

Hélas! un jour que, toute à ma tristesse,

Je relisais cette douce promesse,
Que de mes pleurs je mouillais cet écrit,
Mon cruel oncle en lisant me surprit.
Il se saisit d'une main ennemie
De ce papier qui contenait ma vie :
Il lut ; il vit dans cet écrit fatal
Tous mes secrets, ma flamme, et son rival.
Son ame alors, jalouse et forcenée,
A ses desirs fut plus abandonnée ;
Toujours alerte, et toujours m'épiant,
Il sut bientôt que j'avais un enfant.
Sans doute un autre en eût perdu courage ;
Mais l'archevêque en devint plus ardent ;
Et se sentant sur moi cet avantage :
Ah ! me dit-il, n'est-ce donc qu'avec moi
Que vous aurez la fureur d'être sage ?
Et vos faveurs seront le seul partage
De l'étourdi qui ravit votre foi ?
Osez-vous bien me faire résistance ?
Y pensez-vous ? vous ne méritez pas
Le fol amour que j'ai pour vos appas :
Cédez sur l'heure, ou craignez ma vengeance.
Je me jetai tremblante à ses genoux ;
J'attestai Dieu, je répandis des larmes.
Lui, furieux d'amour et de courroux,
En cet état me trouva plus de charmes.
Il me renverse, et va me violer ;
A mon secours il fallut appeler :
Tout son amour soudain se tourne en rage.
D'un oncle, ô ciel ! souffrir un tel outrage !
De coups affreux il meurtrit mon visage.
On vient au bruit ; mon oncle au même instant
Joint à son crime un crime encor plus grand :
Chrétiens, dit-il, ma niece est une impie ;
Je l'abandonne, et je l'excommunie :
Un hérétique, un damné suborneur

Publiquement a fait son déshonneur ;
L'enfant qu'ils ont est un fruit d'adultere.
Que dieu confonde et le fils et la mere !
Et, puisqu'ils ont ma malédiction,
Qu'ils soient livrés à l'inquisition !
  Il ne fit point une menace vaine ;
Et dans Milan le traître arrive à peine
Qu'il fait agir le grand inquisiteur :
On me saisit, prisonniere on m'entraîne
Dans des cachots, où le pain de douleur
Etait ma seule et triste nourriture,
Lieux souterrains, lieux d'une nuit obscure,
Séjour de mort, et tombeau des vivants !
Après trois jours on me rend la lumiere,
Mais pour la perdre au milieu des tourments.
Vous les voyez ces brasiers dévorants ;
C'est là qu'il faut expirer à vingt ans ;
Voilà mon lit à mon heure derniere !
C'est là, c'est là, sans votre bras vengeur,
Qu'on m'arrachait la vie avec l'honneur !
Plus d'un guerrier aurait, selon l'usage,
Pris ma défense, et pour moi combattu :
Mais l'archevêque enchaîne leur vertu ;
Contre l'église ils n'ont point de courage.
Qu'attendre, hélas ! d'un cœur italien ?
Ils tremblent tous à l'aspect d'une étole ; (1)
Mais un Français n'est alarmé de rien,
Et braverait le pape au capitole.
  A ces propos Dunois, piqué d'honneur,
Plein de pitié pour la belle accusée,
Plein de courroux pour son persécuteur,
Brûlait déja d'exercer sa valeur,
Et se flattait d'une victoire aisée :
Bien surpris fut de se voir entouré
De cent archers, dont la cohorte fiere
L'investissait noblement par derriere.

Un cuistre en robe, avec bonnet quarré,
Criait d'un ton de vrai *miserere :*
« On fait savoir de par la sainte église,
« Par monseigneur, pour la gloire de Dieu,
« A tous chrétiens que le ciel favorise,
« Que nous venons de condamner au feu
« Cet étranger, ce champion profane,
« De Dorothée infâme chevalier,
« Comme infidele, hérétique, et sorcier ;
« Qu'il soit brûlé sur l'heure avec son âne.
   Cruel prélat, Busiris en soutane, (2)
C'était, perfide, un tour de ton métier :
Tu redoutais le bras de ce guerrier,
Tu t'entendais avec le saint-office
Pour opprimer sous le nom de justice
Quiconque eût pu lever le voile affreux
Dont tu cachais ton crime à tous les yeux.
   Tout aussitôt l'assassine cohorte,
Du saint-office abominable escorte,
Pour se saisir du superbe Dunois
Deux pas avance, et recule de trois,
Puis marche encor, puis se signe et s'arrête.
Sacrogorgon, qui tremblait à leur tête,
Leur crie : Allons, il faut vaincre ou périr;
De ce sorcier tâchons de nous saisir.
Au milieu d'eux les diacres de la ville,
Les sacristains arrivent à la file ;
L'un tient un pot, et l'autre un goupillon : (3)
Ils font leur ronde, et de leur eau salée
Benoîtement aspergent l'assemblée.
On exorcise, on maudit le démon ;
Et le prélat, toujours l'ame troublée,
Donne par-tout la bénédiction.
   Le grand Dunois, non sans émotion,
Voit qu'on le prend pour envoyé du diable:
Lors saisissant de son bras redoutable

CHANT VII.

Sa grande épée, et de l'autre montrant
Un chapelet, catholique instrument,
De son salut cher et sacré garant :
Allons, dit-il, venez à moi, mon âne.
L'âne descend, Dunois monte, et soudain
Il va frappant, en moins d'un tour de main,
De ces croquants la cohorte profane ;
Il perce à l'un le *sternum* et le bras ; (4)
Il atteint l'autre à l'os qu'on nomme atlas : (5)
Qui voit tomber son nez et sa mâchoire,
Qui son oreille, et qui son *humerus*;
Qui pour jamais s'en va dans la nuit noire,
Et qui s'enfuit disant ses *oremus*.
L'âne, au milieu du sang et du carnage,
Du paladin seconde le courage ;
Il vole, il rue, il mord, il foule aux pieds
Ce tourbillon de faquins effrayés.
Sacrogorgon, abaissant sa visiere,
Toujours jurant, s'en allait en arriere :
Dunois le joint, l'atteint à l'os *pubis*; (6)
Le fer sanglant lui sort par le *coccis* : (7)
Le vilain tombe, et le peuple s'écrie :
Béni soit Dieu ! le barbare est sans vie.

 Le scélérat encor se débattait
Sur la poussiere, et son cœur palpitait,
Quand le héros lui dit : Ame traîtresse,
L'enfer t'attend ; crains le diable, et confesse
Que l'archevêque est un coquin mitré,
Un ravisseur, un parjure avéré ;
Que Dorothée est l'innocence même,
Qu'elle est fidele au tendre amant qu'elle aime,
Et que tu n'es qu'un sot et qu'un frippon.
Oui, monseigneur, oui, vous avez raison ;
Je suis un sot ; la chose est par trop claire,
Et votre épée a prouvé cette affaire.
Il dit : son ame alla chez le démon.

Ainsi mourut le fier Sacrogorgon.

Dans l'instant même où ce bravache infâme
A Belzébuth rendait sa vilaine ame,
Devers la place arrive un écuyer,
Portant salade, (8) avec lance dorée ;
Deux postillons à la jaune livrée
Allaient devant. C'était chose assurée
Qu'il arrivait quelque grand chevalier.
A cet objet la belle Dorothée,
D'étonnement et d'amour transportée :
Ah ! Dieu puissant, se mit-elle à crier.
Serait-ce lui ? serait-il bien possible ?
A mes malheurs le ciel est trop sensible.

Les Milanais, peuple très curieux,
Vers l'écuyer avaient tourné les yeux.

Eh ! cher lecteur, n'êtes-vous pas honteux
De ressembler à ce peuple volage,
Et d'occuper vos yeux et votre esprit
Du changement qui dans Milan se fit ?
Est-ce donc là le but de mon ouvrage ?
Songez, lecteurs, aux remparts d'Orléans,
Au roi de France, aux cruels assiégeants,
A la Pucelle, à l'illustre amazone,
La vengeresse et du peuple et du trône,
Qui sans jupon, sans pourpoint ni bonnet,
Parmi les champs comme un centaure allait,
Ayant en Dieu sa plus ferme espérance,
Comptant sur lui plus que sur sa vaillance,
Et s'adressant à monsieur saint Denis,
Qui cabalait alors en paradis
Contre saint George en faveur de la France.

Sur-tout, lecteur, n'oubliez point Agnès ;
Ayez l'esprit tout plein de ses attraits ;
Tout honnête homme, à mon gré, doit s'y plaire ;
Est-il quelqu'un si morne et si sévère
Que pour Agnès il soit sans intérêt ?

CHANT VII.

Et franchement dites-moi, s'il vous plaît,
Si Dorothée au feu fut condamnée,
Si le Seigneur du haut du firmament
Sauva le jour à cette infortunée ;
Semblable cas advient très rarement.
Mais que l'objet où votre cœur s'engage,
Pour qui vos pleurs ne peuvent s'essuyer,
Soit dans les bras d'un robuste aumônier,
Ou semble épris pour quelque jeune page ;
Cet accident peut-être est plus commun :
Pour l'amener ne faut miracle aucun.
Je l'avouerai, j'aime toute aventure
Qui tient de près à l'humaine nature ;
Car je suis homme, et je me fais honneur
D'avoir ma part aux humaines faiblesses :
J'ai dans mon temps possédé des maîtresses,
Et j'aime encore à retrouver mon cœur.

FIN DU CHANT VII.

CHANT VIII.

ARGUMENT.

Comment le charmant la Trimouille rencontra un Anglais à Notre-Dame de Lorette, et ce qui s'ensuivit avec sa Dorothée.

Que cette histoire est sage, intéressante !
Comme elle forme et *l'esprit et le cœur !*
Comme on y voit la vertu triomphante,
Des chevaliers le courage et l'honneur,
Les droits des rois, des belles la pudeur !
C'est un jardin dont tout le tour m'enchante
Par sa culture et sa variété.
J'y vois sur-tout l'aimable chasteté,
Des belles fleurs la fleur la plus brillante,
Comme un lis blanc que le ciel a planté,
Levant sans tache une tête éclatante.
Filles, garçons, lisez assidûment
De la vertu ce divin rudiment ;
Il fut écrit par notre abbé Tritême,
Savant Picard, de son siecle ornement :
Il prit Agnès et Jeanne pour son thême.
Que je l'admire, et que je me sais gré
D'avoir toujours hautement préféré
Cette lecture honnête et profitable,
A ce fatras d'insipides romans
Que je vois naître et mourir tous les ans,
De cerveaux creux avortons languissants !

CHANT VIII.

De Jeanne d'Arc l'histoire véritable
Triomphera de l'envie et du temps.
Le vrai me plaît, le vrai seul est durable.
    De Jeanne d'Arc cependant, cher lecteur,
En ce moment je ne puis rendre compte ;
Car Dorothée, et Dunois, son vengeur,
Et la Trimouille, objet de son ardeur,
Ont de grands droits ; et j'avouerai sans honte
Qu'avec raison vous vouliez être instruit
Des beaux effets que leur amour produit.
    Près d'Orléans vous avez souvenance
Que la Trimouille, ornement du Poitou,
Pour son bon roi signalant sa vaillance,
Dans un fossé fut plongé jusqu'au cou :
Ses écuyers tirerent avec peine
Du sale fond de la fangeuse arene
Notre héros, en cent endroits froissé,
Un bras démis, le coude fracassé.
Vers les remparts de la ville assiégée
On reportait sa figure affligée :
Mais de Talbot les efforts vigilants
Avaient fermé les chemins d'Orléans ;
On transporta de crainte de surprise,
Mon paladin, par de secrets détours,
Sur un brancard, en la cité de Tours,
Cité fidele, au roi Charles soumise.
Un charlatan, arrivé de Venise,
Adroitement remit son *radius*, (2)
Dont le pivot rejoignit l'*humerus*.
Son écuyer lui fit bientôt connaître
Qu'il ne pouvait retourner vers son maître,
Que les chemins étaient fermés pour lui.
Le chevalier, fidele à sa tendresse,
Se résolut, dans son cuisant ennui,
D'aller au moins rejoindre sa maîtresse.
    Il courut donc, à travers cent hasards,

Au beau pays conquis par les Lombards.
En arrivant aux portes de la ville
Le Poitevin est entouré, heurté,
Pressé des flots d'une foule imbécille,
Qui, d'un pas lourd, et d'un œil hébété,
Court à Milan des campagnes voisines ;
Bourgeois, manants, moines, bénédictines,
Meres, enfants : c'est un bruit, un concours,
Un chamaillis ; chacun se précipite ;
On tombe, on crie : Arrivons, entrons vîte ;
Nous n'aurons pas tels plaisirs tous les jours.
  Le paladin sut bientôt quelle fête
Allait chommer ce bon peuple lombard,
Et quel spectacle à ses yeux on apprête.
Ma Dorothée ! ô ciel ! Il dit, et part ;
Et son coursier, s'élançant sur la tête
Des curieux, le porte en quatre bonds
Dans les fauxbourgs, dans la ville, à la place
Où du bâtard la généreuse audace
A dissipé tous ces monstres félons,
Où Dorothée, interdite, éperdue,
Osait à peine encor lever la vue.
L'abbé Tritême, avec tout son talent,
N'eût pu jamais nous faire la peinture
De la surprise et du saisissement,
Et des transports dont cette ame si pure
Fut pénétrée en voyant son amant.
Quel coloris, quel pinceau pourrait rendre
Ce doux mélange et si vif et si tendre,
L'impression d'un reste de douleur,
La douce joie où se livrait son cœur,
Son embarras, sa pudeur, et sa honte,
Que par degrés la tendresse surmonte ?
Son la Trimouille, ardent, ivre d'amour,
Entre ses bras la tient long-temps serrée,
Faible, attendrie, encor tout éplorée ;

CHANT VIII.

Il embrassait, il baisait tour à tour
Le grand Dunois, et sa maîtresse, et l'âne.
　　Tout le beau sexe, aux fenêtres penché,
Battait des mains, de tendresse touché;
On voyait fuir tous les gens à soutane
Sur les débris du bûcher renversé
Qui dans le sang nage au loin dispersé.
Sur ces débris le bâtard intrépide,
De Dorothée affermissant les pas,
A l'air, le port, et le maintien d'Alcide,
Qui sous ses pieds enchaînant le trépas,
Le triple chien, et la triple Euménide,
Remit Alceste à son dolent époux,
Quoiqu'en secret il fût un peu jaloux.
　　Avec honneur la belle Dorothée
Fut en litiere à son logis portée,
Des deux héros noblement escortée.
Le lendemain le bâtard généreux
Vint près du lit du beau couple amoureux:
Je sens, dit-il, que je suis inutile
Aux doux plaisirs que vous goûtez tous deux:
Il me convient de sortir de la ville;
Jeanne et mon roi me rappellent près d'eux;
Il faut les joindre, et je sens trop que Jeanne
Doit regretter la perte de son âne.
Le grand Denis, le patron de nos lois,
M'a cette nuit présenté sa figure:
J'ai vu Denis tout comme je vous vois;
Il me prêta sa divine monture
Pour secourir les dames et les rois:
Denis m'enjoint de revoir ma patrie.
Graces au ciel Dorothée est servie;
Je dois servir Charles sept à son tour.
Goûtez les fruits de votre tendre amour.
A mon bon roi je vais donner ma vie:
Le temps me presse, et mon âne m'attend.

Sur mon cheval je vous suis à l'instant,
Lui répliqua l'aimable la Trimouille.
La belle dit: C'est aussi mon projet;
Un desir vif dès long-temps me chatouille
De contempler la cour de Charles sept,
Sa cour si belle, en héros si féconde,
Sa tendre Agnès, qui gouverne son cœur,
Sa fiere Jeanne, en qui valeur abonde :
Mon cher amant, mon cher libérateur,
Me conduiraient jusques au bout du monde.
Mais, sur le point d'être cuite en ce lieu,
En récitant ma priere secrete,
Je fis tout bas à la Vierge un beau vœu
De visiter sa maison de Lorette,
S'il lui plaisait de me tirer du feu :
Tout aussitôt la mere du bon dieu
Vous députa sur votre âne céleste;
Vous me sauvez de ce bûcher funeste;
Je vis par vous : mon vœu doit se tenir,
Sans quoi la Vierge a droit de me punir.

Votre discours est très juste et très sage,
Dit la Trimouille; et ce pélerinage
Est à mes yeux un devoir bien sacré :
Vous permettrez que je sois du voyage :
J'aime Lorette, et je vous conduirai.
Allez, Dunois, par la plaine étoilée,
Fendez les airs, volez aux champs de Blois;
Nous vous joindrons avant qu'il soit un mois.
Et vous, madame, à Lorette appelée,
Venez remplir votre vœu si pieux:
Moi j'en fais un digne de vos beaux yeux,
C'est de prouver à toute heure, en tous lieux,
A tout venant, par l'épée et la lance,
Que vous devez avoir la préférence
Sur toute fille ou femme de renom,
Que nulle n'est et si sage et si belle.

CHANT VIII.

Elle rougit. Cependant le grison
Frappe du pied, s'éleve sur son aile,
Plane dans l'air, et, laissant l'horizon,
Porte Dunois vers les sources du Rhône.
 Le Poitevin prend le chemin d'Ancône (3)
Avec sa dame, un bourdon dans la main,
Portant tous deux chapeau de pélerin
Bien relevé de coquilles bénies ;
A leur ceinture un rosaire pendait
De beaux grains d'or et de perles unies :
Le paladin souvent le récitait,
Disait *Ave :* la belle répondait
Par des soupirs, et par des litanies ;
Et *Je vous aime* était le doux refrain
Des *oremus* qu'ils chantaient en chemin.
Ils vont à Parme, à Plaisance, à Modene,
Dans Urbino, dans la tour de Césene,
Toujours logés dans de très beaux châteaux
De princes, ducs, comtes, et cardinaux.
Le paladin eut par-tout l'avantage
De soutenir que dans le monde entier
Il n'est beauté plus aimable et plus sage
Que Dorothée ; et nul n'osa nier
Ce qu'avançait un si grand personnage :
Tant les seigneurs de tout ce beau canton
Avaient d'égards et de discrétion !
 Enfin, portés sur les bords du Musône
Près Ricanate en la Marche d'Ancône,
Les pélerins virent briller de loin
Cette maison de la sainte Madône,
Ces murs divins de qui le ciel prend soin ;
Murs convoités des avides corsaires,
Et qu'autrefois des anges tutélaires
Firent voler dans les plaines des airs,
Comme un vaisseau qui fend le sein des mers :
A *Loretto* les anges s'arrêterent ; (4)

Les murs sacrés d'eux-mêmes se fonderent;
Et ce que l'art a de plus précieux,
De plus brillant, de plus industrieux,
Fut employé depuis par les saints peres,
Maîtres du monde, et du ciel grands-vicaires,
A l'ornement de ces augustes lieux.
Les deux amants de cheval descendirent,
D'un cœur contrit à deux genoux se mirent;
Puis chacun d'eux, pour accomplir son vœu,
Offrit des dons pleins de magnificence,
Tous acceptés avec reconnaissance
Par la Madône et les moines du lieu.

Au cabaret les deux amants dinerent :
Et ce fut là qu'à table ils rencontrerent
Un brave Anglais, fier, dur, et sans souci,
Qui venait voir la sainte Vierge aussi
Par passe-temps, se moquant dans son ame
Et de Lorette et de sa Notre-Dame;
Parfait Anglais, voyageant sans dessein,
Achetant cher de modernes antiques,
Regardant tout avec un air hautain,
Et méprisant les saints et leurs reliques :
De tout Français c'est l'ennemi mortel ;
Et son nom est Christophe d'Arondel.
Il parcourait tristement l'Italie ;
Et, se sentant fort sujet à l'ennui,
Il amenait sa maîtresse avec lui,
Plus dédaigneuse encor, plus impolie,
Parlant fort peu, mais belle, faite au tour,
Douce la nuit, insolente le jour,
A table, au lit, par caprice emportée,
Et le contraire en tout de Dorothée.

Le beau baron, du Poitou l'ornement,
Lui fit d'abord un petit compliment,
Sans recevoir aucune repartie,
Puis il parla de la Vierge Marie;

Puis il conta comme il avait promis,
Chez les Lombards, à monsieur saint Denis
De soutenir en tout lieu la sagesse
Et la beauté de sa chere maîtresse.
Je crois, dit-il au dédaigneux Breton,
Que votre dame est noble et d'un grand nom,
Qu'elle est sur-tout aussi sage que belle;
Je crois encor, quoiqu'elle n'ait rien dit,
Que dans le fond elle a beaucoup d'esprit :
Mais Dorothée est fort au-dessus d'elle;
Vous l'avouerez; on peut, sans l'abaisser,
Au second rang dignement la placer.

   Le fier Anglais, à ce discours honnête,
Le regarda des pieds jusqu'à la tête :
Pardieu, dit-il, il m'importe fort peu
Que vous ayez à Denis fait un vœu,
Et peu me chaut que votre damoiselle
Soit sage ou folle, et soit ou laide ou belle;
Chacun se doit contenter de son bien
Tout uniment, sans se vanter de rien :
Mais, puisqu'ici vous avez l'impudence
D'oser prétendre à quelque préférence
Sur un Anglais, je vous enseignerai
Votre devoir, et je vous prouverai
Que tout Anglais, en affaires pareilles,
A tout Français donne sur les oreilles;
Que ma maîtresse, en figure, en couleur,
En gorge, en bras, cuisses, taille, rondeur,
Même en sagesse, en sentiments d'honneur,
Vaut cent fois mieux que votre pélerine ;
Et que mon roi, (dont je fais peu de cas)
Quand il voudra, saura bien mettre à bas
Et votre maître et sa grosse héroïne.
Eh bien, reprit le noble Poitevin !
Sortons de table, éprouvons-nous soudain ;
A vos dépens je soutiendrai peut-être

Mon tendre amour, mon pays, et mon maître,
Mais, comme il faut être toujours courtois,
De deux combats je vous laisse le choix,
Soit à cheval, soit à pied ; l'un et l'autre
Me sont égaux : mon choix suivra le vôtre.
A pied, mordieu ! dit le rude Breton ;
Je n'aime point qu'un cheval ait la gloire
De partager ma peine et ma victoire :
Point de cuirasse, et point de morion ;
C'est à mon sens une arme de poltron ;
Il fait trop chaud, j'aime à combattre à l'aise ;
Je veux tout nu vous soutenir ma these :
Nos deux beautés jugeront mieux des coups.

Très volontiers, dit d'un ton noble et doux
Le beau Français. Sa chere Dorothée
Frémit de crainte à ce défi cruel,
Quoiqu'en secret son ame fût flattée
D'être l'objet d'un si noble duel :
Elle tremblait que Christophe Arondel
Ne transperçât de quelque coup mortel
La douce peau de son cher la Trimouille,
Que de ses pleurs tendrement elle mouille.
La dame anglaise animait son Anglais
D'un coup-d'œil fier et sûr de ses attraits :
Elle n'avait jamais versé de larmes ;
Son cœur altier se plaisait aux alarmes ;
Et les combats des coqs de son pays
Avaient été ses passe-temps chéris.
Son nom était Judith de Rosamore,
Cher à Bristol, et que Cambridge honore. (5)

Voilà déja nos braves paladins
Dans un champ clos, près d'en venir aux mains :
Tous deux charmés, dans leurs nobles querelles,
De soutenir leur patrie et leurs belles ;
La tête haute, et le fer de droit fil,
Le bras tendu, le corps en son profil,

CHANT VIII.

En tierce, en quarte, ils joignent leurs épées,
L'une par l'autre à tout moment frappées :
C'est un plaisir de les voir se baisser,
Se relever, reculer, avancer,
Parer, sauter, se ménager des feintes,
Et se porter les plus rudes atteintes.
Ainsi l'on voit, dans une belle nuit,
Sous le lion ou sous la canicule,
Tout l'horizon qui s'enflamme et qui brûle
De mille feux dont notre œil s'éblouit ;
Un éclair passe, un autre éclair le suit.

 Le Poitevin adresse une apostrophe
Droit au menton du superbe Christophe,
Puis en arriere il saute allègrement,
Toujours en garde ; et Christophe à l'instant
Engage en tierce en serrant la mesure,
Au ferrailleur inflige une blessure
Sur une cuisse ; et, de sang empourpré,
Ce bel ivoire est teint et bizarré.

 Ils s'acharnaient à cette noble escrime,
Voulant mourir pour jouir de l'estime
De leur maîtresse, et pour bien décider
Quelle beauté doit à l'autre céder ;
Lorsqu'un bandit des états du saint-pere
Avec sa troupe entra dans ces cantons
Pour s'acquitter de ses dévotions.

 Le scélérat se nommait Martinguerre,
Voleur de jour, voleur de nuit, corsaire,
Mais saintement à la Vierge attaché,
Et sans manquer récitant son rosaire,
Pour être pur et net de tout péché.
Il apperçut sur le pré les deux belles,
Et leurs chevaux, et leurs brillantes selles,
Et leurs mulets chargés d'or et d'*agnus*.
Dès qu'il les vit on ne les revit plus.
Il vous enleve et Judith Rosamore,

Et Dorothée, et le bagage encore,
Mulets, chevaux, et part comme un éclair.
  Les champions tenaient toujours en l'air
A poing fermé leurs brandissantes lames,
Et ferraillaient pour l'honneur de ces dames.
Le Poitevin s'avise le premier
Que sa maîtresse est comme disparue :
Il voit de loin courir son écuyer ;
Il s'ébahit, et son arme pointue
Reste en sa main sans force et sans effet.
Sire Arondel demeure stupéfait.
Tous deux restaient, la prunelle effarée,
Bouche béante, et la mine égarée,
L'un contre l'autre. Oh! oh! dit le Breton,
Dieu me pardonne, on nous a pris nos belles :
Nous nous donnons cent coups d'estramaçon
Très sottement ; courons vite après elles,
Reprenons-les, et nous nous rebattrons
Pour leurs beaux yeux, quand nous les trouverons.
  L'autre en convient ; et, différant la fête,
En bons amis ils se mettent en quête
De leur maîtresse. A peine ils font cent pas,
Que l'un s'écrie : Ah, la cuisse ! ah, le bras !
L'autre criait : La poitrine ! et la tête !
Et n'ayant plus ces esprits animaux
Qui vont au cœur et qui font les héros,
Ayant perdu cette ardeur enflammée
Avec leur sang au combat consumée,
Tous deux meurtris, faibles, et languissants
Sur le gazon tombent en même temps,
Et de leur sang ils rougissent la terre.
Leurs écuyers, qui suivaient Martingueire,
Vont à sa piste, et gagnent le pays.
Les deux héros, sans valets, sans habits,
Et sans argent, étendus dans la plaine,
Manquant de tout, croyaient leur fin prochaine :

CHANT VIII.

Lorsqu'une vieille, en passant vers ces lieux,
Les voyant nus, s'approcha plus près d'eux,
En eut pitié, les fit sur des civieres
Porter chez elle, et par des restaurants
En moins de rien leur rendit tous leurs sens.
Leur coloris, et leurs forces premieres.

 La bonne vieille, en ce lieu respecté,
Est en odeur qu'on dit de sainteté ;
Devers Ancône il n'est point de béate,
Point d'ame sainte en qui la grace éclate
Par des bienfaits plus signalés, plus grands.
Elle prédit la pluie et le beau temps ;
Elle guérit les blessures légeres
Avec de l'huile et de saintes prieres :
Elle a par fois converti des méchants.

 Les paladins à la vieille conterent
Leur aventure, et conseil demanderent.
La décrépite alors se recueillit,
Pria Marie, ouvrit la bouche, et dit :
Allez en paix, aimez tous deux vos belles,
Mais que ce soit à bonne intention ;
Et gardez-vous de vous tuer pour elles.
Les doux objets de votre affection
Sont maintenant à des épreuves rudes ;
Je plains leurs maux et vos sollicitudes.
Habillez-vous ; prenez des chevaux frais ;
Ne manquez pas le chemin qu'il faut prendre ;
Le ciel par moi daigne ici vous apprendre,
Pour les trouver, qu'il faut courir après.

 Le Poitevin admira l'énergie
De ce discours ; et le Breton pensif
Lui dit : Je crois à votre prophétie :
Nous poursuivrons le voleur fugitif
Quand nous aurons retrouvé des montures,
Et des pourpoints, et sur-tout des armures.
La vieille dit : On vous en fournira.

Un circoncis par bonheur était là,
Enfant barbu d'Isâc et de Juda,
Dont la belle ame, à servir empressée,
Faisait fleurir la gent déprépucée.
Le digne Hébreu leur prêta galamment
Deux mille écus à quarante pour cent,
Selon les *us* de la race bénite
En Canaan, par Moïse conduite;
Et le profit que le Juif s'arrogea
Entre la sainte et lui se partagea.

FIN DU CHANT VIII.

CHANT IX.

ARGUMENT.

Comment la Trimouille et sire Arondel retrouverent leurs maîtresses en Provence; et du cas étrange advenu dans la Sainte-Baume.

Deux chevaliers qui se sont bien battus,
Soit à cheval, soit à la noble escrime,
Avec le sabre ou de longs fers pointus,
De pied en cap tout couverts ou tout nus,
Ont l'un pour l'autre une secrete estime,
Et chacun d'eux exalte les vertus
Et les grands coups de son digne adversaire,
Lorsque sur-tout il n'est plus en colere :
Mais s'il advient, après ce beau conflit,
Quelque accident, quelque triste fortune,
Quelque misere à tous les deux commune,
Incontinent le malheur les unit :
L'amitié naît de leurs destins contraires,
Et deux héros persécutés sont freres.
C'est ce qu'on vit dans le cas si cruel
De la Trimouille et du triste Arondel.
Cet Arondel reçut de la nature
Une ame altiere, indifférente, et dure ;
Mais il sentit ses entrailles d'airain
Se ramollir pour le doux Poitevin :
Et la Trimouille, en se laissant surprendre

A ces beaux nœuds qui forment l'amitié,
Suivit son goût; car son cœur est né tendre.
Que je me sens, dit-il, fortifié,
Mon cher ami, par votre courtoisie !
Ma Dorothée, hélas! me fut ravie;
Vous m'aiderez, au milieu des combats,
A retrouver la trace de ses pas,
A délivrer ce que mon cœur adore ;
J'affronterai les plus cruels trépas
Pour vous nantir de votre Rosamore.

 Les deux amants, les deux nouveaux amis,
Partent ensemble, et, sur un faux avis,
Marchent en hâte, et tirent vers Livourne.
Le ravisseur d'un autre côté tourne
Par un chemin justement opposé.
Tandis qu'ainsi le couple se fourvoie,
Au scélérat rien ne fut plus aisé
Que d'enlever sa noble et riche proie.
Il la conduit bientôt en sûreté
Dans un château des chemins écarté,
Près de la mer, entre Rome et Gayette;
Masure affreuse, exécrable retraite,
Où l'insolence et la rapacité,
La gourmandise et la mal-propreté,
L'emportement de l'ivresse bruyante,
Les démêlés, les combats qu'elle enfante,
La dégoûtante et sale impureté,
Qui de l'amour éteint les tendres flammes,
Tous les excès des plus vilaines ames
Font voir à l'œil ce qu'est le genre humain
Lorsqu'à lui-même il est livré sans frein.
Du créateur image si parfaite,
Or voilà donc comme vous êtes faite !

 En arrivant le corsaire effronté
Se met à table, et fait placer les belles
Sans compliment chacune à son côté,

Mange, dévore, et boit à leur santé.
Puis il leur dit: Voyez, mesdemoiselles,
Qui de vous deux couche avec moi la nuit.
Tout m'est égal, tout m'est bon, tout me duit;
Poil blond, poil noir, Anglaise, Italienne,
Petite ou grande, infidele ou chrétienne.
Il ne m'importe; et buvons. A ces mots
La rougeur monte à l'aimable visage
De Dorothée: elle éclate en sanglots;
Sur ses beaux yeux il se forme un nuage
Qui tombe en pleurs sur ce nez fait au tour,
Sur ce menton où l'on dit que l'Amour
Lui fit un creux la caressant un jour;
Dans la tristesse elle est ensevelie.
Judith l'Anglaise, un moment recueillie,
Et regardant le corsaire inhumain
D'un air de tête et d'un souris hautain :
Je veux, dit-elle, avoir ici la joie
Sur le minuit de me voir votre proie;
Et l'on saura ce qu'avec un bandit
Peut une Anglaise alors qu'elle est au lit.
A ce propos le brave Martinguerre
D'un gros baiser la barbouille, et lui dit:
J'aimai toujours les filles d'Angleterre.
Il la rebaise, et puis vuide un grand verre,
En vuide un autre, et mange, et boit, et rit,
Et chante et jure; et sa main effrontée,
Sans nul égard, se porte impudemment
Sur Rosamore, et puis sur Dorothée.
Celle-ci pleure; et l'autre fièrement,
Sans s'émouvoir, sans changer de visage,
Laisse tout faire au rude personnage.
Enfin de table il sort en bégayant,
Le pied mal sûr, mais l'œil étincelant,
Avertissant, d'un geste de corsaire,
Qu'on soit fidele aux marchés convenus;

Et rayonnant des présents de Bacchus,
Il se prépare aux combats de Cythere.
　　La Milanaise, avec des yeux confus,
Dit à l'Anglaise : Oserez-vous, ma chere,
Du scélérat consommer le desir ?
Mérite-t-il qu'une beauté si fiere
S'abaisse au point de donner du plaisir ?
Je prétends bien lui donner autre chose,
Dit Rosamore ; on verra ce que j'ose :
Je sais venger ma gloire, et mes appas ;
Je suis fidele au chevalier que j'aime :
Sachez que Dieu, par sa bonté suprême,
M'a fait présent de deux robustes bras,
Et que Judith est mon nom de baptême :
Daignez m'attendre en cet indigne lieu ;
Laissez-moi faire ; et sur-tout priez Dieu.
Puis elle part, et va la tête haute
Se mettre au lit à côté de son hôte.
　　La nuit couvrait d'un voile ténébreux
Les toits pourris de ce repaire affreux.
Des malandrins la grossiere cohue
Cuvait son vin dans la grange étendue ;
Et Dorothée, en ces moments d'horreur,
Demeurait seule, et se mourait de peur.
　　Le boucanier, dans la grosse partie
Par où l'on pense, était tout offusqué
De la vapeur des raisins d'Italie.
Moins à l'amour qu'au sommeil provoqué,
Il va pressant d'une main engourdie
Les fiers appas dont son cœur est piqué :
Et la Judith, prodiguant ses tendresses,
L'enveloppait, par de fausses caresses,
Dans les filets que lui tendait la mort.
Le dissolu, lassé d'un tel effort,
Bâille un moment, tourne la tête, et dort.
　　A son chevet pendait le cimeterre

CHANT IX.

Qui fit long-temps redouter Martinguerre.
Notre Bretonne aussitôt le tira,
En invoquant Judith, et Débora, (1)
Jahel, Aod, et Simon nommé Pierre,
Simon Barjone, aux oreilles fatal,
Qu'à surpasser l'héroïne s'apprête ;
Puis empoignant les crins de l'animal
De sa main gauche, et soulevant la tête,
La tête lourde et le front engourdi
Du mécréant qui ronfle appesanti,
Elle s'ajuste, et sa droite élevée
Tranche le cou du brave débauché.
De sang, de vin la couche est abreuvée :
Le large tronc de son chef détaché
Rougit le front de la noble héroïne
Par trente jets de liqueur purpurine.
Notre amazone alors saute du lit,
Portant en main cette tête sanglante,
Et va trouver sa compagne tremblante,
Qui dans ses bras tombe et s'évanouit ;
Puis reprenant ses sens et son esprit :
Ah ! juste Dieu, quelle femme vous êtes !
Quelle action ! quel coup ! et quel danger !
Où fuirons-nous ? si sur ces entrefaites
Quelqu'un s'éveille, on va nous égorger.
Parlez plus bas, répliqua Rosamore.
Ma mission n'est pas finie encore ;
Prenez courage, et marchez avec moi.
L'autre reprit courage avec effroi.

Leurs deux amants, errants toujours loin d'elles,
Couraient par-tout sans avoir rien trouvé.
A Gêne enfin l'un et l'autre arrivé,
Ayant par terre en vain cherché leurs belles,
S'en vont par mer, à la merci des flots,
Des deux objets qui troublent leur repos
Aux quatre vents demander des nouvelles.

Ces quatre vents les portent tour à tour,
Tantôt aux bords de cet heureux séjour
Où des chrétiens le pere apostolique
Tient humblement les clefs du paradis :
Tantôt au fond du golfe Adriatique,
Où le vieux doge est l'époux de Thétis ; (2)
Puis devers Naple, au rivage fertile
Où Sannazar est trop près de Virgile : (3)
Ces dieux mutins, prompts, ailés, et joufflus,
Qui ne sont plus les enfants d'Orithye,
Sur le dos bleu des flots qu'ils ont émus
Les font voguer à ces gouffres connus,
Où l'onde amere autrefois engloutie
Par la Carybde, aujourd'hui ne l'est plus ; (4)
Où de nos jours on ne peut plus entendre
Les hurlements des dogues de Scylla ;
Où les géants, écrasés sous l'Etna, (5)
Ne jettent plus la flamme avec la cendre :
Tant l'univers avec le temps changea !
Le couple errant, non loin de Syracuse,
Va saluer la fontaine Aréthuse,
Qui dans son sein tout couvert de roseaux
De son amant ne reçoit plus les eaux. (6)
Ils ont bientôt découvert le rivage
Où florissaient Augustin (7) et Carthage ;
Séjour affreux, dans nos jours infecté
Par les fureurs et la rapacité
Des musulmans, enfants de l'ignorance.
Enfin le ciel conduit nos chevaliers
Aux doux climats de la belle Provence.

    Là, sur des bords couronnés d'oliviers,
On voit les tours de Marseille l'antique,
Beau monument d'un vieux peuple ionique. (8)
Noble cité, grecque, et libre autrefois,
Tu n'as plus rien de ce double avantage :
Il est plus beau de servir sous nos rois ;

CHANT IX

C'est, comme on sait, un bien heureux partage :
Mais tes confins possedent un trésor
Plus merveilleux, plus salutaire encor.
Chacun connaît la belle Magdeleine,
Qui, de son temps ayant servi l'Amour,
Servit le ciel étant sur le retour,
Et qui pleura sa vanité mondaine.
Elle partit des rives du Jourdain
Pour s'en aller au pays de Provence,
Et se fessa long-temps, par pénitence,
Au fond d'un creux du roc de Maximin. (9)
Depuis ce temps un baume tout divin
Parfume l'air qu'en ces lieux on respire.
Plus d'une fille, et plus d'un pélerin,
Grimpe au rocher pour abjurer l'empire
Du dieu d'amour, qu'on nomme esprit malin.

On tient qu'un jour la pénitente juive,
Prête à mourir, requit une faveur
De Maximin son pieux directeur :
Obtenez-moi, si jamais il arrive
Que sur mon roc une paire d'amants
En rendez-vous viennent passer leur temps,
Leurs feux impurs dans tous les deux s'éteignent,
Qu'au même instant ils s'évitent, se craignent,
Et qu'une forte et vive aversion
Soit de leurs cœurs la seule passion.
Ainsi parla la sainte aventuriere.
Son confesseur exauça sa priere.
Depuis ce temps ces lieux sanctifiés
Vous font haïr les gens que vous aimiez.

Les paladins, ayant bien vu Marseilles,
Son port, sa rade, et toutes les merveilles
Dont les bourgeois rebattaient leurs oreilles,
Furent requis de visiter le roc,
Ce roc fameux, surnommé Sainte-Baume,
Tant célébré chez la gent porte-froc,

7.

Et dont l'odeur parfumait le royaume :
Le beau Français y va par piété,
Le fier Anglais par curiosité.
En gravissant ils virent près du dôme,
Sur les degrés dans ce roc pratiqués,
Des voyageurs à prier appliqués.
Dans cette troupe étaient deux voyageuses,
L'une à genoux, mains jointes, cou tendu ;
L'autre debout, et des plus dédaigneuses.
 O doux objets ! moment inattendu !
Ils ont tous deux reconnu leurs maîtresses !
Les voilà donc, pécheurs et pécheresses,
Dans ce parvis si funeste aux amours.
En peu de mots l'Anglaise leur raconte
Comment son bras, par le divin secours,
Sur Martinguerre a su venger sa honte :
Elle eut le soin, dans ce péril urgent,
De se saisir d'une bourse assez ronde
Qu'avait le mort, attendu que l'argent
Est inutile aux gens de l'autre monde ;
Puis franchissant, dans l'horreur de la nuit,
Les murs mal clos de cet affreux réduit.
Le sabre au poing, vers la prochaine rive
Elle a conduit sa compagne craintive ;
Elle a monté sur un léger esquif,
Et réveillant matelots, capitaine,
En bien payant, le couple fugitif
A navigué sur la mer de Tyrrène.
Enfin des vents le sort capricieux,
Ou bien le ciel, qui fait tout pour le mieux,
Les met tous quatre aux pieds de Magdeleine.
 O grand miracle ! ô vertu souveraine !
A chaque mot que prononçait Judith
De son amant le grand cœur s'affadit ;
Ciel ! quel dégoût, et bientôt quelle haine,
Succède aux traits du plus charmant amour !

CHANT IX.

Il est payé d'un semblable retour.
Ce la Trimouille, à qui sa Dorothée
Parut long-temps plus belle que le jour,
La trouve laide, imbécille, affectée,
Gauche, maussade, et lui tourne le dos :
La belle en lui voyait le roi des sots,
Le détestait, et détournait la vue ;
Et Magdeleine, au milieu d'une nue,
Goûtait en paix la satisfaction
D'avoir produit cette conversion.

 Mais Magdeleine, hélas ! fut bien déçue ;
Car elle obtint des saints du paradis
Que tout amant venu dans son logis
N'aimerait plus l'objet de ses faiblesses
Tant qu'il serait dans ces rochers bénis ;
Mais dans ses vœux la sainte avait omis
De stipuler que les amants guéris
Ne prendraient pas de nouvelles maîtresses :
Saint Maximin ne prévit point le cas ;
Dont il advint que l'Anglaise infidele
Au Poitevin tendit ses deux beaux bras,
Et qu'Arondel jouit des doux appas
De Dorothée, et fut enchanté d'elle.
L'abbé Tritême a même prétendu
Que Magdeleine, à ce troc imprévu,
Du haut du ciel s'était mise à sourire.
On peut le croire, et la justifier :
La vertu plaît ; mais, malgré son empire,
On a du goût pour son premier métier.

 Il arriva que les quatre parties
De Sainte-Baume à peine étaient sorties
Que le miracle alors n'opéra plus ;
Il n'a d'effet que dans l'auguste enceinte,
Et dans le creux de cette roche sainte :
Au bas du mont la Trémouille confus
D'avoir haï quelque temps Dorothée,

Rendant justice à ses touchants attraits,
La retrouva plus tendre que jamais,
Plus que jamais elle s'en vit fêtée ;
Et Dorothée, en proie à sa douleur,
Par son amour expia son erreur
Entre les bras du héros qu'elle adore.
Sire Arondel reprit sa Rosamore,
Dont le courroux fut bientôt désarmé ;
Chacun aima comme il avait aimé :
Et je puis dire encor que Magdeleine
En les voyant leur pardonna sans peine.

Le dur Anglais, l'aimable Poitevin,
Ayant chacun leur héroïne en croupe,
Vers Orléans prirent leur droit chemin,
Tous deux brûlants de rejoindre leur troupe,
Et de venger l'honneur de leur pays.
Discrets amants, généreux ennemis,
Ils voyageaient comme de vrais amis,
Sans désormais se faire de querelles
Ni pour leurs rois, ni même pour leurs belles.

FIN DU CHANT IX.

CHANT X.

ARGUMENT.

Agnès Sorel poursuivie par l'aumônier de Jean Chandos. Regrets de son amant, etc. Ce qui advint à la belle Agnès dans un couvent.

En quoi ! toujours clouer une préface
A tous mes chants ! La morale me lasse :
Un simple fait conté naïvement,
Ne contenant que la vérité pure,
Narré succinct, sans frivole ornement,
Point trop d'esprit, aucun raffinement ;
Voilà de quoi désarmer la censure.
Allons au fait, lecteur, tout rondement,
C'est mon avis. Tableau d'après nature,
S'il est bien fait, n'a besoin de bordure.
 Le bon roi Charle, allant vers Orléans,
Enflait le cœur de ses fiers combattants,
Les remplissait de joie et d'espérance,
Et relevait le destin de la France :
Il ne parlait que d'aller aux combats ;
Il étalait une fière alégresse ;
Mais en secret il soupirait tout bas,
Car il était absent de sa maîtresse.
L'avoir laissée, avoir pu seulement
De son Agnès s'écarter un moment,
C'était un trait d'une vertu suprême,

C'était quitter la moitié de soi-même.
Lorsqu'il se fut au logis renfermé,
Et qu'en son cœur il eut un peu calmé
L'emportement du démon de la gloire,
L'autre démon qui préside à l'amour
Vint à ses sens s'expliquer à son tour:
Il plaidait mieux ; il gagna la victoire.
D'un air distrait le bon prince écouta
Tous les propos dont on le tourmenta;
Puis en sa chambre en secret il alla,
Où, d'un cœur triste, et d'une main tremblante,
Il écrivit une lettre touchante
Que de ses pleurs tendrement il mouilla ;
Pour les sécher Bonneau n'était pas là.
Certain butor, gentilhomme ordinaire,
Fut dépêché, chargé du doux billet.
Une heure après, ô douleur trop amere!
Notre courier rapporte le poulet.
Le roi, saisi d'une crainte mortelle,
Lui dit : Hélas, pourquoi donc reviens-tu ?
Quoi! mon billet?.... Sire, tout est perdu ;
Sire, armez-vous de force et de vertu.
Les Anglais.... Sire.... ah! tout est confondu ;
Sire.... ils ont pris Agnès et la Pucelle.
A ce propos, dit sans ménagement,
Le roi tomba, perdit tout sentiment,
Et de ses sens il ne reprit l'usage
Que pour sentir l'excès de son tourment.
Contre un tel coup quiconque a du courage
N'est pas sans doute un véritable amant:
Le roi l'était; un tel évènement
Le transperçait de douleur et de rage.
Ses chevaliers perdirent tous leurs soins
A l'arracher à sa douleur cruelle ;
Charles fut près d'en perdre la cervelle :
Son pere, hélas! devint fou pour bien moins.

CHANT X.

Ah ! cria-t-il, que l'on m'enleve Jeanne,
Mes chevaliers, tous mes gens à soutane,
Mon directeur, et le peu de pays
Que m'ont laissé mes destins ennemis !
Cruels Anglais, ôtez-moi plus encore;
Mais laissez-moi ce que mon cœur adore.

Amour ! Agnès ! monarque malheureux !
Que fais-je ici m'arrachant les cheveux ?
Je l'ai perdue, il faudra que j'en meure :
Je l'ai perdue ; et, pendant que je pleure,
Peut-être, hélas ! quelque insolent Anglais
A son plaisir subjugue ses attraits
Nés seulement pour des baisers français :
Une autre bouche à tes levres charmantes
Pourrait ravir ces faveurs si touchantes !
Une autre main caresser tes beautés !
Un autre.... ô ciel ! que de calamités !
Et qui sait même, en ce moment terrible,
A leurs plaisirs si tu n'es pas sensible ?
Qui sait, hélas ! si ton tempérament
Ne trahit pas ton malheureux amant ?
Le triste roi, de cette incertitude
Ne pouvant plus souffrir l'inquiétude,
Va sur ce cas consulter les docteurs,
Nécromanciens, devins, sorboniqueurs,
Juifs, jacobins, quiconque savait lire. (1)

Messieurs, dit-il, il convient de me dire
Si mon Agnès est fidele à sa foi,
Si pour moi seul sa belle ame soupire :
Gardez-vous bien de tromper votre roi :
Dites-moi tout ; de tout il faut m'instruire.
Eux bien payés consulterent soudain
En grec, hébreu, syriaque, latin :
L'un du roi Charle examine la main ;
L'autre en quarré dessine une figure ;
Un autre observe et Vénus et Mercure ;

Un autre va, son psautier parcourant,
Disant *amen*, et tout bas murmurant ;
Cet autre-ci regarde au fond d'un verre ;
Et celui-là fait des cercles à terre :
Car c'est ainsi que dans l'antiquité
On a toujours cherché la vérité.
Aux yeux du prince ils travaillent, ils suent :
Puis, louant Dieu, tous ensemble ils concluent
Que ce grand roi peut dormir en repos,
Qu'il est le seul parmi tous les héros
A qui le ciel, par sa grace infinie,
Daigne octroyer une fidele amie,
Qu'Agnès est sage, et fuit tous les amants.
Puis fiez-vous à messieurs les savants.

 Cet aumônier terrible, inexorable,
Avait saisi le moment favorable ;
Malgré les cris, malgré les pleurs d'Agnès,
Il triomphait de ses jeunes attraits,
Il ravissait des plaisirs imparfaits ;
Transports grossiers, volupté sans tendresse,
Triste union sans douceur, sans caresse,
Plaisirs honteux qu'Amour ne connaît pas :
Car qui voudrait tenir entre ses bras
Une beauté qui détourne la bouche,
Qui de ses pleurs inonde votre couche ?
Un honnête homme a bien d'autres desirs,
Il n'est heureux qu'en donnant des plaisirs :
Un aumônier n'est pas si difficile ;
Il va piquant sa monture indocile,
Sans s'informer si le jeune tendron
Sous son empire a du plaisir ou non.

 Le page aimable, amoureux et timide,
Qui dans le bourg était allé courir
Pour dignement honorer et servir
La déité qui de son sort décide,
Revint enfin. Las ! il revint trop tard.

Il entre, il voit le damné de frappart
Qui, tout en feu, dans sa brutale joie,
Se démenait, et dévorait sa proie.
Le beau Monrose, à cet objet fatal,
Le fer en main, vole sur l'animal :
Du chapelain l'impudique furie
Cede au besoin de défendre sa vie ;
Du lit il saute, il empoigne un bâton,
Il s'en escrime, il accolle le page.
Chacun des deux est brave champion ;
Monrose est plein d'amour et de courage,
Et l'aumônier de luxure et de rage.
 Les gens heureux qui goûtent dans les champs
La douce paix, fruit des jours innocents,
Ont vu souvent près de quelque bocage
Un loup cruel, affamé de carnage,
Qui de ses dents déchire la toison,
Et boit le sang d'un malheureux mouton :
Si quelque chien, à l'oreille écourtée,
Au cœur superbe, à la gueule endentée,
Vient comme un trait tout prêt à guerroyer,
Incontinent l'animal carnassier
Laisse tomber de sa gueule écumante
Sur le gazon la victime innocente ;
Il court au chien, qui, sur lui s'élançant,
A l'ennemi livre un combat sanglant :
Le loup mordu, tout bouillant de colere,
Croit étrangler son superbe adversaire ;
Et le mouton, palpitant auprès d'eux,
Fait pour le chien de très sinceres vœux.
C'était ainsi que l'aumônier nerveux,
D'un cœur farouche, et d'un bras formidable,
Se débattait contre le page aimable ;
Tandis qu'Agnès, demi-morte de peur,
Restait au lit, digne prix du vainqueur.
 L'hôte et l'hôtesse, et toute la famille,

Et les valets, et la petite fille,
Montent au bruit; on se jette entre deux :
On fit sortir l'aumônier scandaleux,
Et contre lui chacun fut pour le page :
Jeunesse et grace ont par-tout l'avantage.
Le beau Monrose eut donc la liberté
De rester seul auprès de sa beauté ;
Et son rival, hardi dans sa détresse,
Sans s'étonner alla chanter sa messe.

Agnès honteuse, Agnès au désespoir
Qu'un sacristain à ce point l'eût pollue,
Et plus encor qu'un beau page l'eût vue
Dans le combat indignement vaincue,
Versait des pleurs, et n'osait plus le voir :
Elle eût voulu que la mort la plus prompte
Fermât ses yeux et terminât sa honte ;
Elle disait, dans son grand désarroi,
Pour tout discours : Ah! monsieur, tuez-moi.
Qui vous, mourir! lui répondit Monrose ;
Je vous perdrais! ce prêtre en serait cause !
Ah! croyez-moi, si vous aviez péché,
Il faudrait vivre et prendre patience :
Est-ce à nous deux de faire pénitence?
D'un vain remords votre cœur est touché ;
Divine Agnès, quelle erreur est la vôtre,
De vous punir pour le péché d'un autre !
Si son discours n'était pas éloquent,
Ses yeux l'étaient ; un feu tendre et touchant
Insinuait à la belle attendrie
Quelque desir de conserver sa vie.

Fallut dîner : car, malgré leurs chagrins,
(Chétif mortel, j'en ai l'expérience)
Les malheureux ne font point abstinence :
En enrageant on fait encor bombance.
Voilà pourquoi tous ces auteurs divins,
Ce bon Virgile, et ce bavard Homère,

Que tout savant, même en bâillant, révere,
Ne manquent point, au milieu des combats,
L'occasion de parler d'un repas.
La belle Agnès dîna donc tête à tête,
Près de son lit, avec ce page honnête.
Tous deux d'abord, également honteux,
Sur leur assiette arrêtaient leurs beaux yeux;
Puis enhardis tous deux se regarderent,
Et puis enfin tous deux ils se lorgnerent.
   Vous savez bien que dans la fleur des ans,
Quand la santé brille dans tous vos sens,
Qu'un bon dîner fait couler dans vos veines
Des passions les semences soudaines;
Tout votre cœur cede au besoin d'aimer;
Vous vous sentez doucement enflammer
D'une chaleur bénigne et pétillante:
La chair est faible, et le diable vous tente.
   Le beau Monrose, en ces temps dangereux,
Ne pouvant plus commander à ses feux,
Se jette aux pieds de la belle éplorée:
O cher objet! ô maîtresse adorée!
C'est à moi seul désormais de mourir;
Ayez pitié d'un cœur soumis et tendre:
Quoi! mon amour ne pourrait obtenir
Ce qu'un barbare a bien osé vous prendre!
Ah! si le crime a pu le rendre heureux,
Que devez-vous à l'amour vertueux?
C'est lui qui parle, et vous devez l'entendre.
Cet argument paraissait assez bon:
Agnès sentit le poids de la raison.
Une heure encore elle osa se défendre;
Elle voulut reculer son bonheur
Pour accorder le plaisir et l'honneur,
Sachant très bien qu'un peu de résistance
Vaut encor mieux que trop de complaisance.
Monrose enfin, Monrose fortuné,

Eut tous les droits d'un amant couronné;
Du vrai bonheur il eut la jouissance.
Du prince anglais la gloire et la puissance
Ne s'étendait que sur des rois vaincus;
Le fier Henri n'avait pris que la France,
Le lot du page était bien au-dessus.

  Mais que la joie est trompeuse et légere!
Que le bonheur est chose passagere!
Le charmant page à peine avait goûté
De ce torrent de pure volupté,
Que des Anglais arrive une cohorte.
On monte, on entre, ou enfonce la porte:
Couple enivré des caresses d'amour,
C'est l'aumônier qui vous joua ce tour.
La douce Agnès, de crainte évanouie,
Avec Monrose est aussitôt saisie;
C'est à Chandos qu'on prétend les mener.
A quoi Chandos va-t-il les condamner?
Tendres amants, vous craignez sa vengeance;
Vous savez trop par votre expérience
Que cet Anglais est sans compassion.
Dans leurs beaux yeux est la confusion;
Le désespoir les presse et les dévore;
Et cependant ils se lorgnaient encore:
Ils rougissaient de s'être faits heureux.
A Jean Chandos que diront-ils tous deux?
Dans le chemin advint que de fortune
Ce corps anglais rencontra sur la brune
Vingt chevaliers qui pour Charles tenaient,
Et qui de nuit en ces quartiers rôdaient
Pour découvrir si l'on avait nouvelle
Touchant Agnès et touchant la Pucelle.

  Quand deux mâtins, deux coqs, et deux amants,
Nez contre nez se rencontrent aux champs;
Lorsqu'un suppôt de la grace efficace
Trouve un cou tors de l'école d'Ignace

CHANT X.

Quand un enfant de Luther ou Calvin
Voit par hasard un prêtre ultramontain,
Sans perdre temps un grand combat commence,
A coup de gueule, ou de plume, ou de lance :
Semblablement les gendarmes de France,
Tout du plus loin qu'ils virent les Bretons,
Fondent dessus, légers comme faucons.
Les gens anglais sont gens qui se défendent ;
Mille beaux coups se donnent et se rendent.
Le fier coursier qui notre Agnès portait
Etait actif, jeune, fringant comme elle ;
Il se cabrait, il ruait, il tournait ;
Agnès allait sautillant sur la selle :
Bientôt au bruit des cruels combattants
Il s'effarouche, il prend le mors aux dents.
Agnès en vain veut d'une main timide
Le gouverner dans sa course rapide ;
Elle est trop faible, il lui fallut enfin
A son cheval remettre son destin.

Le beau Monrose, au fort de la mêlée,
Ne peut savoir où sa nymphe est allée ;
Le coursier vole, aussi prompt que le vent ;
Et sans relâche ayant couru six mille,
Il s'arrêta dans un vallon tranquille.
Tout vis-à-vis la porte d'un couvent.
Un bois était près de ce monastere ;
Auprès du bois une onde vive et claire
Fuit et revient, et par de longs détours,
Parmi des fleurs, elle poursuit son cours ;
Plus loin s'éleve une colline verte,
A chaque automne enrichie et couverte
Des doux présents dont Noé nous dota.
Lorsqu'à la fin son grand coffre il quitta
Pour réparer du genre humain la perte.
Et que, lassé du spectacle de l'eau,
Il fit du vin par un art tout nouveau ;

Flore et Pomone, et la féconde haleine
Des doux zéphyrs parfument ces beaux champs ;
Sans se lasser, l'œil charmé s'y promene :
Le paradis de nos premiers parents
N'avait point eu de vallons plus riants,
Plus fortunés, et jamais la nature
Ne fut plus belle, et plus riche, et plus pure.
L'air qu'on respire en ces lieux écartés
Porte la paix dans les cœurs agités,
Et, des chagrins calmant l'inquiétude,
Fait aux mondains aimer la solitude.
 Au bord de l'onde Agnès se reposa,
Sur le couvent ses deux beaux yeux fixa,
Et de ses sens le trouble s'appaisa.
C'était, lecteur, un couvent de nonnettes.
Ah ! dit Agnès, adorables retraites !
Lieux où le ciel a versé ses bienfaits !
Séjour heureux d'innocence et de paix !
Hélas ! du ciel la faveur infinie
Peut-être ici me conduit tout exprès
Pour y pleurer les erreurs de ma vie.
De chastes sœurs, épouses de leur Dieu,
De leurs vertus embaument ce beau lieu ;
Et moi, fameuse entre les pécheresses,
J'ai consumé mes jours dans les faiblesses.
Agnès ainsi parlant à haute voix
Sur le portail apperçut une croix ;
Elle adora d'humilité profonde
Ce signe heureux du salut de ce monde ;
Et, se sentant quelque componction,
Elle comptait s'en aller à confesse :
Car de l'amour à la dévotion
Il n'est qu'un pas ; l'un et l'autre est faiblesse.
 Or du moutier la vénérable abbesse
Depuis deux jours était allée à Blois
Pour du couvent y soutenir les droits ;

CHANT X.

Ma sœur Bèsogne avait en son absence
Du saint troupeau la bénigne intendance :
Elle accourut au plus vîte au parloir,
Puis fit ouvrir pour Agnès recevoir :
Entrez, dit-elle, aimable voyageuse ;
Quel bon patron, quelle fête joyeuse
Peut amener au pied de nos autels
Cette beauté dangereuse aux mortels ?
Seriez-vous point quelque ange ou quelque sainte
Qui des hauts cieux abandonne l'enceinte
Pour ici-bas nous faire la faveur
De consoler les filles du Seigneur ?
Agnès répond : C'est pour moi trop d'honneur ;
Je suis, ma sœur, une pauvre mondaine ;
De grands péchés mes beaux jours sont ourdis :
Et si jamais je vais en paradis,
Je n'y serai qu'auprès de Magdeleine.
De mon destin le caprice fatal,
Dieu, mon bon ange, et sur-tout mon cheval,
Ne sais comment, en ces lieux m'ont portée ;
De grands remords mon ame est agitée :
Mon cœur n'est point dans le crime endurci ;
J'aime le bien, j'en ai perdu la trace,
Je la retrouve, et je sens que la grace
Pour mon salut veut que je couche ici.
 Ma sœur Besogne avec douceur prudente
Encouragea la belle pénitente ;
Et, de la grace exaltant les attraits,
Dans sa cellule elle conduit Agnès ;
Cellule propre et bien illuminée,
Pleine de fleurs et galamment ornée,
Lit ample et doux : on dirait que l'Amour
A de ses mains arrangé ce séjour.
Agnès, tout bas louant la Providence,
Vit qu'il est doux de faire pénitence
 Après soupé (car je n'omettrai point

Dans mes récits ce noble et digne point)
Besogne dit à la belle étrangere :
Il est nuit close, et vous savez, ma chere,
Que c'est le temps où les esprits malins (2)
Rôdent par-tout, et vont tenter les saints :
Il nous faut faire une œuvre profitable ;
Couchons ensemble, afin que si le diable
Veut contre nous faire ici quelque effort,
Nous trouvant deux, le diable en soit moins fort.
La dame errante accepta la partie :
Elle se couche, et croit faire œuvre pie ;
Croit qu'elle est sainte, et que le ciel l'absout :
Mais son destin la poursuivait par-tout.
 Puis-je au lecteur raconter sans vergogne
Ce que c'était que cette sœur Besogne ?
Il faut le dire, il faut tout publier ;
Ma sœur Besogne était un bachelier
Qui d'un Hercule eut la force en partage,
Et d'Adonis le gracieux visage,
N'ayant encor que vingt ans et demi,
Blanc comme lait, et frais comme rosée :
La dame abbesse, en personne avisée,
En avait fait depuis peu son ami.
Sœur bachelier vivait dans l'abbaye
En cultivant son ouaille jolie :
Ainsi qu'Achille, en fille déguisé,
Chez Lycomede était favorisé
Des doux baisers de sa Déidamie.
 La pénitente était à peine au lit
Avec sa sœur, soudain elle sentit
Dans la nonnain métamorphose étrange.
Assurément elle gagnait au change.
Crier, se plaindre, éveiller le couvent,
N'aurait été qu'un scandale imprudent ;
Souffrir en paix, soupirer, et se taire,
Se résigner est tout ce qu'on peut faire :

CHANT X.

Puis rarement en telle occasion
On a le temps de la réflexion.
Quand sœur Besogne à sa fureur claustrale
(Car on se lasse) eut mis quelque intervalle,
La belle Agnès, non sans contrition,
Fit en secret cette réflexion :
C'est donc en vain que j'eus toujours en tête
Le beau projet d'être une femme honnête ;
C'est donc en vain que l'on fait ce qu'on peut :
N'est pas toujours femme de bien qui veut.

FIN DU CHANT X.

CHANT XI.

ARGUMENT.

Les Anglais violent le couvent. Combat de saint George, patron d'Angleterre, contre saint Denis, patron de la France.

Je vous dirai, sans harangue inutile,
Que le matin nos deux charmants reclus,
Lassés tous deux de plaisirs défendus,
S'abandonnaient, l'un vers l'autre étendus,
Au doux repos d'une ivresse tranquille.
 Un bruit affreux dérangea leur sommeil.
De tous côtés le flambeau de la guerre,
L'horrible mort, éclairent leur réveil;
Près du couvent le sang couvrait la terre.
Cet escadron de malandrins anglais
Avait battu cet escadron français.
Ceux-ci s'en vont au travers de la plaine,
Le fer en main; ceux-là volent après,
Frappant, tuant, criant tout hors d'haleine:
Mourez sur l'heure, ou rendez-nous Agnès;
Mais aucun d'eux n'en savait des nouvelles.
Le vieux Colin, pasteur de ces cantons,
Leur dit: Messieurs, en gardant mes moutons,
Je vis hier le miracle des belles
Qui vers le soir entrait en ce moutier.
Lors les Anglais se mirent à crier:

Ah! c'est Agnès, n'en doutons point, c'est elle :
Entrons, amis. La cohorte cruelle
Saute à l'instant dessus ces murs bénis.
Voilà les loups au milieu des brebis.

Dans le dortoir, de cellule en cellule,
A la chapelle, à la cave, en tout lieu,
Ces ennemis des servantes de Dieu
Attaquent tout sans honte et sans scrupule.
Ah! sœur Agnès, sœur Marton, sœur Ursule,
Où courez-vous, levant les mains aux cieux,
Le trouble au sein, la mort dans vos beaux yeux?
Où fuyez-vous, colombes gémissantes?
Vous embrassez, interdites, tremblantes,
Ce saint autel, asyle redouté,
Sacré garant de votre chasteté :
C'est vainement, dans ce péril funeste,
Que vous criez à votre époux céleste;
A ses yeux même, à ces mêmes autels,
Tendre troupeau, vos ravisseurs cruels
Vont profaner la foi pure et sacrée
Qu'innocemment votre bouche a jurée.

Je sais qu'il est des lecteurs bien mondains,
Gens sans pudeur, ennemis des nonnains,
Mauvais plaisants, de qui l'esprit frivole
Ose insulter aux filles qu'on viole:
Laissons-les dire. — Hélas! mes cheres sœurs,
Qu'il est affreux pour de si jeunes cœurs,
Pour des beautés si simples, si timides,
De se débattre en des bras homicides;
De recevoir les baisers dégoûtants
De ces félons de carnage fumants,
Qui, d'un effort détestable et farouche,
Les yeux en feu, le blasphême à la bouche,
Mêlant l'outrage avec la volupté,
Vous font l'amour avec férocité,
De qui l'haleine horrible, empoisonnée,

La barbe dure, et la main forcenée,
Le corps hideux, le bras noir et sanglant,
Semblent donner la mort en caressant,
Et qu'on prendrait, dans leurs fureurs étranges
Pour des démons qui violent des anges!
  Déja le crime aux regards effrontés
A fait rougir ces pudiques beautés.
Sœur Rebondi, si dévote et si sage,
Au fier Shipunk est tombée en partage.
Le dur Barclay, l'incrédule Warton,
Sont tous les deux après sœur Amidon.
On pleure, on prie, on jure, on presse, on cogne.
Dans le tumulte on voyait sœur Besogne
Se débattant contre Bard et Parson.
Ils ignoraient que Besogne est garçon,
Et la pressaient sans entendre raison.
Aimable Agnès, dans la troupe affligée
Vous n'étiez pas pour être négligée;
Et votre sort, objet charmant et doux,
Est à jamais de pécher malgré vous.
Le chef sanglant de la gent sacrilege,
Hardi vainqueur, vous presse et vous assiege;
Et les soldats, soumis dans leur fureur,
Avec respect lui cédaient cet honneur.
  Le juste ciel, en ses décrets séveres,
Met quelquefois un terme à nos miseres:
Car dans le temps que messieurs d'Albion
Avaient placé l'abomination
Tout au milieu de la sainte Sion,
Du haut des cieux le patron de la France,
Le bon Denis, propice à l'innocence,
Sut échapper aux soupçons inquiets
Du fier saint George, ennemi des Français;
Du paradis il vint en diligence:
Mais pour descendre au terrestre séjour,
Plus ne monta sur un rayon du jour,

CHANT XI.

Sa marche alors aurait paru trop claire :
Il s'en alla vers le dieu du mystere, (1)
Dieu sage et fin, grand ennemi du bruit,
Qui par-tout vole, et ne va que de nuit.
Il favorise (et certes c'est dommage)
Force frippons ; mais il conduit le sage :
Il est sans cesse à l'église, à la cour :
Au temps jadis il a guidé l'Amour.
Il mit d'abord au milieu d'un nuage
Le bon Denis ; puis il fit le voyage
Par un chemin solitaire, écarté,
Parlant tout bas, et marchant de côté.

Des bons Français le protecteur fidele
Non loin de Blois rencontra la Pucelle,
Qui sur le dos de son gros muletier
Gagnait pays par un petit sentier,
En priant Dieu qu'une heureuse aventure
Lui fit enfin retrouver son armure.
Tout du plus loin que saint Denis la vit,
D'un ton bénin le bon patron lui dit :
O ma pucelle, ô vierge destinée
A protéger les filles et les rois,
Viens secourir la pudeur aux abois,
Viens réprimer la rage forcenée,
Viens ; que ce bras vengeur des fleurs de lis
Soit le sauveur de mes tendrons bénis :
Vois ce couvent ; le temps presse, on viole ;
Viens, ma pucelle : il dit, et Jeanne y vole ;
Le cher patron, lui servant d'écuyer,
A coups de fouet hâtait le muletier.

Vous voici, Jeanne, au milieu des infâmes
Qui tourmentaient ces vénérables dames.
Jeanne était nue : un Anglais impudent
Vers cet objet tourne soudain la tête ;
Il la convoite ; il pense fermement
Qu'elle venait pour être de la fête :

8.

Vers elle il court, et sur sa nudité
Il va cherchant la sale volupté.
On lui répond d'un coup de cimeterre
Droit sur le nez. L'infame roule à terre,
Jurant ce mot des Français révéré,
Mot énergique, au plaisir consacré,
Mot que souvent le profane vulgaire
Indignement prononce en sa colere.
  Jeanne, à ses pieds foulant son corps sanglant,
Criait tout haut à ce peuple méchant :
Cessez, cruels, cessez, troupe profane !
O violeurs, craignez Dieu, craignez Jeanne !
Ces mécréants, au grand œuvre attachés,
N'écoutaient rien, sur leurs nonnains juchés ;
Tels des ânons broutent des fleurs naissantes
Malgré les cris du maître et des servantes.
Jeanne, qui voit leurs impudents travaux,
De grande horreur saintement transportée,
Invoquant Dieu, de Denis assistée,
Le fer en main, vole de dos en dos,
De nuque en nuque, et d'échine en échine,
Frappant, perçant de sa pique divine,
Pourfendant l'un alors qu'il commençait,
Dépêchant l'autre alors qu'il finissait,
Et moissonnant la cohorte félonne,
Si que chacun fut percé sur sa nonne,
Et, perdant l'ame au fort de son desir,
Allait au diable en mourant de plaisir.
  Isâc Warton, dont la lubrique rage
Avait pressé son détestable ouvrage,
Ce dur Warton fut le seul écuyer
Qui de sa nonne osa se délier ;
Et droit en pied reprenant son armure,
Attendit Jeanne, et changea de posture.
  O vous, grand saint, protecteur de l'état,
Bon saint Denis, témoin de ce combat,

CHANT XI.

Daignez redire à ma muse fidele
Ce qu'à vos yeux fit alors ma Pucelle.
Jeanne d'abord frémit, s'émerveilla :
Mon cher Denis ! mon saint ! que vois-je là ?
Mon corselet, mon armure céleste,
Ce beau présent que tu m'avais donné
Brille à mes yeux au dos de ce damné !
Il a mon casque, il a ma soubreveste.
Il était vrai ; la Jeanne avait raison :
La belle Agnès, en troquant de jupon,
De cette armure en secret habillée,
Par Jean Chandos fut bientôt dépouillée.
Isâc Warton, écuyer de Chandos,
Prit cette armure et s'en couvrit le dos.

O Jeanne d'Arc, ô fleur des héroïnes,
Tu combattais pour tes armes divines,
Pour ton grand roi si long-temps outragé,
Pour la pudeur de cent bénédictines,
Pour saint Denis de leur honneur chargé !
Denis la voit qui donne avec audace
Cent coups de sabre à sa propre cuirasse,
A son armet d'une aigrette ombragé.
Au mont Etna, dans leur forge brûlante,
Du noir Vulcain les borgnes compagnons
Font retentir l'enclume étincelante
Sous des marteaux moins pesants et moins prompts,
En préparant au maître du tonnerre
Son gros canon, trop bravé sur la terre.

Le fier Anglais, de fer enharnaché,
Recule un pas ; son ame est stupéfaite
Quand il se voit si rudement touché
Par une jeune et fringante brunette.
La voyant nue, il sentit des remords ;
Sa main tremblait de blesser ce beau corps :
Il se défend, et combat en arriere,
De l'ennemie admirant les trésors,

Et se moquant de sa vertu guerriere.
  Saint George alors du sein du paradis
Ne voyant plus son confrere Denis,
Se douta bien que le saint de la France
Portait aux siens sa divine assistance :
Il promenait ses regards inquiets
Dans les recoins du céleste palais.
Sans balancer aussitôt il demande
Son beau cheval connu dans la légende.
Le cheval vint; George le bien monté, (2)
La lance au poing, et le sabre au côté,
Va parcourant cet effroyable espace
Que des humains veut mesurer l'audace;
Ces cieux divers, ces globes lumineux
Que fait tourner René, le songe-creux, (3)
Dans un amas de subtile poussiere,
Beaux tourbillons que l'on ne prouve guere;
Et que Newton, rêveur bien plus fameux,
Fait tournoyer sans boussole et sans guide
Autour du rien, tout au travers du vuide.
  George, enflammé de dépit et d'orgueil,
Franchit ce vuide, arrive en un clin d'œil
Devers les lieux arrosés par la Loire,
Où saint Denis croyait chanter victoire.
Ainsi l'on voit dans la profonde nuit
Une comete, en sa longue carriere,
Etinceler d'une horrible lumiere :
On voit sa queue; et le peuple frémit,
Le pape en tremble, et la terre étonnée
Croit que les vins vont manquer cette année.
  Tout du plus loin que saint George apperç
Monsieur Denis, de colere il s'émut;
Et brandissant sa lance meurtriere,
Il dit ces mots dans le vrai goût d'Homere :
Denis, Denis, rival faible et hargneux,
Timide appui d'un parti malheureux,

CHANT XI.

Tu descends donc en secret sur la terre
Pour égorger mes héros d'Angleterre!
Crois-tu changer les ordres du destin,
Avec ton âne et ton bras féminin?
Ne crains-tu pas que ma juste vengeance
Punisse enfin, toi, ta fille, et la France?
Ton triste chef, branlant sur ton cou tors,
S'est déja vu séparé de ton corps :
Je veux t'ôter, aux yeux de ton église,
Ta tête chauve en son lieu mal remise,
Et t'envoyer vers les murs de Paris,
Digne patron des badauds attendris,
Dans ton faubourg, où l'on chôme ta fête,
Tenir encore et rebaiser ta tête.
　Le bon Denis, levant les mains aux cieux,
Lui répondit d'un ton noble et pieux :
O grand saint George! ô mon puissant confrere!
Veux-tu toujours écouter ta colere?
Depuis le temps que nous sommes au ciel
Ton cœur dévot est tout pêtri de fiel;
Nous faudra-t-il, bienheureux que nous sommes,
Saints enchâssés, tant fêtés chez les hommes,
Nous qui devons l'exemple aux nations,
Nous décrier par nos divisions?
Veux-tu porter une guerre cruelle
Dans le séjour de la paix éternelle?
Jusques à quand les saints de ton pays
Mettront-ils donc le trouble en paradis?
O fiers Anglais, gens toujours trop hardis,
Le ciel, un jour à son tour en colere,
Se lassera de vos façons de faire;
Ce ciel n'aura, grace à vos soins jaloux,
Plus de dévots qui viennent de chez vous.
Malheureux saint, pieux atrabilaire,
Patron maudit d'un peuple sanguinaire,
Sois plus traitable, et, pour Dieu, laisse-moi

Sauver la France et secourir mon roi!
 A ce discours George, bouillant de rage,
Sentit monter le rouge à son visage;
Et des badauds contemplant le patron
Il redoubla de force et de courage;
Car il prenait Denis pour un poltron :
Il fond sur lui, tel qu'un puissant faucon
Vole de loin sur un tendre pigeon.
Denis recule, et prudent il appelle
A haute voix son âne si fidèle,
Son âne ailé, sa joie, et son secours :
Viens, criait-il, viens défendre mes jours.
Ainsi parlant, le bon Denis oublie
Que jamais saint n'a pu perdre la vie.
 Le beau grison revenait d'Italie
En ce moment : et moi, conteur succinct,
J'ai déja dit ce qui fit qu'il revint.
A son Denis dos et selle il présente.
Notre patron, sur son âne élancé,
Sentit soudain sa valeur renaissante.
Subtilement il avait ramassé
Le fer tranchant d'un Anglais trépassé :
Lors brandissant le fatal cimeterre,
Il pousse à George, il le presse, il le serre.
George indigné lui fait tomber en bref
Trois horions sur son malheureux chef;
Tous sont parés : Denis garde sa tête,
Et de ses coups dirige la tempête
Sur le cheval et sur le cavalier;
Le feu jaillit de l'élastique acier;
Les fers croisés et de taille et de pointe
A tout moment vont, au fort du combat,
Chercher le cou, le casque, le rabat,
Et l'auréole, et l'endroit délicat
Où la cuirasse à l'aiguillette est jointe.
 Ces vains efforts les rendaient plus ardents :

CHANT XI.

Tous deux tenaient la victoire en suspens,
Quand de sa voix terrible et discordante
L'âne entonna son octave écorchante.
Le ciel en tremble; écho du fond des bois
En frémissant répete cette voix.

George pâlit : Denis d'une main leste
Fait une feinte, et d'un revers céleste
Tranche le nez du grand saint d'Albion; (5)
Le bout sanglant roule sur son arçon.
George sans nez, mais non pas sans courage,
Venge à l'instant l'honneur de son visage;
Et jurant Dieu, selon les nobles *us*
De ses Anglais, d'un coup de cimeterre
Coupe à Denis ce que jadis saint Pierre
Certain jeudi fit tomber à Malchus.

A ce spectacle, à la voix ampoulée
De l'âne saint, à ses terribles cris,
Tout fut ému dans les divins lambris.
Le beau portail de la voûte étoilée
S'ouvrit alors, et des arches du ciel
On vit sortir l'archange Gabriel,
Qui, soutenu sur ses brillantes ailes,
Fend doucement les plaines éternelles,
Portant en main la verge qu'autrefois
Devers le Nil eut le divin Moïse
Quand dans la mer suspendue et soumise
Il engloutit les peuples et les rois.

Que vois-je ici? cria-t-il en colere;
Deux saints patrons, deux enfants de lumiere,
Du Dieu de paix confidents éternels,
Vont s'échiner comme de vils mortels!
Laissez, laissez aux sots enfants des femmes
Les passions, et le fer, et les flammes;
Abandonnez à leur profane sort
Les corps chétifs de ces grossieres ames,
Nés dans la fange, et formés pour la mort;
Mais vous, enfants qu'au séjour de la vie

Le ciel nourrit de sa pure ambrosie,
Etes-vous las d'être trop fortunés ?
Etes-vous fous ? ciel ! une oreille ! un nez !
Vous que la grace et la miséricorde
Avaient formés pour prêcher la concorde,
Pouvez-vous bien de je ne sais quels rois
En étourdis embrasser la querelle ?
Ou renoncez à la voûte éternelle,
Ou dans l'instant qu'on se rende à mes lois ;
Que dans vos cœurs la charité s'éveille :
George insolent, ramassez cette oreille,
Ramassez, dis-je ; et vous, monsieur Denis,
Prenez ce nez avec vos doigts bénis ;
Que chaque chose en son lieu soit remise.

Denis soudain va, d'une main soumise,
Rendre le bout au nez qu'il fit camus ;
George à Denis rend l'oreille dévote
Qu'il lui coupa. Chacun des deux marmotte
A Gabriel un gentil *oremus;*
Tout se rajuste, et chaque cartilage
Va se placer à l'air de son visage ;
Sang, fibres, chair, tout se consolida,
Et nul vestige aux deux saints ne resta
De nez coupé, ni d'oreille abattue ;
Tant les saints ont la chair ferme et dodue !

Puis Gabriel, d'un ton de président
Çà, qu'on s'embrasse ; il dit, et dans l'instant
Le doux Denis, sans fiel et sans colere,
De bonne foi baisa son adversaire :
Mais le fier George en l'embrassant jurait,
Et promettait que Denis le paierait.
Le bel archange, après cette embrassade.
Prend mes deux saints, et d'un air gracieux
A ses côtés les fait voguer aux cieux,
Où de nectar on leur verse rasade.

Peu de lecteurs croiront ce grand combat ;
Mais sous les murs qu'arrosait le Scamandre

CHANT XI.

N'a-t-on pas vu jadis avec éclat
Les dieux armés de l'Olympe descendre ?
N'a-t-on pas vu chez cet Anglais Milton
D'anges ailés toute une légion (6)
Rougir de sang les célestes campagnes ;
Jeter au nez quatre ou cinq cents montagnes,
Et, qui pis est, avoir du gros canon ?
Or, si jadis Michel et le démon
Se sont battus, messieurs Denis et George
Pouvaient, sans doute, à plus forte raison
Se rencontrer et se couper la gorge.

Mais dans le ciel si la paix revenait,
Il en était autrement sur la terre,
Séjour maudit de discorde et de guerre.
Le bon roi Charle en cent endroits courait,
Nommait Agnès, la cherchait, et pleurait :
Et cependant Jeanne la foudroyante,
De son épée invincible et sanglante,
Au fier Warton le trépas préparait ;
Elle l'atteint vers l'énorme partie
Dont cet Anglais profana le couvent :
Warton chancelle, et son glaive tranchant
Quitte sa main par la mort engourdie ;
Il tombe, et meurt en reniant les saints.
Le vieux troupeau des antiques nonnains,
Voyant aux pieds de l'amazone auguste
Le chevalier sanglant et trébuché,
Disant *Ave*, s'écriait : Il est juste
Qu'on soit puni par où l'on a péché.

Sœur Rebondi, qui dans la sacristie
A succombé sous le vainqueur impie,
Pleurait le traître en rendant grace au ciel ;
Et, mesurant des yeux le criminel,
Elle disait d'une voix charitable :
Hélas ! hélas ! nul ne fut plus coupable !

FIN DU CHANT XI.

CHANT XII.

ARGUMENT.

Monrose tue l'aumônier. Charles retrouve Agnès, qui se consolait avec Monrose dans le château de Cutendre.

J'avais juré de laisser la morale,
De conter net, de fuir les longs discours:
Mais que ne peut ce grand dieu des amours?
Il est bavard, et ma plume inégale
Va griffonnant de son bec effilé
Ce qu'il inspire à mon cerveau brûlé.
Jeunes beautés, filles, veuves, ou femmes,
Qu'il enrôla sous ses drapeaux charmants,
Vous qui lancez et recevez ses flammes,
Or dites-moi, quand deux jeunes amants,
Egaux en grace, en mérite, en talents,
Aux doux plaisirs tous deux vous sollicitent,
Egalement vous pressent, vous excitent,
Mettent en feu vos sensibles appas,
Vous éprouvez un étrange embarras.
Connaissez-vous cette histoire frivole
D'un certain âne, illustre dans l'école?
Dans l'écurie on vint lui présenter
Pour son dîner deux mesures égales,
De même forme, à pareils intervalles:
Des deux côtés l'âne se vit tenter
Egalement; et dressant ses oreilles

Juste au milieu des deux formes pareilles,
De l'équilibre accomplissant les lois,
Mourut de faim, de peur de faire un choix.
N'imitez pas cette philosophie;
Daignez plutôt honorer tout d'un temps
De vos bontés vos deux jeunes amants,
Et gardez-vous de risquer votre vie.
 A quelques pas de ce joli couvent,
Si pollué, si triste, et si sanglant,
Où le matin vingt nonnes affligées
Par l'amazone ont été trop vengées,
Près de la Loire était un vieux château
A pont-levis, mâchicoulis, tourelles; (1)
Un long canal transparent, à fleur d'eau,
En serpentant tournait au pied d'icelles,
Puis embrassait, en quatre cents jets d'arc,
Les murs épais qui défendaient le parc :
Un vieux baron, surnommé de Cutendre,
Etait seigneur de cet heureux logis :
En sûreté chacun pouvait s'y rendre.
Le vieux seigneur, dont l'ame est bonne et tendre,
En avait fait l'asyle du pays.
Français, Anglais, tous étaient ses amis ;
Tout voyageur en coche, en botte, en guêtre,
Ou prince, ou moine, ou nonne, ou Turc, ou prêtre,
Y recevait un accueil gracieux :
Mais il fallait qu'on entrât deux à deux ;
Car tout baron a quelque fantaisie,
Et celui-ci pour jamais résolut
Qu'en son châtel en nombre pair on fût,
Jamais impair : telle était sa folie.
Quand deux à deux on abordait chez lui,
Tout allait bien : mais malheur à celui
Qui venait seul en ce logis se rendre;
Il soupait mal ; il lui fallait attendre
Qu'un compagnon formât ce nombre heureux

Nombre parfait qui fait que deux font deux.
　La fière Jeanne ayant repris ses armes,
Qui cliquetaient sur ses robustes charmes,
Devers la nuit y conduisit au frais,
En devisant, la belle et douce Agnès.
Cet aumônier qui la suivait de près,
Cet aumônier ardent, insatiable,
Arrive aux murs du logis charitable.
Ainsi qu'un loup qui mâche sous sa dent
Le fin duvet d'un jeune agneau bêlant,
Plein de l'ardeur d'achever sa curée,
Va du bercail escalader l'entrée :
Tel, enflammé de sa lubrique ardeur,
L'œil tout en feu, l'aumônier ravisseur
Allait cherchant les restes de sa joie,
Qu'on lui ravit lorsqu'il tenait sa proie.
Il sonne, il crie : on vient ; on apperçut
Qu'il était seul : or soudain il parut
Que les deux bois dont les forces mouvantes
Font ébranler les solives tremblantes
Du pont-levis par les airs s'élevaient,
Et s'élevant le pont-levis haussaient.
A ce spectacle, à cet ordre du maître,
Qui jura Dieu ? ce fut mon vilain prêtre ;
Il suit des yeux les deux mobiles bois ;
Il tend les mains, veut crier, perd la voix.
On voit souvent, du haut d'une gouttière,
Descendre un chat auprès d'une volière,
Passant la griffe à travers les barreaux
Qui contre lui défendent les oiseaux :
Son œil poursuit cette espece emplumée
Qui se tapit au fond d'une ramée.
Notre aumônier fut encor plus confus,
Alors qu'il vit sous des ormes touffus
Un beau jeune homme à la tresse dorée,
Au sourcil noir, à la mine assurée,

Aux yeux brillants, au menton cotonné,
Au teint fleuri, par les Graces orné,
Tout rayonnant des couleurs du bel âge:
C'était l'Amour, ou c'était mon beau page;
C'était Monrose. Il avait tout le jour
Cherché l'objet de son naissant amour.
Dans le couvent reçu par les nonnettes,
Il apparut à ces filles discretes
Non moins charmant que l'ange Gabriel
Pour les bénir venant du haut du ciel.
Les tendres sœurs, voyant le beau Monrose,
Sentaient rougir leurs visages de rose,
Disant tout bas: Ah! que n'était-il là,
Dieu paternel, quand on nous viola!
Toutes en cercle autour de lui se mirent,
Parlant sans cesse; et lorsqu'elles apprirent
Que ce beau page allait chercher Agnès,
On lui donna le coursier le plus frais,
Avec un guide, afin que sans esclandre
Il arrivât au château de Cutendre.
 En arrivant, il vit près du chemin,
Non loin du pont, l'aumônier inhumain.
Lors, tout ému de joie et de colere:
Ah! c'est donc toi, prêtre de Belzébut!
Je jure ici Chandos, et mon salut,
Et plus encor les yeux qui m'ont su plaire,
Que tes forfaits vont enfin se payer.
Sans repartir le bouillant aumônier
Prend d'une main par la rage tremblante
Un pistolet, en presse la détente: (2)
Le chien s'abat, le feu prend, le coup part;
Le plomb chassé siffle et vole au hasard,
Suivant au loin la ligne mal mirée
Que lui traçait une main égarée:
Le page vise, et, par un coup plus sûr,
Atteint le front, ce front horrible et dur,

Où se peignait une ame détestable.
　　L'aumônier tombe, et le page vainqueur
Sentit alors dans le fond de son cœur
De la pitié le mouvement aimable.
Hélas! dit-il, meurs du moins en chrétien;
Dis *Te Deum;* tu vécus comme un chien;
Demande au ciel pardon de ta luxure;
Prononce *Amen*, donne ton ame à Dieu.
Non, répondit le maraud à tonsure,
Je suis damné, je vais au diable : adieu.
Il dit et meurt; son ame déloyale
Alla grossir la cohorte infernale. (3)
　　Tandis qu'ainsi ce monstre impénitent
Allait rôtir aux brasiers de Satan,
Le bon roi Charle, accablé de tristesse,
Allait cherchant son errante maîtresse,
Se promenant, pour calmer sa douleur,
Devers la Loire avec son confesseur.
Il faut ici, lecteur, que je remarque
En peu de mots ce que c'est qu'un docteur
Qu'en sa jeunesse un amoureux monarque
Par étiquette a pris pour directeur;
C'est un mortel tout pêtri d'indulgence,
Qui doucement fait pencher dans ses mains,
Du bien, du mal, la trompeuse balance,
Vous mene au ciel par d'aimables chemins,
Et fait pécher son maître en conscience :
Son ton, ses yeux, son geste, composant,
Observant tout; flattant avec adresse
Le favori, le maître, la maîtresse;
Toujours accort, et toujours complaisant.
　　Le confesseur du monarque gallique
Etait un fils du bon saint Dominique;
Il s'appelait le pere Bonifoux,
Homme de bien, se faisant tout à tous.
Il lui disait d'un ton dévot et doux :

CHANT XII.

Que je vous plains! la partie animale
Prend le dessus ; la chose est bien fatale.
Aimer Agnès est un péché vraiment ;
Mais ce péché se pardonne aisément.
Au temps jadis il était fort en vogue
Chez les Hébreux, enfants du Décalogue :
Cet Abraham, ce pere des croyants,
Avec Agar s'avisa d'être pere ;
Car sa servante avait des yeux charmants
Qui de Sara méritaient la colere.
Jacob le juste épousa les deux sœurs.
Tout patriarche a connu les douceurs
Du changement dans l'amoureux mystere.
Le vieux Booz en son vieux lit reçut
Après moisson la bonne et vieille Ruth.
Et sans compter la belle Betzabée,
Du bon David l'ame fut absorbée
Dans les plaisirs de son ample serrail.
Son vaillant fils, fameux par sa criniere,
Un beau matin, par vertu singuliere,
Vous repassa tout ce gentil bercail.
De Salomon vous savez le partage :
Comme un oracle on écoutait sa voix ;
Il savait tout, et des rois le plus sage
Etait aussi le plus galant des rois.
De leurs péchés si vous suivez la trace,
Si vos beaux ans sont livrés à l'amour,
Consolez-vous, la sagesse a son tour.
Jeune on s'égare, et vieux on obtient grace.

Ah! dit Charlot, ce discours est fort bon ;
Mais que je suis bien loin de Salomon !
Que son bonheur augmente mes détresses !
Pour ses ébats il eut trois cents maîtresses ; (4)
Je n'en ai qu'une... hélas! je ne l'ai plus.

Des pleurs alors, sur son nez répandus,
Interrompaient sa voix tendre et plaintive,

Lorsqu'il avise, en tournant vers la rive,
Sur un cheval trottant d'un pas hardi,
Un manteau rouge, un ventre rebondi,
Un vieux rabat; c'était Bonneau lui-même.
Or chacun sait qu'après l'objet qu'on aime
Rien n'est plus doux pour un parfait amant
Que de trouver son très cher confident.
Le roi, perdant et reprenant haleine,
Crie à Bonneau : Quel démon te ramene?
Que fait Agnès? dis, d'où viens-tu? quels lieux
Sont embellis, éclairés par ses yeux?
Où la trouver? dis donc, réponds donc, parle.
   Aux questions qu'enfilait le roi Charle
Le bon Bonneau conta de point en point
Comme il avait été mis en pourpoint,
Comme il avait servi dans la cuisine,
Comme il avait, par fraude clandestine
Et par miracle, à Chandos échappé,
Quand à se battre on était occupé;
Comme on cherchait cette beauté divine.
Sans rien omettre il raconta fort bien
Ce qu'il savait: mais il ne savait rien;
Il ignorait la fatale aventure,
Du prêtre anglais la brutale luxure,
Du page aimé l'amour respectueux,
Et du convent le sac incestueux.
   Après avoir bien expliqué leurs craintes,
Repris cent fois le fil de leurs complaintes,
Maudit le sort et les cruels Anglais,
Tous deux étaient plus tristes que jamais.
Il était nuit; le char de la grande ourse (5)
Vers son nadir avait fourni sa course.
Le jacobin dit au prince pensif:
Il est bien tard; soyez mémoratif
Que tout mortel, prince ou moine, à cette heure
Devrait chercher quelque honnête demeure

CHANT XII.

Pour y souper et pour passer la nuit.
Le triste roi par le moine conduit,
Sans rien répondre, et ruminant sa peine,
Le cou penché, galoppe dans la plaine :
Et bientôt Charle, et le prêtre, et Bonneau,
Furent tous trois aux fossés du château.

 Non loin du pont était l'aimable page,
Lequel ayant jeté dans le canal
Le corps maudit de son damné rival,
Ne perdait point l'objet de son voyage;
Il dévorait en secret son ennui,
Voyant ce pont entre sa dame et lui :
Mais quand il vit aux rayons de la lune
Les trois Français, il sentit que son cœur
Du doux espoir éprouvait la chaleur;
Et, d'une grace adroite et non commune,
Cachant son nom, et sur-tout son ardeur,
Dès qu'il parut, dès qu'il se fit entendre,
Il inspira je ne sais quoi de tendre :
Il plut au prince, et le moine benin
Le caressait de son air patelin,
D'un œil dévot et du plat de la main.

 Le nombre pair étant formé de quatre,
On vit bientôt les deux fleches abattre
Le pont mobile ; et les quatre coursiers
Font en marchant gémir les madriers. (6)
Le gros Bonneau tout essoufflé chemine,
En arrivant, droit devers la cuisine,
Songe au souper. Le moine au même lieu
Dévotement en rendit grace à Dieu.
Charles, prenant un nom de gentilhomme,
Court à Cutendre avant qu'il prît son somme.
Le bon baron lui fit son compliment,
Puis le mena dans son appartement.
Charle a besoin d'un peu de solitude;
Il veut jouir de son inquiétude ;

Il pleure Agnès: il ne se doutait pas
Qu'il fût si près de ses jeunes appas.

   Le beau Monrose en sut bien davantage :
Avec adresse il fit causer un page ;
Il se fit dire où reposait Agnès,
Remarquant tout avec des yeux discrets.
Ainsi qu'un chat, qui d'un regard avide
Guette au passage une souris timide,
Marchant tout doux, la terre ne sent pas
L'impression de ses pieds délicats ;
Dès qu'il l'a vue, il a sauté sur elle.
Ainsi Monrose, avançant vers la belle,
Etend un bras, puis avance à tâtons,
Posant l'orteil et haussant les talons.
Agnès, Agnès, il entre dans ta chambre !
Moins promptement la paille vole à l'ambre,
Et le fer suit moins sympathiquement
Le tourbillon qui l'unit à l'aimant.
Le beau Monrose en arrivant se jette
A deux genoux au bord de la couchette
Où sa maîtresse avait entre deux draps,
Pour sommeiller, arrangé ses appas.
De dire un mot aucun d'eux n'eut la force
Ni le loisir ; le feu prit à l'amorce
En un clin d'œil ; un baiser amoureux
Unit soudain leurs bouches demi-closes ;
Leur ame vint sur leurs levres de roses ;
Un tendre feu sortit de leurs beaux yeux ;
Dans leurs baisers leurs langues se chercherent :
Qu'éloquemment alors elles parlerent !
Discours muets, langage des desirs,
Charmant prélude, organe des plaisirs,
Pour un moment il vous fallut suspendre
Ce doux concert, et ce duo si tendre.

   Agnès aida Monrose impatient
A dépouiller, à jeter promptement

De ses habits l'incommode parure,
Déguisement qui pese à la nature,
Dans l'âge d'or aux mortels inconnu,
Que hait sur-tout un dieu qui va tout nu.
    Dieux! quels objets! est-ce Flore et Zéphyre?
Est-ce Psyché qui caresse l'Amour?
Est-ce Vénus que le fils de Cinyre *
Tient dans ses bras loin des rayons du jour,
Tandis que Mars est jaloux et soupire?
    Le Mars français, Charle au fond du château
Soupire alors avec l'ami Bonneau,
Mange à regret et boit avec tristesse.
Un vieux valet, bavard de son métier,
Pour égayer sa taciturne altesse, (7)
Apprit au roi, sans se faire prier,
Que deux beautés, l'une robuste et fiere,
Aux cheveux noirs, à la mine guerriere,
L'autre plus douce, aux yeux bleus, au teint frais,
Couchaient alors dans la gentilhommiere.
Charle étonné les soupçonne à ces traits;
Il se fait dire, et puis redire encore
Quels sont les yeux, la bouche, les cheveux,
Le doux parler, le maintien vertueux
Du cher objet de son cœur amoureux:
C'est elle enfin, c'est tout ce qu'il adore;
Il en est sûr, il quitte son repas.
Adieu, Bonneau; je cours entre ses bras.
Il dit et vole, et non pas sans fracas:
Il était roi, cherchant peu le mystere.
    Plein de sa joie, il répete et redit
Le nom d'Agnès, tant qu'Agnès l'entendit.
Le couple heureux en trembla dans son lit.
Que d'embarras! comment sortir d'affaire?

---

* Adonis.

Voici comment le beau page s'y prit :
Près du lambris, dans une grande armoire,
On avait mis un petit oratoire,
Autel de poche, où, lorsque l'on voulait,
Pour quinze sous un capucin venait; (8)
Sur le retable, en voûte pratiquée,
Est une niche en attendant son saint ;
D'un rideau verd la niche était masquée.
Que fait Monrose? un beau penser lui vint
De s'ajuster dans la niche sacrée ;
En bienheureux, derriere le rideau
Il se tapit, sans pourpoint, sans manteau.
Charles volait, et presque dès l'entrée
Il saute au cou de sa belle adorée ;
Et tout en pleurs, il veut jouir des droits
Qu'ont les amants, sur-tout quand ils sont rois.
Le saint caché frémit à cette vue ;
Il fait du bruit, et la toile remue :
Le prince approche, il y porte la main,
Il sent un corps, il recule, il s'écrie :
Amour ! Satan ! saint François ! saint Germain !
Moitié frayeur et moitié jalousie :
Puis tire à lui, fait tomber sur l'autel
Avec grand bruit le rideau sous lequel
Se blotissait cette aimable figure
Qu'à son plaisir façonna la nature.
Son dos tourné par pudeur étalait
Ce que César sans pudeur soumettait
A Nicomede (9) en sa belle jeunesse,
Ce que jadis le héros de la Grece
Admira tant dans son Ephestion, (10)
Ce qu'Adrien mit dans le Panthéon.
Que les héros, ô ciel, ont de faiblesse !
 Si mon lecteur n'a point perdu le fil
De cette histoire, au moins se souvient-il
Que dans le camp la courageuse Jeanne

CHANT XII.

Traça jadis au bas du dos profane,
D'un doigt conduit par monsieur saint Denis,
Adroitement trois belles fleurs de lis.
Cet écusson, ces trois fleurs, ce derriere,
Emurent Charle, il se mit en priere;
Il croit que c'est un tour de Belzébut.
De repentir et de douleur atteinte,
La belle Agnès s'évanouit de crainte.
Le prince alors, dont le trouble s'accrut,
Lui prend les mains : Qu'on vole ici vers elle :
Accourez tous; le diable est chez ma belle.
Aux cris du roi le confesseur troublé
Non sans regret quitte aussitôt la table :
L'ami Bonneau monte tout essoufflé;
Jeanne s'éveille, et, d'un bras redoutable
Prenant ce fer que la victoire suit,
Cherche l'endroit d'où partait tout le bruit.
Et cependant le baron de Cutendre
Dormait à l'aise, et ne put rien entendre.

FIN DU CHANT XII.

CHANT XIII.

ARGUMENT.

Sortie du château de Cutendre. Combat de la Pucelle et de Jean Chandos : étrange loi du combat, à laquelle la Pucelle est soumise. Vision du pere Bonifoux. Miracle qui sauve l'honneur de Jeanne.

C'était le temps de la saison brillante,
Quand le soleil aux bornes de son cours
Prend sur les nuits pour ajouter aux jours,
Et, se plaisant dans sa démarche lente
A contempler nos fortunés climats,
Vers le tropique arrête encor ses pas.
O grand saint Jean, (1) c'était alors ta fête ;
Premier des Jeans, orateur des déserts,
Toi qui criais jadis à pleine tête
Que du salut les chemins soient ouverts ;
Grand précurseur, je t'aime, je te sers.
Un autre Jean eut la bonne fortune
De voyager au pays de la lune
Avec Astolphe, et rendit la raison, (2)
Si l'on en croit un auteur véridique,
Au paladin amoureux d'Angélique :
Rends-moi la mienne, ô Jean second du nom !
Tu protégeas ce chantre aimable et rare
Qui réjouit les seigneurs de Ferrare
Par le tissu de ses contes plaisants;

CHANT XIII.

Tu pardonnas aux vives apostrophes
Qu'il t'adressa dans ses comiques strophes :
Etends sur moi tes secours bienfaisants ;
J'en ai besoin : car tu sais que les gens
Sont bien plus sots, et bien moins indulgents
Qu'on ne l'était au siecle du génie,
Quand l'Arioste illustrait l'Italie.
Protege-moi contre ces durs esprits,
Frondeurs pesants de mes légers écrits.
Si quelquefois l'innocent badinage
Vient en riant égayer mon ouvrage,
Quand il le faut je suis très sérieux ;
Mais je voudrais n'être point ennuyeux.
Conduis ma plume, et sur-tout daigne faire
Mes compliments à Denis, ton confrere.

En accourant la fiere Jeanne d'Arc
D'une lucarne apperçut dans le parc
Cent palefrois, une brillante troupe
De chevaliers ayant dames en croupe,
Et d'écuyers qui tenaient dans leurs mains
Tout l'attirail des combats inhumains ;
Cent boucliers où des nuits la couriere
Réfléchissait sa tremblante lumiere ;
Cent casques d'or d'aigrettes ombragés,
Et les longs bois d'un fer pointu chargés,
Et des rubans dont les touffes dorées
Pendaient au bout des lances acérées.
Voyant cela, Jeanne crut fermement
Que les Anglais avaient surpris Cutendre :
Mais Jeanne d'Arc se trompa lourdement.
En fait de guerre on peut bien se méprendre,
Ainsi qu'ailleurs : mal voir et mal entendre
De l'héroïne était souvent le cas ;
Et saint Denis ne l'en corrigea pas.

Ce n'étaient point des enfants d'Angleterre
Qui de Cutendre avaient surpris la terre ;

C'est ce Dunois de Milan revenu,
Ce grand Dunois à Jeanne si connu :
C'est la Trimouille avec sa Dorothée.
Elle était d'aise et d'amour transportée:
Elle en avait sujet assurément;
Elle voyage avec son cher amant,
Ce cher amant, ce tendre la Trimouille,
Que l'honneur guide et que l'amour chatouille;
Elle le suit toujours avec honneur,
Et ne craint plus monsieur l'inquisiteur.

En nombre pair cette troupe dorée
Dans le château la nuit était entrée.
Jeanne y vola : le bon roi qui la vit
Crut qu'elle allait combattre, et la suivit ;
Et, dans l'erreur qui trompait son courage,
Il laisse encore Agnès avec son page.

O page heureux, et plus heureux cent fois
Que le plus grand, le plus chrétien des rois !
Que de bon cœur alors tu rendis grace
Au benoît saint dont tu tenais la place !
Il te fallut rhabiller promptement ;
Tu rajustas ta trousse diaprée :
Agnès t'aidait d'une main timorée,
Qui s'égarait et se trompait souvent.
Que de baisers sur sa bouche de rose
Elle reçut en rhabillant Monrose !
Que son bel œil, le voyant rajusté,
Semblait encor chercher la volupté !
Monrose au parc descendit sans rien dire.
Le confesseur tout saintement soupire,
Voyant passer ce beau jeune garçon,
Qui lui donnait de la distraction.

La douce Agnès composa son visage,
Ses yeux, son air, son maintien, son langage.
Auprès du roi Bonifoux se rendit,
Le consola, le rassura, lui dit

CHANT XIII.

Que dans la niche un envoyé céleste
Était d'en-haut venu pour annoncer
Que des Anglais la puissance funeste
Touchait au terme, et que tout doit passer;
Que le roi Charle obtiendrait la victoire.
Charles le crut, car il aimait à croire.
La fière Jeanne appuya ce discours :
Du ciel, dit-elle, acceptons le secours :
Venez, grand prince, et rejoignons l'armée,
De votre absence à bon droit alarmée.

Sans balancer la Trimouille et Dunois
De cet avis furent à haute voix.
Par ces héros la belle Dorothée
Honnêtement au roi fut présentée.
Agnès la baise; et le noble escadron
Sortit enfin du logis du baron.

Le juste ciel aime souvent à rire
Des passions du sublunaire empire;
Il regardait cheminer dans les champs
Cet escadron de héros et d'amants.
Le roi de France allait près de sa belle,
Qui, s'efforçant d'être toujours fidele,
Sur son cheval la main lui présentait,
Serrait la sienne, exhalait sa tendresse;
Et cependant, ô comble de faiblesse!
De temps en temps le beau page lorgnait.
Le confesseur, psalmodiant, suivait,
Des voyageurs récitait la priere,
S'interrompait en voyant tant d'attraits,
Et regardait avec des yeux distraits
Le roi, le page, Agnès, et son bréviaire.
Tout brillant d'or, et le cœur plein d'amour,
Ce la Trimouille, ornement de la cour,
Caracolait auprès de Dorothée,
Ivre de joie et d'amour transportée,
Qui le nommait son cher libérateur,

Son cher amant, l'idole de son cœur.
Il lui disait : Je veux après la guerre
Vivre à mon aise avec vous dans ma terre ;
O cher objet dont je suis toujours fou,
Quand serons-nous tous les deux en Poitou ?

Jeanne auprès d'eux, ce fier soutien du trône,
Portant corset et jupon d'amazone,
Le chef orné d'un petit chapeau verd,
Enrichi d'or et de plumes couvert,
Sur son fier âne étalait ses gros charmes,
Parlait au roi, courait, allait le pas,
Se rengorgeait, et soupirait tout bas
Pour le Dunois compagnon de ses armes ;
Car elle avait toujours le cœur ému,
Se souvenant de l'avoir vu tout nu.

Bonneau, portant barbe de patriarche,
Suant, soufflant, Bonneau fermait la marche.
O d'un grand roi serviteur précieux !
Il pense à tout ; il a soin de conduire
Deux gros mulets tout chargés de vins vieux,
Longs saucissons, pâtés délicieux,
Jambons, poulets ou cuits ou prêts à cuire.

On avançait, alors que Jean Chandos,
Cherchant par-tout son Agnès et son page,
Au coin d'un bois, près d'un certain passage,
Le fer en main, rencontra nos héros.
Chandos avait une suite assez belle
De fiers Bretons, pareille en nombre à celle
Qui suit les pas du monarque amoureux :
Mais elle était d'espece différente ;
On n'y voyait ni tetons ni beaux yeux.
Oh, oh ! dit-il d'une voix menaçante :
Galants Français, objets de mon courroux,
Vous aurez donc trois filles avec vous,
Et moi Chandos je n'en aurai pas une !
Çà, combattons : je veux que la fortune

CHANT XIII.

Décide ici qui sait le mieux de nous
Mettre à plaisir ses ennemis dessous,
Frapper d'estoc et pointer de sa lance :
Que de vous tous le plus ferme s'avance,
Qu'on entre en lice ; et celui qui vaincra,
L'une des trois à son aise tiendra.

Le roi, piqué de cette offre cynique,
Veut l'en punir, s'avance, prend sa pique.
Dunois lui dit : Ah ! laissez-moi, seigneur,
Venger mon prince et des dames l'honneur.
Il dit, et court : la Trimouille l'arrête ;
Chacun prétend à l'honneur de la fête.
L'ami Bonneau, toujours de bon accord,
Leur proposa de s'en remettre au sort ;
Car c'est ainsi que les guerriers antiques
En ont usé dans les temps héroïques :
Même aujourd'hui, dans quelques républiques,
Plus d'un emploi, plus d'un rang glorieux
Se tire aux dés (3) ; et tout en va bien mieux :
Si j'osais même en cette noble histoire
Citer des gens que tout mortel doit croire,
Je vous dirais que monsieur saint Matthias
Obtint ainsi la place de Judas.
Le gros Bonneau tient le cornet, soupire,
Craint pour son roi, prend les dés, roule, tire
Denis du haut du céleste rempart
Voyait le tout d'un paternel regard ;
Et, contemplant la Pucelle et son âne,
Il conduisait ce qu'on nomme hasard.
Il fut heureux ; le sort échut à Jeanne.
Jeanne, c'était pour vous faire oublier
L'infâme jeu de ce grand cordelier
Qui ci-devant avait raflé vos charmes.

Jeanne à l'instant court au roi, court aux armes,
Modestement va derriere un buisson
Se délacer, détacher son jupon.

Et revêtir son armure sacrée,
Qu'un écuyer tient déja préparée ;
Puis sur son âne elle monte en courroux,
Branlant sa lance et serrant les genoux.
Elle invoquait les onze mille belles
Du pucelage héroïnes fideles : (4)
Pour Jean Chandos, cet indigne chrétien
Dans les combats n'invoquait jamais rien.

Jean contre Jeanne avec fureur s'avance :
Des deux côtés égale est la vaillance ;
Ane et cheval bardés, coiffés de fer,
Sous l'éperon partent comme un éclair,
Vont se heurter, et de leur tête dure
Front contre front fracassent leur armure ;
La flamme en sort, et le sang du coursier
Teint les éclats du voltigeant acier :
Du choc affreux les échos retentissent ;
Des deux coursiers les huit pieds rejaillissent ;
Et les guerriers, du coup désarçonnés,
Tombent tous deux sur la croupe étonnés :
Ainsi qu'on voit deux boules suspendues
Aux bouts égaux de deux cordes tendues,
Dans une courbe au même instant partir,
Hâter leur cours, se heurter, s'applatir,
Et remonter sous le choc qui les presse,
Multipliant leur poids par leur vîtesse.
Chaque parti crut morts les deux coursiers,
Et tressaillit pour les deux chevaliers.

Or des Français la championne auguste
N'avait la chair si ferme, si robuste,
Les os si durs, les membres si dispos,
Si musculeux, que le fier Jean Chandos.
Son équilibre ayant dans cette rixe
Abandonné sa ligne et son point fixe,
Son quadrupede un haut le corps lui fit
Qui dans le pré Jeanne d'Arc étendit

Sur son beau dos, sur sa cuisse gentille,
Et comme il faut que tombe toute fille.

   Chandos pensait qu'en ce grand désarroi
Il avait mis ou Dunois ou le roi.
Il veut soudain contempler sa conquête :
Le casque ôté, Chandos voit une tête
Où languissaient deux grands yeux noirs et longs ;
De la cuirasse il défait les cordons :
Il voit, ô ciel ! ô plaisir ! ô merveille !
Deux gros tetons de figure pareille,
Unis, polis, séparés, demi-ronds,
Et surmontés de deux petits boutons
Qu'en sa naissance a la rose vermeille.
On tient qu'alors, en élevant la voix,
Il bénit Dieu pour la premiere fois :
Elle est à moi la Pucelle de France,
S'écria-t-il ; contentons ma vengeance.
J'ai, grace au ciel, doublement mérité
De mettre à bas cette fiere beauté :
Que saint Denis me regarde et m'accuse ;
Mars et l'amour sont mes droits, et j'en use.

   Son écuyer disait : Poussez, mylord ;
Du trône anglais affermissez le sort :
Frere Lourdis en vain nous décourage ;
Il jure en vain que ce saint pucelage
Est des Troyens le grand palladium,
Le bouclier (5) sacré du Latium ;
De la victoire il est, dit-il, le gage ;
C'est l'oriflamme : il faut vous en saisir.
Oui, dit Chandos, et j'aurai pour partage
Les plus grands biens, la gloire, et le plaisir.

   Jeanne pâmée écoutait ce langage
Avec horreur, et faisait mille vœux
A saint Denis, ne pouvant faire mieux.
Le grand Dunois, d'un courage héroïque,
Veut empêcher le triomphe impudique ;

Mais comment faire ? il faut dans tout état
Qu'on se soumette à la loi du combat.
Les fers en l'air et la tête penchée,
L'oreille basse et du choc écorchée,
Languissamment le céleste baudet
D'un œil confus Jean Chandos regardait :
Il nourrissait dès long-temps dans son ame
Pour la Pucelle une discrete flamme,
Des sentiments nobles et délicats
Très peu connus des ânes d'ici-bas.

 Le confesseur du bon monarque Charle
Tremble en sa chair alors que Chandos parle :
Il craint sur-tout que son cher pénitent,
Pour soutenir la gloire de la France
Qu'on avilit avec tant d'impudence.
A son Agnès n'en veuille faire autant ;
Et que la chose encor soit imitée
Par la Trimouille et par sa Dorothée.
Au pied d'un chêne il entre en oraison,
Et fait tout bas sa méditation
Sur les effets, la cause, la nature
Du doux péché qu'aucuns nomment luxure.

 En méditant avec attention,
Le benoît moine eut une vision,
Assez semblable au prophétique songe
De ce Jacob, heureux par son mensonge, (6)
Patte-pelu, dont l'esprit lucratif
Avait vendu ses lentilles en Juif :
Ce vieux Jacob, ô sublime mystere !
Devers l'Euphrate une nuit apperçut
Mille beliers qui grimperent en rut
Sur des brebis qui les laisserent faire.
Le moine vit de plus plaisants objets :
Il vit courir à la même aventure
Tous les héros de la race future.
Il observait les différents attraits

CHANT XIII.

De ces beautés qui, dans leur douce guerre,
Donnent des fers aux maîtres de la terre :
Chacune était auprès de son héros,
Et l'enchaînait des chaînes de Paphos.
Tels, au retour de Flore et du Zéphyre,
Quand le printemps reprend son doux empire,
Tous ces oiseaux, peints de mille couleurs,
Par leurs amours agitent les feuillages :
Les papillons se baisent sur les fleurs,
Et les lions courent sous les ombrages
A leurs moitiés qui ne sont plus sauvages.

C'est là qu'il vit le beau François premier :
Ce brave roi, ce loyal chevalier,
Avec Etampe (7) heureusement oublie
Les autres fers qu'il reçut à Pavie.
Là Charles-Quint joint le myrte au laurier,
Sert à la fois la Flamande et la Maure.
Quels rois, ô ciel ! l'un à ce beau métier
Gagne la goutte, et l'autre pis encore.
Près de Diane (8) on voit danser les Ris,
Aux mouvements que l'Amour lui fait faire,
Quand dans ses bras tendrement elle serre,
En se pâmant, le second des Henris.
De Charles neuf le successeur volage (9)
Quitte en riant sa Chloris pour un page,
Sans s'alarmer des troubles de Paris.

Mais quels combats le jacobin vit rendre
Par Borgia, le sixieme Alexandre !
En cent tableaux il est représenté :
Là, sans tiare, et d'amour transporté,
Avec Vanoze (10) il se fait sa famille ;
Un peu plus bas on voit sa sainteté
Qui s'attendrit pour Lucrece sa fille.
O Léon dix ! ô sublime Paul trois !
A ce beau jeu vous passiez tous les rois ;
Mais vous cédez à mon grand Béarnois,

A ce vainqueur de la ligue rebelle,
A mon héros, plus connu mille fois
Par les plaisirs que goûta Gabrielle, (11)
Que par vingt ans de travaux et d'exploits.
　　Bientôt on voit le plus beau des spectacles,
Ce siecle heureux, ce siecle des miracles,
Ce grand Louis, cette superbe cour
Où tous les arts sont instruits par l'Amour.
L'Amour bâtit le superbe Versailles ;
L'Amour, aux yeux des peuples éblouis,
D'un lit de fleurs fait un trône à Louis :
Malgré les cris du fier dieu des batailles,
L'Amour amene au plus beau des humains
De cette cour les rivales charmantes,
Toutes en feu, toutes impatientes ;
De Mazarin la niece aux yeux divins, (12)
La généreuse et tendre la Valliere,
La Montespan, plus ardente et plus fiere :
L'une se livre au moment de jouir,
Et l'autre attend le moment du plaisir.
　　Voici le temps de l'aimable régence,
Temps fortuné, marqué par la licence,
Où la folie, agitant son grelot,
D'un pied léger parcourt toute la France,
Où nul mortel ne daigne être dévot,
Où l'on fait tout, excepté pénitence ;
Le bon régent, de son palais royal,
Des voluptés donne à tous le signal :
Vous répondez à ce signal aimable,
Jeune Daphné, bel astre de la cour ;
Vous répondez, du sein du Luxembourg,
Vous que Bacchus et le dieu de la table
Menent au lit, escortés par l'Amour.
Mais je m'arrête, et de ce dernier âge
Je n'ose en vers tracer la vive image :
Trop de péril suit ce charme flatteur :

CHANT XIII.

Le temps présent est l'arche du Seigneur.
Qui la touchait d'une main trop hardie,
Puni du ciel, tombait en léthargie.
Je me tairai; mais, si j'osais pourtant,
O des beautés aujourd'hui la plus belle!
O tendre objet, noble, simple, touchant,
Et plus qu'Agnès généreuse et fidele;
Si j'osais mettre à vos genoux charnus
Ce grain d'encens que l'on doit à Vénus!
Si de l'Amour je déployais les armes;
Si je chantais ce tendre et doux lien;
Si je disais.... non, je ne dirai rien :
Je serais trop au-dessous de vos charmes.

 Dans son extase enfin le moine noir
Vit à plaisir ce que je n'ose voir :
D'un œil avide, et toujours très modeste,
Il contemplait le spectacle céleste
De ces beautés, de ces nobles amants,
De ces plaisirs défendus et charmants :
Hélas! dit-il, si les grands de la terre
Font deux à deux cette éternelle guerre,
Si l'univers doit en passer par-là,
Dois-je gémir que Jean Chandos se mette
A deux genoux auprès de sa brunette?
Du seigneur Dieu la volonté soit faite;
Amen, amen : il dit, et se pâma,
Croyant jouir de tout ce qu'il voit là.

 Mais saint Denis était loin de permettre
Qu'aux yeux du ciel Jean Chandos allât mettre
Et la Pucelle et la France aux abois.
Ami lecteur, vous avez quelquefois
Ouï conter qu'on nouait l'aiguillette. (13)
C'est une étrange et terrible recette,
Et dont un saint ne doit jamais user
Que quand d'une autre il ne peut s'aviser :
D'un pauvre amant le feu se tourne en glace,

Vif et perclus, sans rien faire il se lasse,
Dans ses efforts étonné de languir,
Et consumé sur le bord du plaisir :
Telle une fleur, des feux du jour séchée,
La tête basse et la tige penchée,
Demande en vain les humides vapeurs
Qui lui rendaient la vie et les couleurs.
Voilà comment le bon Denis arrête
Le fier Anglais dans ses droits de conquête.

Jeanne, échappant à son vainqueur confus,
Reprend ses sens quand il les a perdus ;
Puis, d'une voix imposante et terrible,
Elle lui dit : Tu n'es pas invincible :
Tu vois qu'ici, dans le plus grand combat,
Dieu t'abandonne et ton cheval s'abat :
Dans l'autre un jour je vengerai la France ;
Denis le veut, et j'en ai l'assurance ;
Et je te donne, avec tes combattants,
Un rendez-vous sous les murs d'Orléans.
Le grand Chandos lui repartit : Ma belle,
Vous m'y verrez, pucelle, ou non pucelle ;
J'aurai pour moi saint George le très fort,
Et je promets de réparer mon tort.

FIN DU CHANT XIII.

CHANT XIV.

ARGUMENT.

Comment Jean Chandos veut abuser de la dévote Dorothée. Combat de la Trimouille et de Chandos. Ce fier Chandos est vaincu par Dunois.

O Volupté, mere de la nature,
Belle Vénus, seule divinité
Que dans la Grece invoquait Epicure,
Qui, du chaos chassant la nuit obscure,
Donnes la vie et la fécondité,
Le sentiment, et la félicité,
A cette foule innombrable, agissante,
D'êtres mortels à ta voix renaissante ;
Toi que l'on peint désarmant dans tes bras
Le dieu du ciel et le dieu de la guerre,
Qui d'un sourire écartes le tonnerre,
Rends l'air serein, fais naître sous tes pas
Les doux plaisirs qui consolent la terre ;
Descends des cieux, déesse des beaux jours,
Viens sur ton char entouré des Amours,
Que les Zéphyrs ombragent de leurs ailes,
Que font voler tes colombes fideles
En se baisant dans le vague des airs :
Viens échauffer et calmer l'univers,
Viens ; qu'à ta voix les Soupçons, les Querelles,
Le triste Ennui, plus détestable qu'elles,
La noire Envie, à l'œil louche et pervers,
Soient replongés dans le fond des enfers,
Et garrotté de chaînes éternelles :

Que tout s'enflamme et s'unisse à ta voix ;
Que l'univers en aimant se maintienne.
Jetons au feu nos vains fatras de lois ;
N'en suivons qu'une, et que ce soit la tienne
  Tendre Vénus, conduis en sûreté
Le roi des Francs qui défend sa patrie.
Loin des périls conduis à son côté
La belle Agnès, à qui son cœur se fie :
Pour ces amants de bon cœur je te prie.
Pour Jeanne d'Arc je ne t'invoque pas ;
Elle n'est pas encor sous ton empire :
C'est à Denis de veiller sur ses pas ;
Elle est pucelle, et c'est lui qui l'inspire.
Je recommande à tes douces faveurs
Ce la Trimouille et cette Dorothée :
Verse la paix dans leurs sensibles cœurs ;
De son amant que jamais écartée
Elle ne soit exposée aux fureurs
Des ennemis qui l'ont persécutée.
  Et toi, Comus (1), récompense Bonneau,
Répands tes dons sur ce bon Tourangeau
Qui sut conclure un accord pacifique
Entre son prince et ce Chandos cynique :
Il obtint d'eux avec dextérité
Que chaque troupe irait de son côté,
Sans nul reproche et sans nulles querelles,
A droite, à gauche, ayant la Loire entre elles :
Sur les Anglais il étendit ses soins
Selon leurs goûts, leurs mœurs, et leurs besoir
Un gros rostbif, que le beurre assaisonne (2),
Des plumpuddings, des vins de la Garonne
Leur sont offerts ; et les mets plus exquis,
Les ragoûts fins dont le jus pique et flatte,
Et les perdrix à jambes d'écarlate,
Sont pour le roi, les belles, les marquis.
Le fier Chandos partit donc après boire,

CHANT XIV.

Jurant tout-haut que la premiere fois
Sur la Pucelle il reprendrait ses droits.
En attendant il reprit son beau page.
Jeanne revint, ranimant son courage,
Se replacer à côté de Dunois.

Le roi des Francs avec sa garde bleue,
Agnès en tête, un confesseur en queue,
A remonté, l'espace d'une lieue,
Les bords fleuris où la Loire s'étend
D'un cours tranquille et d'un flot inconstant.

Sur des bateaux et des planches usées
Un pont joignait les rives opposées.
Une chapelle était au bout du pont :
C'était dimanche. Un hermite à sandale
Fait résonner sa voix sacerdotale :
Il dit la messe ; un enfant la répond.
Charle et les siens ont eu soin de l'entendre
Dès le matin au château de Cutendre ;
Mais Dorothée en entendait toujours
Deux pour le moins, depuis qu'à son secours
Le juste ciel, vengeur de l'innocence,
Du grand bâtard employa la vaillance,
Et protégea ses fideles amours.
Elle descend, se retrousse, entre vîte,
Signe sa face en trois jets d'eau bénite,
Plie humblement l'un et l'autre genou,
Joint les deux mains, et baisse son beau cou.
Le bon hermite, en se tournant vers elle,
Tout ébloui, ne se connaissant plus,
Au lieu de dire un *Fratres, oremus*,
Roulant les yeux, dit, *Fratres*, qu'elle est belle !

Chandos entra dans la même chapelle,
Par passe-temps, beaucoup plus que par zele.
La tête haute, il salue en passant
Cette beauté dévote à la Trimouille,
Passe, repasse, et toujours en sifflant ;
Mais derriere elle enfin il s'agenouille.

Sans un seul mot de *Pater* ou d'*Ave*.
D'un cœur contrit au Seigneur élevé,
D'un air charmant, la tendre Dorothée
Se prosternait, par la grace excitée,
Front contre terre et derriere levé :
Son court jupon, retroussé par mégarde,
Offrait aux yeux de Chandos, qui regarde,
A découvert deux jambes dont l'Amour
A dessiné la forme et le contour,
Jambes d'ivoire, et telles que Diane
En laissa voir au chasseur Actéon.
Chandos alors, faisant peu l'oraison,
Sentit au cœur un desir très profane ;
Sans nul respect pour un lieu si divin,
Il va glissant une insolente main
Sous le jupon qui couvre un blanc satin.
Je ne veux point, par un crayon cynique,
Effarouchant l'esprit sage et pudique
De mes lecteurs, étaler à leurs yeux
Du grand Chandos l'effort audacieux.
 Mais la Trimouille ayant vu disparaître
Le tendre objet dont l'Amour le fit maître,
Vers la chapelle il adresse ses pas.
Jusqu'où l'Amour ne nous conduit-il pas !
La Trimouille entre au moment où le prêtre
Se retournait, où l'insolent Chandos
Etait tout près du plus charmant des dos,
Où Dorothée, effrayée, éperdue,
Poussait des cris qui vont fendre la nue.
Je voudrais voir nos bons peintres nouveaux,
Sur cette affaire exerçant leurs pinceaux,
Peindre à plaisir sur ces quatre visages
L'étonnement des quatre personnages.
Le Poitevin criait à haute voix:
Oses-tu bien, chevalier discourtois,
Anglais sans frein, profanateur impie,
Jusqu'en ces lieux porter ton infamie ?

CHANT XIV.

D'un ton railleur où regne un air hautain,
Se rajustant, et regagnant la porte,
Le fier Chandos lui dit : Que vous importe ?
De cette église êtes-vous sacristain ?
Je suis bien plus, dit le Français fidele,
Je suis l'amant aimé de cette belle ;
Ma coutume est de venger hautement
Son tendre honneur, attaqué trop souvent.
Vous pourriez bien risquer ici le vôtre,
Lui dit l'Anglais : nous savons l'un et l'autre
Notre portée ; et Jean Chandos peut bien
Lorgner un dos, mais non montrer le sien.

Le beau Français, et le Breton qui raille,
Font préparer leurs chevaux de bataille ;
Chacun reçoit des mains d'un écuyer
Sa longue lance et son rond bouclier,
Se met en selle, et d'une course fiere
Passe, repasse, et fournit sa carriere.
De Dorothée et les cris et les pleurs
N'arrêtaient point l'un ni l'autre adversaire.
Son tendre amant lui criait : Beauté chere,
Je cours pour vous, je vous venge, ou je meurs.
Il se trompait ; sa valeur et sa lance
Brillaient en vain pour l'amour et la France.

Après avoir en deux endroits percé
De Jean Chandos le haubert fracassé,
Prêt à saisir une victoire sûre,
Son cheval tombe, et, sur lui renversé,
D'un coup de pied sur son casque faussé
Lui fait au front une large blessure ;
Le sang vermeil coule sur la verdure.
L'hermite accourt ; il croit qu'il va passer,
Crie *In manus*, et le veut confesser.
Ah, Dorothée ! ah, douleur inouïe !
Auprès de lui sans mouvement, sans vie,
Ton désespoir ne pouvait s'exhaler :
Mais que dis-tu lorsque tu pus parler ?

« Mon cher amant ! c'est donc moi qui te tue ?
De tous tes pas la compagne assidue
Ne devait pas un moment s'écarter ;
Mon malheur vient d'avoir pu te quitter.
Cette chapelle est ce qui m'a perdue ;
Et j'ai trahi la Trimouille et l'Amour
Pour assister à deux messes par jour » !
Ainsi parlait sa tendre amante en larmes.
  Chandos riait du succès de ses armes :
« Mon beau Français, la fleur des chevaliers,
Et vous aussi, dévote Dorothée,
Couple amoureux, soyez mes prisonniers ;
De nos combats c'est la loi respectée.
J'eus un moment Agnès en mon pouvoir ;
Puis j'abattis sous moi votre Pucelle :
Je l'avouerai, je fis mal mon devoir,
J'en ai rougi ; mais avec vous, la belle,
Je reprendrai tout ce que je perdis ;
Et la Trimouille en dira son avis. »
  Le Poitevin, Dorothée, et l'hermite,
Tremblaient tous trois à ce propos affreux ;
Ainsi qu'on voit au fond des antres creux
Une bergere éplorée, interdite,
Et son troupeau que la crainte a glacé,
Et son beau chien par un loup terrassé.
  Le juste ciel, tardif en sa vengeance,
Ne souffrit pas cet excès d'insolence.
De Jean Chandos les péchés redoublés,
Filles, garçons, tant de fois violés,
Impiétés, blasphème, impénitence,
Tout en son temps fut mis dans la balance,
Et fut pesé par l'ange de la mort.
Le grand Dunois avait de l'autre bord
Vu le combat et la déconvenue
De la Trimouille ; une femme éperdue
Qui le tenait languissant dans ses bras,
L'hermite auprès qui marmotte tout bas.

CHANT XIV.

Et Jean Chandos qui près d'eux caracole :
A ces objets il pique, il court, il vole.
 C'était alors l'usage en Albion
Qu'on appelât les choses par leur nom.
Déja, du pont franchissant la barriere,
Vers le vainqueur il s'était avancé :
Fils de putain (3), nettement prononcé,
Frappe au tympan de son oreille altiere.
Oui, je le suis, dit-il d'une voix fiere ;
Tel fut Alcide et le divin Bacchus, (4)
L'heureux Persée, et le grand Romulus,
Qui des brigands ont délivré la terre ;
C'est en leur nom que j'en vais faire autant.
Va, souviens-toi que d'un bâtard normand (5)
Le bras vainqueur a soumis l'Angleterre :
O vous, bâtards du maître du tonnerre,
Guidez ma lance et conduisez mes coups !
L'honneur le veut ; vengez-moi, vengez-vous.
Cette priere était peu convenable ;
Mais le héros savait très bien la fable :
Pour lui la bible eut des charmes moins doux.
Il dit et part. La molette dorée
Des éperons armés de courtes dents
De son coursier pique les nobles flancs :
Le premier coup de sa lance acérée
Fend de Chandos l'armure diaprée,
Et fait tomber une part du collet
Dont l'acier joint le casque au corselet.
 Le brave Anglais porte un coup effroyable :
Du bouclier la voûte impénétrable
Reçoit le fer qui s'écarte en glissant.
Les deux guerriers se joignent en passant ;
Leur force augmente ainsi que leur colere :
Chacun saisit son robuste adversaire.
Les deux coursiers sous eux se dérobants,
Débarrassés de leurs fardeaux brillants,

S'en vont en paix errer dans les campagnes.
Tels que l'on voit dans d'affreux tremblements
Deux gros rochers détachés des montagnes,
Avec grand bruit l'un sur l'autre roulants :
Ainsi tombaient ces deux fiers combattants,
Frappant la terre et tous deux se serrants ;
Du choc bruyant les échos retentissent,
L'air s'en émeut, les nymphes en gémissent.
Ainsi quand Mars, suivi par la terreur,
Couvert de sang, armé par la fureur,
Du haut des cieux descendait pour défendre
Les habitants des rives du Scamandre,
Et quand Pallas animait contre lui
Cent rois ligués dont elle était l'appui,
La terre entiere en était ébranlée ;
De l'Achéron la rive était troublée ; (6)
Et, pâlissant sur ses horribles bords ;
Pluton tremblait pour l'empire des morts.

 Les deux héros fièrement se relevent,
Les yeux en feu, se regardent, s'observent, (*)
Tirent leur sabre, et sous cent coups divers
Rompent l'acier dont tous deux sont couverts.
Déja le sang coulant de leurs blessures
D'un rouge noir avait teint leurs armures,
Les spectateurs en foule se pressants
Faisaient un cercle autour des combattants,
Le cou tendu, l'œil fixe, sans haleine,
N'osant parler, et remuant à peine :
On en vaut mieux quand on est regardé ;
L'œil du public est aiguillon de gloire.
Les champions n'avaient que préludé

(*) Ces deux vers ne riment point ensemble. C'est une inadvertance échappée à Voltaire, comme nous en sommes convaincus par deux manuscrits que nous avons sous les yeux, et dont l'un est écrit de sa propre main.

CHANT XIV.

A ce combat d'éternelle mémoire.
Achille, Hector, et tous les demi-dieux,
Les grenadiers, bien plus terribles qu'eux,
Et les lions, beaucoup plus redoutables,
Sont moins cruels, moins fiers, moins implacables,
Moins acharnés. Enfin l'heureux bâtard
Se ranimant, joignant la force à l'art,
Saisit le bras de l'Anglais qui s'égare,
Fait d'un revers voler son fer barbare,
Puis d'une jambe avancée à propos
Sur l'herbe rouge étend le grand Chandos;
Mais en tombant son ennemi l'entraine;
Couverts de poudre ils roulent dans l'arene,
L'Anglais dessous et le Français dessus.

Le doux vainqueur, dont les nobles vertus
Guident le cœur quand son sort est prospere,
De son genou pressant son adversaire :
Rends-toi, dit-il. Oui, dit Chandos, attends;
Tiens, c'est ainsi, Dunois, que je me rends.

Tirant alors, pour ressource derniere,
Un stylet court, il étend en arriere
Son bras nerveux, le ramene en jurant,
Et frappe au cou son vainqueur bienfaisant;
Mais une maille en cet endroit entiere
Fit émousser la pointe meurtriere.
Dunois alors cria : Tu veux mourir,
Meurs, scélérat; et, sans plus discourir,
Il vous lui plonge, avec peu de scrupule,
Son fer sanglant devers la clavicule.
Chandos mourant, se débattant en vain,
Disait encor tout bas, Fils de putain !
Son cœur altier, inhumain, sanguinaire,
Jusques au bout garda son caractere ;
Ses yeux, son front, pleins d'une sombre horreur,
Son geste encor, menaçaient son vainqueur :
Son ame impie, inflexible, implacable,
Dans les enfers alla braver le diable.

Ainsi finit, comme il avait vécu,
Ce dur Anglais par un Français vaincu.
　　Le beau Dunois ne prit point sa dépouille;
Il dédaignait ces usages honteux,
Trop établis chez les Grecs trop fameux :
Tout occupé de son cher la Trimouille,
Il le ramene; et deux fois son secours
De Dorothée ainsi sauva les jours.
Dans le chemin elle soutient encore
Son tendre amant qui, de ses mains pressé,
Semble revivre, et n'être plus blessé
Que de l'éclat de ces yeux qu'il adore;
Il les regarde et reprend sa vigueur.
Sa belle amante, au sein de la douleur,
Sentit alors le doux plaisir renaître:
Les agréments d'un sourire enchanteur
Parmi ses pleurs commençaient à paraître;
Ainsi qu'on voit un nuage éclairé
Des doux rayons d'un soleil tempéré.
　　Le roi gaulois, sa maîtresse charmante,
L'illustre Jeanne, embrassent tour à tour
L'heureux Dunois dont la main triomphante
Avait vengé son pays et l'Amour :
On admirait sur-tout sa modestie
Dans son maintien, dans chaque repartie.
Il est aisé, mais il est beau pourtant
D'être modeste alors que l'on est grand.
　　Jeanne étouffait un peu de jalousie;
Son cœur tout bas se plaignait du destin;
Il lui fâchait que sa pucelle main
Du mécréant n'eût pas tranché la vie,
Se souvenant toujours du double affront
Qui vers Cutendre a fait rougir son front,
Quand, par Chandos au combat provoquée,
Elle se vit abattue et manquée.

FIN DU CHANT XIV.

CHANT XV.

ARGUMENT.

Grand repas à l'hôtel-de-ville d'Orléans, suivi d'un assaut général. Charles attaque les Anglais. Ce qui arrive à la belle Agnès et à ses compagnons de voyage.

Censeurs malins, je vous méprise tous ;
Car je connais mes défauts mieux que vous.
J'aurais voulu dans cette belle histoire,
Ecrite en or au temple de mémoire,
Ne présenter que des faits éclatants ,
Et couronner mon roi dans Orléans
Par la Pucelle, et l'Amour, et la Gloire.
Il est bien dur d'avoir perdu mon temps
A vous parler de Cutendre et d'un page,
De Grisbourdon, de sa lubrique rage,
D'un muletier, et de tant d'accidents
Qui font grand tort au fil de mon ouvrage.
 Mais vous savez que ces évènements
Furent écrits par Tritême le sage; (1)
Je le copie, et n'ai rien inventé ;
Dans ces détails si mon lecteur s'enfonce,
Si quelquefois sa dure gravité
Juge mon sage avec sévérité,
A certains traits si le sourcil lui fronce,
Il peut, s'il veut, passer la pierre ponce (2)
Sur la moitié de ce livre enchanté ;
Mais qu'il respecte au moins la vérité.
 O Vérité ! vierge pure et sacrée,

Quand seras-tu dignement révérée ?
Divinité, qui seule nous instruis,
Pourquoi mets-tu ton palais dans un puits ?
Du fond du puits quand seras-tu tirée ?
Quand verrons-nous nos doctes écrivains,
Exempts de fiel, libres de flatterie,
Fidèlement nous apprendre la vie,
Les grands exploits de nos beaux paladins ?
Oh, qu'Arioste étala de prudence
Quand il cita l'archevêque Turpin ! (3)
Ce témoignage à son livre divin
De tout lecteur attire la croyance.

 Tout inquiet encor de son destin,
Vers Orléans Charle était en chemin,
Environné de sa troupe dorée,
D'armes, d'habits richement décorée,
Et demandant à Dunois des conseils,
Ainsi que font tous les rois ses pareils,
Dans le malheur dociles et traitables,
Dans la fortune un peu moins praticables.
Charles croyait qu'Agnès et Bonifoux
Suivaient de loin : plein d'un espoir si doux,
L'amant royal souvent tourne la tête
Pour voir Agnès, et regarde, et s'arrête,
Et quand Dunois, préparant ses succès,
Nomme Orléans, le roi lui nomme Agnès.

 L'heureux bâtard, dont l'active prudence
Ne s'occupait que du bien de la France,
Le jour baissant, découvre un petit fort
Que négligeait le bon duc de Bedfort ;
Ce fort touchait à la ville investie :
Dunois le prend ; le roi s'y fortifie.
Des assiégeants c'étaient les magasins :
Le dieu sanglant qui donne la victoire,
Le dieu joufflu qui préside aux festins,
D'emplir ces lieux se disputaient la gloire,

L'un, de canons, et l'autre, de bons vins :
Tout l'appareil de la guerre effroyable,
Tous les apprêts des plaisirs de la table,
Se rencontraient dans ce petit château :
Quels vrais succès pour Dunois et Bonneau !
    Tout Orléans à ces grandes nouvelles
Rendit à Dieu des graces solennelles ;
Un *Te Deum* (4) en faux-bourdon chanté
Devant les chefs de la noble cité,
Un long dîner, où le juge et le maire,
Chanoine, évêque, et guerrier invité,
Le verre en main tomberent tous par terre ;
Un feu sur l'eau, dont les brillants éclairs
Dans la nuit sombre illuminaient les airs ;
Les cris du peuple, et le canon qui gronde,
Avec fracas annoncerent au monde
Que le roi Charle, à ses sujets rendu,
Va retrouver tout ce qu'il a perdu.
    Ces chants de gloire et ces bruits d'alégresse
Furent suivis par des cris de détresse ;
On n'entend plus que le nom de Bedfort,
Alerte ! aux murs ! à la breche ! à la mort !
L'Anglais usait de ces moments propices
Où nos bourgeois, en vidant les flacons,
Louaient leur prince, et dansaient aux chansons.
Sous une porte on plaça deux saucisses,
Non de boudins, non telles que Bonneau
En inventa pour un ragoût nouveau,
Mais saucissons, dont la poudre fatale
Se dilatant, s'enflant avec éclair,
Renverse tout, confond la terre et l'air,
Machine affreuse, homicide, infernale,
Qui contenait dans son ventre de fer
Ce feu pêtri des mains de Lucifer :
Par une mèche artistement posée,
Et un moment la matiere embrasée,

S'étend, s'éleve, et porte à mille pas
Bois, gonds, battants et ferrure en éclats.
Le fier Talbot entre et se précipite ;
Fureur, succès, gloire, amour, tout l'excite ;
On voit de loin briller sur son armet
En or frisé le chiffre de Louvet :
Car la Louvet était toujours la dame
De ses pensers, et piquait sa grande ame ;
Il prétendait caresser ses beautés
Sur les débris des murs ensanglantés.

 Ce beau Breton, cet enfant de la guerre,
Conduit sous lui les braves d'Angleterre :
Allons, dit-il, généreux conquérants,
Portons par-tout et le fer et les flammes,
Buvons le vin des poltrons d'Orléans,
Prenons leur or, baisons toutes leurs femmes.
Jamais César, dont les traits éloquents
Portaient l'audace et l'honneur dans les ames,
Ne parla mieux à ses fiers combattants.

 Sur ce terrain, que la porte enflammée
Couvre en sautant d'une épaisse fumée,
Est un rempart que la Hire et Poton
Ont élevé de pierre et de gazon,
Un parapet, garni d'artillerie,
Pour repousser la premiere furie,
Les premiers coups du terrible Bedfort.

 Poton, la Hire, y paraissent d'abord :
Un peuple entier derriere eux s'évertue ;
Le canon gronde, et l'horrible mot *tue*
Est répété quand les bouches d'enfer
Sont en silence et ne troublent plus l'air.
Vers le rempart les échelles dressées
Portent déja cent cohortes pressées ;
Et le soldat, le pied sur l'échelon,
Le fer en main, pousse son compagnon.

 Dans ce péril ni Poton ni la Hire

CHANT XV.

N'ont oublié leur esprit qu'on admire :
Avec prudence ils avaient tout prévu,
Avec adresse à tout ils ont pourvu ;
L'huile bouillante et la poix embrasée,
De pieux pointus une forêt croisée,
De larges faux, que leur tranchant effort
Fait ressembler à la faux de la mort,
Et des mousquets qui lancent les tempêtes
De plomb volant sur les bretonnes têtes,
Tout ce que l'art, et la nécessité,
Et le malheur, et l'intrépidité,
Et la peur même, ont pu mettre en usage,
Est employé dans ce jour de carnage.
Que de Bretons bouillis, coupés, percés,
Mourants en foule et par rangs entassés !
Ainsi qu'on voit sous cent mains diligentes
Choir les épis des moissons jaunissantes.

Mais cet assaut fièrement se maintient ;
Plus il en tombe, et plus il en revient.
De l'hydre affreux les têtes menaçantes
Tombant à terre, et toujours renaissantes,
N'effrayaient point le fils de Jupiter :
Ainsi l'Anglais, dans les feux, sous le fer,
Après sa chûte encor plus formidable,
Brave en mourant le nombre qui l'accable.

Tu t'avançais sur ces remparts sanglants,
Fier Richemont, digne espoir d'Orléans :
Cinq cents bourgeois, gens de cœur et d'élite,
En chancelant marchent sous sa conduite,
Enluminés du gros vin qu'ils ont bu,
Sa seve encore animait leur vertu ;
Et Richemont criait d'une voix forte :
Pauvres bourgeois, vous n'avez plus de porte,
Mais vous m'avez, il suffit, combattons.
Il dit, et vole au milieu des Bretons.
Déja Talbot s'était fait un passage

Au haut du mur, et déja dans sa rage
D'un bras terrible il porte le trépas ;
Il fait de l'autre avancer ses soldats,
Criant *Louvet* d'une voix stentorée : (5)
Louvet l'entend, et s'en tient honorée.
Tous les Anglais criaient aussi *Louvet*,
Mais sans savoir ce que Talbot voulait.
O sots humains ! on sait trop vous apprendre
A répéter ce qu'on ne peut comprendre.

Charle, en son fort tristement retiré,
D'autres Anglais par malheur entouré,
Ne peut marcher vers la ville attaquée.
D'accablement son ame est suffoquée :
Quoi ! disait-il, ne pouvoir secourir
Mes chers sujets que mon œil voit périr !
Ils ont chanté le retour de leur maître :
J'allais entrer, et combattre, et peut-être
Les délivrer des Anglais inhumains ;
Le sort cruel enchaîne ici mes mains.
Non, lui dit Jeanne, il est temps de paraître ;
Venez, mettez, en signalant vos coups,
Ces durs Bretons entre Orléans et vous :
Marchez, mon prince, et vous sauvez la ville ;
Nous sommes peu, mais vous en valez mille.
Charles lui dit : Quoi ! vous savez flatter !
Je vaux bien peu ; mais je vais mériter
Et votre estime, et celle de la France,
Et des Anglais. Il dit, pique et s'avance :
Devant ses pas l'oriflamme est porté ;
Jeanne et Dunois volent à son côté ;
Il est suivi de ses gens d'ordonnance ;
Et l'on entend à travers mille cris :
Vive le roi, Montjoie, et saint Denis !

Charles, Dunois, et la Barroise altiere,
Sur les Bretons s'élancent par derriere :
Tels que des monts qui tiennent dans leur sein

CHANT XV.

Les réservoirs du Danube et du Rhin,
L'aigle superbe, aux ailes étendues,
Aux yeux perçants, aux huit griffes pointues,
Planant dans l'air, tombe sur des faucons
Qui s'acharnaient sur le cou des hérons.

Ce fut alors que l'audace anglicane,
Semblable au fer sur l'enclume battu,
Qui de sa trempe augmente la vertu,
Repoussa bien la valeur gallicane.
Les voyez-vous ces enfants d'Albion,
Et ces soldats des fils de Clodion?
Fiers, enflammés, de sang insatiables,
Ils ont volé comme un vent dans les airs :
Dès qu'ils sont joints, ils sont inébranlables,
Comme un rocher sous l'écume des mers.
Pied contre pied, aigrette contre aigrette,
Main contre main, œil contre œil, corps à corps,
En jurant Dieu, l'un sur l'autre on se jette,
Et l'un sur l'autre on voit tomber les morts.

Oh, que ne puis-je en grands vers magnifiques
Ecrire au long tant de faits héroïques !
Homere seul a le droit de conter
Tous les exploits, toutes les aventures,
De les étendre, et de les répéter,
De supputer les coups et les blessures,
Et d'ajouter aux grands combats d'Hector,
De grands combats, et des combats encor:
C'est là, sans doute, un sûr moyen de plaire.
Mais je ne puis me résoudre à vous taire
D'autres dangers, dont le destin cruel
Circonvenait la belle Agnès Sorel
Quand son amant s'avançait vers la gloire.

Dans le chemin, sur les rives de Loire,
Elle entretient le pere Bonifoux,
Qui, toujours sage, insinuant, et doux,
Du tentateur lui contait quelque histoire

Divertissante, et sans réflexions,
Sous l'agrément déguisant ses leçons :
A quelques pas la Trimouille et sa dame
S'entretenaient de leur fidele flamme,
Et du dessein de vivre ensemble un jour
Dans leur château, tout entiers à l'amour.
Dans leur chemin la main de la nature
Tend sous leurs pieds un tapis de verdure,
Velours uni, semblable au pré fameux
Où s'exerçait la rapide Atalante.
Sur le duvet de cette herbe naissante
Agnès approche et chemine avec eux.
Le confesseur suivit la belle errante.
Tous quatre allaient, tenant de beaux discours
De piété, de combats, et d'amours ;
Sur les Anglais, sur le diable on raisonne.
En raisonnant on ne voit plus personne;
Chacun fondait doucement, doucement,
Homme et cheval, sous le terrain mouvant.
D'abord les pieds, puis le corps, puis la tête,
Tout disparut ainsi qu'à cette fête
Qu'en un palais d'un auteur cardinal
Trois fois au moins par semaine on apprête,
A l'opéra, souvent joué si mal,
Plus d'un héros à nos regards échappe,
Et dans l'enfer descend par une trappe.
Ils tombent tous dans un grand souterrain
Qui conduisait aux portes d'un jardin,
Tel que n'en eut Louis le quatorzieme,
Aïeul d'un roi qu'on méprise et qu'on aime;
Et le jardin conduisait au château,
Digne en tout sens de ce jardin si beau :
C'était.... mon cœur à ce seul mot soupire,
D'Hermaphrodix le formidable empire.
O Dorothée, Agnès, et Bonifoux,
Qu'allez-vous faire ? et que deviendrez-vous ?

FIN DU CHANT XV.

CHANT XVI.

ARGUMENT.

Comment saint Pierre appaisa saint George et saint Denis, et comment il promit un beau prix à celui des deux qui lui apporterait la meilleure ode. Mort de la belle Rosamore.

Palais des cieux, ouvrez-vous à ma voix :
Etres brillants, aux six ailes légeres,
Dieux emplumés, dont les mains tutélaires
Font les destins des peuples et des rois ;
Vous qui cachez, en étendant vos ailes,
Des derniers cieux les splendeurs éternelles,
Daignez un peu vous ranger de côté :
Laissez-moi voir, en cette horrible affaire,
Ce qui se passe au fond du sanctuaire ;
Et pardonnez ma curiosité.
   Cette priere est de l'abbé Tritème, (1)
Non pas de moi ; car mon œil effronté
Ne peut percer jusqu'à la cour suprême ;
Je n'aurais pas tant de témérité.
   Le dur saint George et Denis notre apôtre
Etaient au ciel enfermés l'un et l'autre ;
Ils voyaient tout, mais ils ne pouvaient pas
Prêter leurs mains aux terrestres combats ;
Ils cabalaient : c'est tout ce qu'on peut faire,
Et ce qu'on fait quand on est à la cour.

George et Denis s'adressent tour à tour
Dans l'empyrée au bon monsieur saint Pierre.
 Ce grand portier, dont le pape est vicaire,
Dans ses filets enveloppant le sort,
Sous ses deux clefs tient la vie et la mort.
Pierre leur dit : Vous avez pu connaître,
Mes chers amis, quel affront je reçus
Quand je remis une oreille à Malchus :
Je me souviens de l'ordre de mon maître;
Il fit rentrer mon fer dans son fourreau ; (2)
Il m'a privé du droit brillant des armes :
Mais j'imagine un moyen tout nouveau
Pour décider de vos grandes alarmes.
 Vous, saint Denis, prenez dans ce canton
Les plus grands saints qu'ait vu naître la France;
Vous, monsieur George, allez en diligence
Prendre les saints de l'isle d'Albion.
Que chaque troupe en ce moment compose
Un hymne en vers, non pas une ode en prose. (3)
Houdart a tort; il faut dans ces hauts lieux
Parler toujours le langage des dieux;
Qu'on fasse, dis-je, une ode pindarique,
Où le poëte exalte mes vertus,
Ma primauté, mes droits, mes attributs,
Et que le tout soit mis vite en musique :
Chez les mortels il faut toujours du temps
Pour rimailler des vers assez méchants;
On va plus vîte au séjour de la gloire.
Allez, vous dis-je, exercez vos talents;
La meilleure ode obtiendra la victoire :
Et vous ferez le sort des combattants.
 Ainsi parla du plus haut de son trône
Aux deux rivaux l'infaillible Barjône ;
Cela fut dit en deux mots tout au plus :
Le laconisme est langue des élus.
En un clin d'œil les deux rivaux célestes,

CHANT XVI.

Pour terminer leurs querelles funestes,
Vont assembler les saints de leurs pays
Qui sur la terre ont été beaux esprits.
 Le bon patron qu'on révere à Paris
Fit aussitôt seoir à sa table ronde
Saint Fortunat (4), peu connu dans le monde,
Et qui passait pour l'auteur du *Pange;*
Et saint Prosper (5), d'épithetes chargé,
Quoiqu'un peu dur et qu'un peu janséniste :
Il mit aussi Grégoire dans sa liste,
Le grand Grégoire (6), évêque tourangeau,
Cher au pays qui vit naître Bonneau ;
Et saint Bernard (7), fameux par l'antithese,
Qui dans son temps n'avait pas son pareil ;
Et d'autres saints pour servir de conseil.
Sans prendre avis, il est rare qu'on plaise.
 George, en voyant tous ces soins de Denis,
Le regardait d'un dédaigneux souris;
Il avisa dans le sacré pourpris
Un saint Austin, précheur de l'Angleterre ; (8)
Puis en ces mots il lui dit son avis :
 Bon-homme Austin, je suis né pour la guerre,
Non pour les vers, dont je fais peu de cas ;
Je sais brandir mon large cimeterre,
Pourfendre un buste, et casser tête et bras :
Tu sais rimer; travaille, versifie,
Soutiens en vers l'honneur de la patrie.
Un seul Anglais, dans les champs de la mort,
De trois Français triomphe sans effort.
Nous avons vu devers la Normandie,
Dans le haut Maine, en Guienne, en Picardie,
Ces beaux messieurs aisément mis à bas ;
Si pour frapper nous avons meilleurs bras,
Crois, en fait d'hymne, et d'ode, et d'œuvre belle,
Quand il s'agit de penser, de rimer,
Que nous avons non moins bonne cervelle.

Travaille, Austin, cours en vers t'escrimer:
Je veux que Londre ait à jamais l'empire
Dans les deux arts de bien faire et bien dire.
Denis ameute un tas de rimailleurs
Qui tous ensemble ont très peu de génie;
Travaille seul : tu sais tes vieux auteurs ;
Courage, allons, prends ta harpe bénie,
Et moque-toi de son académie.

Le bon Austin, de cet emploi chargé,
Le remercie en auteur protégé.
Denis et lui dans un réduit commode
Vont se tapir; et chacun fit son ode.
Quand tout fut fait, les brûlants séraphins,
Les gros joufflus, têtes de chérubins,
Près de Barjône en deux rangs se percherent;
Au-dessous d'eux les anges se nicherent;
Et tous les saints, soigneux de s'arranger,
Sur des gradins s'assirent pour juger.

Austin commence: il chantait les prodiges
Qui de l'Egypte endurcirent les cœurs ;
Ce grand Moïse, et ses imitateurs
Qui l'égalaient dans ses divins prestiges ;
Les flots du Nil, jadis si bienfaisants,
D'un sang affreux dans leur course écumants ;
Du noir limon les venimeux reptiles
Changés en verge, et la verge en serpents;
Le jour en nuit; les déserts et les villes
De moucherons, de vermine couverts;
La rogne aux os; la foudre dans les airs;
Les premiers-nés d'une race rebelle
Tous égorgés par l'ange du Seigneur;
L'Egypte en deuil, et le peuple fidele
De ses patrons emportant la vaisselle, (9)
Et par le vol méritant son bonheur;
Ce peuple errant pendant quarante années;
Vingt mille Juifs égorgés pour un veau ; (10)

Vingt mille encore envoyés au tombeau
Pour avoir eu des amours fortunées; (11)
Et puis Aod, ce Ravaillac hébreu, (12)
Assassinant son maître au nom de Dieu ;
Et Samuël, qui d'une main divine
Prend sur l'autel un couteau de cuisine,
Et bravement met Agag en hachis, (13)
Car cet Agag était incirconcis ;
Puis la beauté qui, sauvant Béthulie, (14)
Si purement de son corps fit folie ;
Le bon Baza qui massacra Nadad ; (15)
Et puis Achab mourant comme un impie, (16)
Pour n'avoir pas égorgé Benhadad ;
Le roi Joas meurtri par Josabad, (17)
Fils d'Atrobad ; et la reine Athalie,
Si méchamment mise à mort par Joad. (18)
 Longuette fut la triste litanie ;
Ces beaux récits étaient entrelacés
De ces grands traits si chers aux temps passés ;
On y voyait le soleil se dissoudre,
La mer fuyant, la lune mise en poudre,
Le monde en feu qui toujours tressaillait,
Dieu qui cent fois en fureur s'éveillait :
Des flots de sang, des tombeaux, des ruines :
Et cependant près des eaux argentines
Le lait coulait sous de verds oliviers,
Les monts sautaient tout comme des beliers,
Et les beliers tout comme des collines.
Le bon Austin célébrait le Seigneur
Qui menaçait le Chaldéen vainqueur,
Et qui laissait son peuple en esclavage ;
Mais des lions brisant toujours les dents,
Sous ses deux pieds écrasant les serpents,
Parlant au Nil, et susperdant la rage
Des basilics et des léviatans. (19)
Austin finit. Sa pindarique ivresse

Fit élever parmi les bienheureux
Un bruit confus, un murmure douteux,
Qui n'était pas en faveur de la piece.

 Denis se leve; et baissant ses doux yeux,
Puis les levant avec un air modeste,
Il salua l'auditoire céleste,
Parut surpris de leurs traits radieux;
Et finement sa pudeur semblait dire,
Encouragez celui qui vous admire.
Il salua trois fois très humblement
Les conseillers, le premier président :
Puis il chanta d'une voix douce et tendre
Cet hymne adroit que vous allez entendre :

 O Pierre! ô Pierre! ô toi sur qui Jésus
Daigna fonder son Eglise immortelle,
Portier des cieux, pasteur de tout fidele,
Maître des rois à tes pieds confondus.
Docteur divin, prêtre saint, tendre pere,
Auguste appui de nos rois très chrétiens,
Etends sur eux ta faveur salutaire :
Leurs droits sont purs, et ces droits sont les tiens.
Le pape à Rome est maître des couronnes :
Aucun n'en doute; et si ton lieutenant
A qui lui plaît fait ce petit présent,
C'est en ton nom, car c'est toi qui les donnes.
Hélas! hélas! nos gens de parlement
Ont banni Charle : ils ont impudemment.
Mis sur le trône une race étrangere;
On ôte au fils l'héritage du pere.
Divin portier, oppose tes bienfaits
A cette audace, à dix ans de misere;
Rends-nous les clefs de la cour du palais.
C'est sur ce ton que saint Denis prélude;
Puis il s'arrête : il lit avec étude
Du coin de l'œil dans les yeux de Céphas,
En affectant un secret embarras.

CHANT XVI.

Céphas content fit voir sur son visage
De l'amour-propre un secret témoignage ;
Et, rassurant les esprits interdits
Du chantre habile, il dit dans son langage :
Cela va bien, continuez, Denis.

L'humble Denis repart avec prudence :
Mon adversaire a pu charmer les cieux ;
Il a chanté le dieu de la vengeance,
Je vais bénir le dieu de la clémence :
Haïr est bon, mais aimer vaut bien mieux.

Denis alors d'une voix assurée
En vers heureux chanta le bon berger
Qui va cherchant sa brebis égarée,
Et sur son dos se plaît à la charger ;
Le bon fermier, dont la main libérale
Daigne payer l'ouvrier négligent
Qui vient trop tard, afin que diligent
Il vienne ouvrer dès l'aube matinale ;
Le bon patron qui, n'ayant que cinq pains
Et trois poissons, nourrit cinq mille humains ;
Le bon prophete, encor plus doux qu'austere,
Qui donne grace à la femme adultere,
A Magdeleine, et permet que ses pieds
Soient gentiment par la belle essuyés.
(Par Magdeleine Agnès est figurée.
Denis a pris ce délicat détour ;
Il réussit) la grand'chambre éthérée
Sentit le trait, et pardonna l'amour.
Du doux Denis l'ode fut bien reçue ;
Elle eut le prix, elle eut toutes les voix.
Du saint Anglais l'audace fut déçue :
Austin rougit ; il fuit en tapinois :
Chacun en rit ; le paradis le hue.
Tel fut hué dans les murs de Paris
Un pédant sec, à face de Thersite,
Vil délateur, insolent hypocrite,

Qui fut payé de haine et de mépris,
Quand il osa, dans ses phrases vulgaires,
Flétrir les arts, et condamner nos freres.
 Pierre à Denis donna deux beaux agnus :
Denis les baise ; et soudain l'on ordonne,
Par un arrêt signé de douze élus,
Qu'en ce grand jour les Anglais soient vaincus
Par les Français, et par Charle en personne.
 En ce moment la barroise amazone
Vit dans les airs, dans un nuage épais,
De son grison la figure et les traits,
Comme un soleil, dont souvent un nuage
Reçoit l'empreinte et réfléchit l'image.
Elle cria : Ce jour est glorieux ;
Tout est pour nous, mon âne est dans les cieux.
Bedfort, surpris de ce prodige horrible,
Déja s'arrête et n'est plus invincible ;
Il lit au ciel, d'un regard consterné,
Que de saint George il est abandonné :
L'Anglais surpris, croyant voir une armée,
Descend soudain de la ville alarmée.
Tous les bourgeois, devenus valeureux,
Les voyant fuir, descendent après eux.
Charles plus loin, entouré de carnage,
Jusqu'à leur camp se fait un beau passage.
Les assiégeants, à leur tour assiégés,
En tête, en queue, assaillis, égorgés,
Tombent en foule au bord de leurs tranchées,
D'armes, de morts, et de mourants jonchées.
 C'est en ces lieux, c'est dans ce champ mortel
Que tu venais exercer ta vaillance,
O dur Anglais ! ô Christophe Arondel !
Ton maintien sec, ta froide indifférence,
Donnaient du prix à ton courage altier.
Sans dire un mot ce sourcilleux guerrier
Examinait comme on se bat en France :

CHANT XVI.

Et l'on eût dit, à son air d'importance,
Qu'il était là pour se désennuyer.
Sa Rosamore, à ses pas attachée,
Est comme lui de fer enharnachée,
Tel qu'un beau page ou qu'un jeune écuyer;
Son casque est d'or, sa cuirasse est d'acier;
D'un perroquet la plume panachée
Au gré des vents ombrage son cimier:
Car dès ce jour où son bras meurtrier
A dans son lit décollé Martinguerre,
Elle se plaît tout-à-fait à la guerre;
On croirait voir la superbe Pallas
Quittant l'aiguille et marchant aux combats,
Ou Bradamante, ou bien Jeanne elle-même.
Elle parlait au voyageur qu'elle aime,
Et lui montrait les plus grands sentiments,
Lorsqu'un démon, trop funeste aux amants,
Pour leur malheur, vers Arondel attire
Le dur Poton et le jeune la Hire,
Et Richemont qui n'a pitié de rien.
Poton, voyant le grave et fier maintien
De notre Anglais, tout indigné s'élance
Sur le causeur, et d'un grand coup de lance,
Qui par le flanc sort au milieu du dos,
D'un sang trop froid lui fait verser des flots;
Il tombe et meurt, et la lance cassée
Roule avec lui dans son corps enfoncée.

 A ce spectacle, à ce moment affreux,
On ne vit point la belle Rosamore
Se renverser sur l'amant qu'elle adore,
Ni s'arracher l'or de ses blonds cheveux,
Ni remplir l'air de ses cris douloureux,
Ni s'emporter contre la Providence;
Point de soupirs; elle cria: Vengeance!
Et dans l'instant que Poton se baissait,
En ramassant son fer qui se cassait,

Ce bras tout nu, ce bras dont la puissance
Avait d'un coup séparé dans un lit
Un chef grison du cou d'un vieux bandit,
Tranche à Poton la main trop redoutable,
Cette main droite à ses yeux si coupable :
Les nerfs cachés sous la peau des cinq doigts
Les font mouvoir pour la derniere fois;
Poton depuis ne sut jamais écrire.
　Mais dans l'instant le brave et beau la Hire
Porte au guerrier du grand Poton vainqueur
Un coup mortel qui lui perce le cœur :
Son casque d'or, que sa chûte détache,
Découvre un sein de roses et de lis;
Son front charmant n'a plus rien qui le cache ;
Ses longs cheveux tombent sur ses habits;
Ses grands yeux bleus dans la mort endormis,
Tout laisse voir une femme adorable,
Et montre un corps formé pour les plaisirs.
Le beau la Hire en pousse des soupirs,
Répand des pleurs, et d'un ton lamentable
S'écrie : O ciel! je suis un meurtrier;
Un housard noir plutôt qu'un chevalier;
Mon cœur, mon bras, mon épée est infâme :
Est-il permis de tuer une dame ?
Mais Richemont, toujours mauvais plaisant,
Et toujours dur, lui dit : Mon cher la Hire,
Va, tes remords ont sur toi trop d'empire :
C'est une Anglaise, et le mal n'est pas grand :
Elle n'est pas pucelle comme Jeanne.
　Tandis qu'il tient un discours si profane,
D'un coup de fleche il se sentit blessé;
Et devenu plus fier, plus courroucé,
Il rend cent coups à la troupe bretonne,
Qui comme un flot le presse et l'environne.
La Hire et lui, nobles, bourgeois, soldats,
Portent par-tout les efforts de leurs bras :

CHANT XVI.

On tue, on tombe, on poursuit, on recule,
De corps sanglants un monceau s'accumule;
Et des mourants l'Anglais fait un rempart.

    Dans cette horrible et sanglante mêlée
Le roi disait à Dunois : Cher bâtard,
Dis-moi, de grace, où donc est-elle allée?
Qui? dit Dunois. Le bon roi lui repart:
Ne sais-tu pas ce qu'elle est devenue?—
Qui donc? — Hélas! elle était disparue
Hier au soir, avant qu'un heureux sort
Nous eût conduits au château de Bedfort;
Et dans la place on est entré sans elle.
Nous la trouverons bien, dit la Pucelle.
Ciel, dit le roi, qu'elle me soit fidele!
Gardez-la-moi. Pendant ce beau discours
Il avançait et combattait toujours.

    Bientôt la nuit couvrant notre hémisphere,
L'enveloppa d'un noir et long manteau,
Et mit un terme à ce cours tout nouveau
Des beaux exploits que Charle eût voulu faire.

    Comme il sortait de cette grande affaire,
Il entendit qu'on avait le matin
Vu cheminer vers la forêt voisine
Quelques tendrons du genre féminin;
Une sur-tout, à la taille divine,
Aux grands yeux bleus, au minois enfantin,
Au souris tendre, à la peau de satin,
Que sermonnait un bon bénédictin;
Des écuyers brillants, à mines fieres,
Des chevaliers, sur leurs coursiers fringants,
Couverts d'acier, et d'or, et de rubans,
Accompagnaient les belles cavalieres.
La troupe errante avait porté ses pas
Vers un palais qu'on ne connaissait pas,
Et que jamais, avant cette aventure,
On n'avait vu dans ces lieux écartés;

Rien n'égalait sa bizarre structure.
Le roi, surpris de tant de nouveautés,
Dit à Bonneau : Qui m'aime doit me suivre ;
Demain matin je veux au point du jour
Revoir l'objet de mon fidele amour,
Reprendre Agnès, ou bien cesser de vivre.
Il resta peu dans les bras du sommeil ;
Et quand Phosphore (20), au visage vermeil,
Eut précédé les roses de l'aurore,
Quand dans le ciel on attelait encore
Les beaux coursiers que conduit le soleil, (21)
Le roi, Bonneau, Dunois, et la Pucelle,
Alégrement se remirent en selle
Pour découvrir ce superbe palais.
Charles disait : Voyons d'abord ma belle ;
Nous rejoindrons assez tôt les Anglais :
Le plus pressé, c'est de vivre avec elle.

FIN DU CHANT XVI.

CHANT XVII.

ARGUMENT.

Comment Charles VII, Agnès, Jeanne, Dunois, la Trimouille, etc., devinrent tous fous; et comment ils revinrent en leur bon sens par les exorcismes du R. P. Bonifoux, confesseur ordinaire du roi.

Oh, que ce monde est rempli d'enchanteurs !
Je ne dirai rien des enchanteresses.
Je t'ai passé, temps heureux des faiblesses,
Printemps des fous, bel âge des erreurs ;
Mais à tout âge on trouve des trompeurs,
De vrais sorciers, tout-puissants séducteurs,
Vêtus de pourpre et rayonnants de gloire :
Au haut des cieux ils vous menent d'abord,
Puis on vous plonge au fond de l'onde noire ;
Et vous buvez l'amertume et la mort.
Gardez-vous tous, gens de bien que vous êtes,
De vous frotter à de tels nécromans :
Et, s'il vous faut quelques enchantements,
Aux plus grands rois préférez vos grisettes.
   Hermaphrodix a bâti tout exprès
Le beau château qui retenait Agnès,
Pour se venger des belles de la France,
Des chevaliers, des ânes, et des saints
Dont la pudeur et les exploits divins
Avaient bravé sa magique puissance.
Quiconque entrait en ce maudit logis
Méconnaissait sur-le-champ ses amis,

Perdait le sens, l'esprit, et la mémoire ;
L'eau du Léthé que les morts allaient boire,
Les mauvais vins, funestes aux vivants,
Ont des effets bien moins extravagants.
 Sous les grands arcs d'un immense portique,
Amas confus de moderne et d'antique,
Se promenait un fantôme brillant,
Au pied léger, à l'œil étincelant,
Au geste vif, à la marche égarée,
La tête haute, et de clinquants parée :
On voit son corps toujours en action ;
Et son nom est l'Imagination :
Non cette belle et charmante déesse
Qui présida, dans Rome et dans la Grece,
Aux beaux travaux de tant de grands auteurs,
Qui répandit l'éclat de ses couleurs,
Ses diamants, ses immortelles fleurs,
Sur plus d'un chant du grand peintre d'Achille,
Sur la Didon que célébra Virgile,
Et qui d'Ovide anima les accents ;
Mais celle-là qu'abjure le bon sens,
Cette étourdie, effarée, insipide,
Que tant d'auteurs approchent de si près,
Qui les inspire, et qui servit de guide
Aux Scudéris (1), Le Moine, Desmarets.
Elle répand ses faveurs les plus cheres
Sur nos romans, nos nouveaux opéra ;
Et son empire assez long-temps dura
Sur le théâtre, au barreau, dans les chaires.
Près d'elle était le Galimatias,
Monstre bavard caressé dans ses bras,
Nommé jadis le docteur séraphique, (2)
Subtil, profond, énergique, angélique,
Commentateur d'imagination,
Et créateur de la confusion,
Qui depuis peu fit Marie à la Coque. (3)

CHANT XVII.

Autour de lui voltigent l'équivoque,
La louche énigme, et les mauvais bons mots
A double sens, qui font l'esprit des sots;
Les préjugés, les méprises, les songes,
Les contre-sens, les absurdes mensonges,
Ainsi qu'on voit aux murs d'un vieux logis
Les chats-huants, et les chauve-souris.
Quoi qu'il en soit, ce damnable édifice
Fut fabriqué par un tel artifice,
Que tout mortel qui dans ces lieux viendra
Perdra l'esprit tant qu'il y restera.

A peine Agnès, avec sa douce escorte,
De ce palais avait touché la porte,
Que Bonifoux, ce grave confesseur,
Devint l'objet de sa fidèle ardeur;
Elle le prend pour son cher roi de France:
O mon héros! ô ma seule espérance!
Le juste ciel vous rend à mes souhaits;
Ces fiers Bretons sont-ils par vous défaits?
N'auriez-vous point reçu quelque blessure?
Ah! laissez-moi détacher votre armure.
Lors elle veut, d'un effort tendre et doux,
Oter le froc du pere Bonifoux,
Et dans ses bras bientôt abandonnée,
L'œil enflammé, le cou vers lui tendu,
Cherche un baiser qui soit pris et rendu.
Charmante Agnès, que tu fus consternée,
Lorsque, cherchant un menton frais tondu,
Tu ne sentis qu'une barbe tannée,
Longue, piquante, et rude, et mal peignée!
Le confesseur tout effaré s'enfuit,
Méconnaissant la belle qui le suit.
La tendre Agnès, se voyant dédaignée,
Court après lui, de pleurs toute baignée.

Comme ils couraient dans ce vaste pourpris,
L'un se signant, et l'autre toute en larmes,

Ils sont frappés des plus lugubres cris :
Un jeune objet, touchant, rempli de charmes,
Avec frayeur embrassait les genoux
D'un chevalier qui, couvert de ses armes,
L'allait bientôt immoler sous ses coups.
Peut-on connaître à cette barbarie
Ce la Trimouille et ce parfait amant
Qui de grand cœur en tout autre moment
Pour Dorothée aurait donné sa vie ?
Il la prenait pour le fier Tirconel :
Elle n'avait nul trait en son visage
Qui ressemblât à cet Anglais cruel ;
Elle cherchait le héros qui l'engage,
Le cher objet d'un amour immortel ;
Et lui parlant, sans pouvoir le connaître,
Elle lui dit : Ne l'avez-vous point vu
Ce chevalier qui de mon cœur est maître,
Qui près de moi dans ces lieux est venu ?
Mon la Trimouille, hélas ! est disparu.
Que fait-il donc ? de grace, où peut-il être ?
Le Poitevin, à ces touchants discours,
Ne connut point ses fideles amours ;
Il croit entendre un Anglais implacable,
Qui vient sur lui prêt à trancher ses jours.
Le fer en main, il se met en défense ;
Vers Dorothée en mesure il avance :
Je te ferai, dit-il, changer de ton,
Fier, dédaigneux, triste, arrogant Breton ;
Dur insulaire, ivre de biere forte,
C'est bien à toi de parler de la sorte,
De menacer un homme de mon nom,
Moi, petit-fils des Poitevins célebres,
Dont les exploits, au séjour des ténebres,
Ont fait passer tant d'Anglais valeureux,
Plus fiers que toi, plus grands, plus généreux !
Eh quoi ! ta main ne tire pas l'épée !

CHANT XVII.

De quel effroi ta vile ame est frappée !
Fier en discours, et lâche en action,
Chevreuil anglais, Thersite d'Albion,
Fait pour brailler chez tes parlementaires,
Vite essayons tous deux nos cimeterres :
Çà, qu'on dégaîne, ou je vais de ma main
Signer ton front, des fronts le plus vilain,
Et t'appliquer sur ton large derriere,
A mon plaisir, deux cents coups d'étriviere.
A ce discours, qu'il prononce en fureur,
Pâle, éperdue, et mourante de peur :
Je ne suis point Anglais, dit Dorothée ;
J'en suis bien loin : comment, pourquoi, par où,
Me vois-je ici par vous si maltraitée ?
Dans quel danger je suis précipitée !
Je cherche ici le héros du Poitou ;
C'est une fille, hélas ! bien tourmentée,
Qui baise en pleurs votre noble genou.
Elle parlait, mais sans être écoutée ;
Et la Trimouille, étant tout-à-fait fou,
Allait déja la prendre par le cou.

Le confesseur, qui dans sa prompte fuite
D'Agnès Sorel évitait la poursuite,
Bronche en courant, et tombe au milieu d'eux :
Le Poitevin veut le prendre aux cheveux,
N'en trouve point, roule avec lui par terre ;
La belle Agnès, qui le suit et le serre,
Sur lui trébuche, en poussant des clameurs
Et des sanglots qu'interrompent ses pleurs ;
Et sous eux tous se débat Dorothée,
Très en désordre, et fort mal ajustée.

Tout au milieu de ce conflit nouveau,
Le bon roi Charle, escorté de Bonneau
Avec Dunois et la fiere Pucelle,
Entre à la fois dans ce fatal château
Pour y chercher sa maîtresse fidele.

O grand pouvoir ! ô merveille nouvelle !
A peine ils sont de cheval descendus,
Sous le portique à peine ils sont rendus,
Incontinent ils perdent la cervelle.
Tels dans Paris tous ces docteurs fourrés,
Pleins d'arguments sous leurs bonnets carrés,
Vont gravement vers la Sorbonne antique,
Séjour de noise, antre théologique,
Où la Dispute et la Confusion
Ont établi leur sacré domicile,
Et dont jamais n'approcha la Raison :
Nos révérends arrivent à la file :
Ils avaient l'air d'être de sens rassis ;
Chacun passait pour sage en son logis,
On les prendrait pour des gens fort honnêtes,
Point querelleurs et point extravagants ;
Quelques uns même étaient de bonnes têtes :
Ils sont tous fous, quand ils sont sur les bancs.

 Charle, enivré de joie et de tendresse,
Les yeux mouillés, tout pétillant d'ardeur,
Et ressentant un battement de cœur,
Disait d'un ton d'amour et de langueur :

 « Ma chere Agnès, ma pudique maîtresse,
Mon paradis, précis de tous les biens,
Combien de fois, hélas ! fus-tu perdue ?
A mes desirs te voilà donc rendue.
Parle d'amour, je te vois, je te tiens ;
Oh, que tu fais une charmante mine !
Mais tu n'as plus cette taille si fine,
Que je pouvais embrasser autrefois
En la serrant du bout de mes dix doigts.
Quel embonpoint ! quel ventre ! quelles fesses !
Voilà le fruit de nos tendres caresses :
Agnès est grosse, Agnès me donnera
Un beau bâtard qui pour nous combattra.
Je veux greffer, dans l'ardeur qui m'emporte,

CHANT XVII.

Ce fruit nouveau sur l'arbre qui le porte:
Amour le veut; il faut que dans l'instant
J'aille au-devant de cet aimable enfant. »
　A qui le roi se faisait-il entendre?
A qui tient-il ce discours noble et tendre?
Qui tenait-il dans ses bras amoureux?
C'était Bonneau: soufflant, suant, poudreux;
C'était Bonneau; jamais homme en sa vie
Ne se sentit l'ame plus ébahie.
Charles, pressé d'un desir violent,
D'un bras nerveux le pousse tendrement;
Il le renverse; et Bonneau pesamment
S'en va tomber sur la troupe mêlée,
Qui de son poids se sentit accablée.
Ciel! que de cris et que de hurlements!
Le confesseur reprit un peu ses sens;
Sa grosse panse était juste portée
Dessus Agnès et dessous Dorothée:
Il se releve, il marche, il court, il fuit;
Tout haletant le bon Bonneau le suit.
Mais la Trimouille à l'instant s'imagine
Que sa beauté, sa maîtresse divine,
Sa Dorothée était entre les bras
Du Tourangeau qui fuyait à grands pas.
Il court après, il le presse, il lui crie:
Rends-moi mon cœur, bourreau, rends-moi ma vie!
Attends, arrête! en prononçant ces mots
D'un large sabre il frappe son gros dos.
Bonneau portait une épaisse cuirasse,
Et ressemblait à la pesante masse
Qui dans la forge à grand bruit retentit
Sous le marteau qui frappe et rebondit.
La peur hâtait sa marche écarquillée.
Jeanne, voyant le Bonneau qui trottait,
Et les grands coups que l'autre lui portait,
Jeanne casquée, et de fer habillée,

Suit à grands pas la Trimouille, et lui rend
Tout ce qu'il donne au royal confident.
Dunois, la fleur de la chevalerie,
Ne souffre pas qu'on attente à la vie
De la Trimouille; il est son cher appui;
C'est son destin de combattre pour lui :
Il le connaît, mais il prend la Pucelle
Pour un Anglais; il vous tombe sur elle,
Il vous l'étrille ainsi qu'elle étrillait
Le Poitevin, qui toujours chatouillait
L'ami Bonneau qui lourdement fuyait.

 Le bon roi Charle, en ce désordre extrême,
Dans son Bonneau voit toujours ce qu'il aime;
Il voit Agnès. Quel état pour un roi,
Pour un amant, des amants le plus tendre !
Nul ennemi ne lui cause d'effroi;
Contre une armée il voudrait la défendre :
Tous ces guerriers après Bonneau courants
Sont à ses yeux des ravisseurs sanglants :
L'épée au poing sur Dunois il s'élance;
Le beau bâtard se retourne et lui rend
Sur la visiere un énorme fendant.
Ah ! s'il savait que c'est le roi de France,
Qu'il se verrait avec un œil d'horreur !
Il périrait de honte et de douleur.
En même temps Jeanne, par lui frappée,
Lui répondit de sa puissante épée;
Et le bâtard, incapable d'effroi,
Frappe à la fois sa maîtresse et son roi;
A droite, à gauche, il lance sur leurs têtes
De mille coups les rapides tempêtes.
Charmant Dunois, belle Jeanne, arrêtez ;
Ciel ! quels seront vos regrets et vos larmes,
Quand vous saurez qui poursuivent vos armes,
Et qui vous frotte, et qui vous combattez !
 Le Poitevin, dans l'horrible mêlée,

De temps en temps appesantit son bras
Sur la Pucelle, et rosse ses appas.
L'ami Bonneau ne les imite pas :
Sa grosse tête était la moins troublée;
Il recevait, mais il ne rendait point.
Il court toujours; Bonifoux le précede,
Aiguillonné de la peur qui le point.
Le tourbillon que la rage possede,
Tous contre tous, assaillants, assaillis,
Battants, battus, dans ce grand chamaillis,
Criant, hurlant, parcourent le logis.
Agnès en pleurs, Dorothée éperdue,
Crie, au secours! on m'égorge! on me tue!
Le confesseur, plein de contrition,
Menait toujours cette procession.

 Il apperçoit à certaine fenêtre
De ce logis le redoutable maître,
Hermaphrodix, qui contemplait gaîment
Des bons Français le barbare tourment,
Et se tenait les deux côtés de rire.
Bonifoux vit que ce fatal empire
Etait sans doute une œuvre du démon.
Il conservait un reste de raison;
Son long capuce et sa large tonsure
A sa cervelle avaient servi d'armure.
Il se souvint que notre ami Bonneau
Suivait toujours l'usage antique et beau,
Très sagement établi par nos peres,
D'avoir sur soi les choses nécessaires,
Muscade, clou, poivre, girofle, et sel. (4)
Pour Bonifoux, il avait son missel.
Il apperçut une fontaine claire;
Il y courut, sel et missel en main,
Bien résolu d'attraper le malin.
Le voilà donc qui travaille au mystere :
Il dit tout bas : *Sanctam*, *Catholicam*,

Papam, Romam, aquam benedictam;
Puis de Bonneau prend la tasse, et va vîte
Adroitement asperger d'eau bénite
Le farfadet né de la belle Alix.

Chez les païens l'eau brûlante du Styx
Fut moins fatale aux ames criminelles :
Son cuir tanné fut couvert d'étincelles ;
Un gros nuage, enfumé, noir, épais,
Enveloppa le maître et le palais.
Les combattants, couverts d'une nuit sombre,
Couraient encore et se cherchaient dans l'ombre.
Tout aussitôt le palais disparut ;
Plus de combat, d'erreur, ni de méprise ;
Chacun se vit, chacun se reconnut ;
Chaque cervelle en son lieu fut remise.
A nos héros un seul moment rendit
Le peu de sens qu'un seul moment perdit :
Car la folie, hélas ! ou la sagesse,
Ne tient à rien dans notre pauvre espece.
C'était alors un grand plaisir de voir
Ces paladins aux pieds du moine noir,
Le bénissant, chantant des litanies,
Se demandant pardon de leurs folies.
O la Trimouille ! ô vous, royal amant !
Qui me peindra votre ravissement !
On n'entendait que ces mots : Ah ! ma belle,
Mon tout, mon roi, mon ange, ma fidele,
C'est vous ! c'est toi ! jour heureux ! doux moments !
Et des baisers, et des embrassements,
Cent questions, cent réponses pressées ;
Leur voix ne peut suffire à leurs pensées.
Le confesseur, d'un paternel regard,
Les lorgnait tous, et priait à l'écart.
Le grand bâtard et sa fiere maîtresse
Modestement s'expliquaient leur tendresse.
De leurs amours le rare compagnon

CHANT XVII.

Eleve alors la tête avec le ton ;
Il entonna l'octave discordante
De son gosier de cornet à bouquin.
A cette octave, à ce bruit tout divin,
Tout fut ému : la nature tremblante
Frémit d'horreur ; et Jeanne vit soudain
Tomber les murs de ce palais magique,
Cent tours d'acier et cent portes d'airain,
Comme autrefois la horde mosaïque
Fit voir, au son de sa trompe hébraïque,
De Jéricho le rempart écroulé, (5)
Réduit en poudre, à la terre égalé.
Le temps n'est plus de semblable pratique.

Alors, alors ce superbe palais,
Si brillant d'or, si noirci de forfaits,
Devint un ample et sacré monastere :
Le salon fut en chapelle changé ;
Le cabinet, où ce maître enragé
Avait dormi dans le vice plongé,
Transmué fut en un beau sanctuaire.
L'ordre de Dieu, qui préside aux destins,
Ne changea point la salle des festins,
Mais elle prit le nom de réfectoire ;
On y bénit le manger et le boire.
Jeanne, le cœur élevé vers les saints,
Vers Orléans, vers le sacre de Reims,
Dit à Dunois : Tout nous est favorable
Dans nos amours et dans nos grands desseins ;
Espérons tout : soyez sûr que le diable
A contre nous fait son dernier effort.
Parlant ainsi Jeanne se trompait fort.

FIN DU CHANT XVII.

CHANT XVIII.

ARGUMENT.

Disgrace de Charles et de sa troupe dorée.

Je ne connais dans l'histoire du monde
Aucun héros, aucun homme de bien,
Aucun prophete, aucun parfait chrétien,
Qui n'ait été la dupe d'un vaurien,
Ou des jaloux, ou de l'esprit immonde.
　La Providence en tout temps éprouva
Mon bon roi Charle avec mainte détresse.
Dès son berceau fort mal on l'éleva;
Le Bourguignon poursuivit sa jeunesse; (1)
De tous ses droits son pere le priva;
Le parlement de Paris près Gonesse, (2)
Tuteur des rois (3), son pupille ajourna;
De ses beaux lis un chef anglais s'orna;
Il fut errant, manqua souvent de messe
Et de dîner, rarement séjourna
En même lieu, mere (4), oncle, ami, maîtresse,
Tout le trahit, ou tout l'abandonna;
Un page anglais partagea la tendresse
De son Agnès; et l'enfer déchaîna
Hermaphrodix, qui par magique adresse
Pour quelque temps la tête lui tourna.
Il essuya des traits de toute espece;
Il les souffrit, et Dieu lui pardonna.
　De nos amants la troupe fiere et leste
S'acheminait loin du château funeste,

CHANT XVIII.

Où Belzébut dérangea le cerveau
Des chevaliers, d'Agnès, et de Bonneau.
Ils côtoyaient la forêt vaste et sombre
Qui d'Orléans porte aujourd'hui le nom ;
A peine encor l'épouse de Tithon
En se levant mêlait le jour à l'ombre.
On apperçut de loin des hoquetons,
Au rond bonnet, aux écourtés jupons :
Leur corselet paraissait mi-partie
De fleurs de lis et de trois léopards. (5)
Le roi fit halte, en fixant ses regards
Sur la cohorte en la forêt blottie.
Dunois et Jeanne avancent quelques pas.
La tendre Agnès, étendant ses beaux bras,
Dit à son Charle : Allons, fuyons, mon maître.
Jeanne en courant s'approcha, vit paraître
Des malheureux deux à deux enchaînés,
Les yeux en terre, et les fronts consternés.
Hélas ! ce sont des chevaliers, dit-elle,
Qui sont captifs ; et c'est notre devoir
De délivrer cette troupe fidele.
Allons, bâtard, allons, et faisons voir
Ce qu'est Dunois et ce qu'est la Pucelle.
Lance en arrêt, ils fondent à ces mots
Sur les soldats qui gardaient ces héros.
Au fier aspect de la puissante Jeanne,
Et de Dunois, et plus encor de l'âne,
D'un pas léger ces prétendus guerriers
S'en vont au loin comme des lévriers.
Jeanne aussitôt, de plaisir transportée,
Complimenta la troupe garrottée.
Beaux chevaliers, que l'Anglais mit aux fers,
Remerciez le roi qui vous délivre ;
Baisez sa main, soyez prêts à le suivre,
Et vengeons-nous de ces Anglais pervers.
Les chevaliers, à cette offre courtoise,

Montraient encore une face sournoise.
Baissaient les yeux.... Lecteurs impatients,
Vous demandez qui sont ces personnages
Dont la Pucelle animait les courages.
Ces chevaliers étaient des garnements
Qui, dans Paris payés pour leur mérite.
Allaient ramer sur le dos d'Amphitrite;
On les connut à leurs accoutrements.
En les voyant le bon Charles soupire:
Hélas! dit-il, ces objets dans mon cœur
Ont enfoncé les traits de la douleur.
Quoi! les Anglais regnent dans mon empire!
C'est en leur nom que l'on rend des arrêts!
C'est pour eux seuls que l'on dit des prieres!
C'est de leur part, hélas! que mes sujets
Sont de Paris envoyés aux galeres!....
Puis le bon prince avec compassion
Daigne approcher du maître compagnon,
Qui de la file était mis à la tête.
Nul malandrin n'eut l'air plus mal-honnête;
Sa barbe torse ombrage un long menton;
Ses yeux tournés, plus menteurs que sa bouche.
Portent en bas un regard double et louche;
Ses sourcils roux, mélangés, et retords,
Semblent loger la fraude et l'imposture;
Sur son front large est l'audace et l'injure,
L'oubli des lois, le mépris des remords;
Sa bouche écume, et sa dent toujours grince.

 Le sycophante, à l'aspect de son prince,
Affecte un air humble. dévot, contrit,
Baisse les yeux, compose et radoucit
Les traits hagards de son affreux visage.
Tel est un dogue au regard impudent,
Au gosier rauque, affamé de carnage;
Il voit son maître, il rampe doucement,
Leche ses mains, le flatte en son langage,

CHANT XVIII.

Et pour du pain devient un vrai mouton.
Ou tel encore on nous peint le démon,
Qui, s'échappant des gouffres du Tartare,
Cache sa queue et sa griffe barbare,
Vient parmi nous, prend la mine et le ton,
Le front tondu d'un jeune anachorete,
Pour mieux tenter sœur Rose ou sœur Discrete.
 Le roi des Francs, trompé par le félou,
Lui témoigna commisération,
L'encouragea par un discours affable.
Dis-moi quel est ton métier, pauvre diable,
Ton nom, ta place, et pour quelle action
Le Châtelet, avec tant d'indulgence,
Te fait ramer sur les mers de Provence?
Le condamné, d'un ton de doléance,
Lui répondit: O monarque trop bon !
Je suis de Nante, et mon nom est Fréron. (6)
J'aime Jésus d'un feu pur et sincere;
Dans un couvent je fus quelque temps frere;
J'en ai les mœurs; et j'eus dans tous les temps
Un très grand soin du salut des enfants.
A la vertu je consacrai ma vie.
Sous les charniers, qu'on dit des Innocents,
Paris m'a vu travailler de génie;
J'ai vendu cher mes feuilles à Lambert;
Je suis connu dans la place Maubert;
C'est là sur-tout qu'on m'a rendu justice.
Des indévots quelquefois, par malice,
M'ont reproché les faiblesses du froc,
Celles du monde, et quelques tours d'escroc;
Mais j'ai pour moi ma bonne conscience.
 Ce bon propos toucha le roi de France:
Console-toi, dit-il, et ne crains rien.
Dis-moi, l'ami, si chaque camarade,
Qui vers Marseille allait en ambassade,
Ainsi que toi fut un homme de bien.

Ah! dit Fréron, sur ma foi de chrétien,
Je réponds d'eux ainsi que de moi-même;
Nous sommes tous en un monle jetés.
L'abbé Guyon (7), qui marche à mes côtés,
Quoi qu'on en dise, est bien digne qu'on l'aime :
Point étourdi, point brouillon, point menteur,
Jamais méchant, ni calomniateur.
Maître Chaumeix (8) dessous sa mine basse
Porte un cœur haut, plein d'une sainte audace;
Pour sa doctrine il se ferait fesser.
Maître Gauchat (9) pourrait embarrasser
Tous les rabbins sur le texte et la glose.
Voyez plus loin cet avocat sans cause;
Il a quitté le barreau pour le ciel.
Ce Sabatier (10) est tout pétri de miel;
Ah, l'esprit fin! le bon cœur! le saint prêtre!
Il est bien vrai qu'il a trahi son maître,
Mais sans malice, et pour très peu d'argent;
Il s'est vendu, mais c'est au plus offrant :
Il trafiquait comme moi de libelles;
Est-ce un grand mal? on vit de son talent.
Employez-nous : nous vous serons fideles.
En ce temps-ci la gloire et les lauriers
Sont dévolus aux auteurs des charniers.
Nos grands succès ont excité l'envie;
Tel est le sort des auteurs, des héros,
Des grands esprits, et sur-tout des dévots :
Car la vertu fut toujours poursuivie.
O mon bon roi! qui le sait mieux que vous?

 Comme il parlait sur ce ton tendre et doux,
Charle apperçut deux tristes personnages,
Qui des deux mains cachaient leurs gros visages
Qui sont, dit-il, ces deux rameurs honteux?

 Vous voyez là, reprit l'homme aux semaines, (11)
Les plus discrets et les plus vertueux
De ceux qui vont sur les liquides plaines :

CHANT XVIII.

L'un est Fantin (12), prédicateur des grands,
Humble avec eux, aux petits débonnaire ;
Sa piété ménagea les vivants ;
Et, pour cacher le bien qu'il savait faire,
Il confessait et volait les mourants.
L'autre est Grizel (13), directeur de nonnette,
Peu soucieux de leurs faveurs secretes,
Mais s'appliquant sagement les dépôts,
Le tout pour Dieu : son ame pure et sainte
Méprisait l'or ; mais il était en crainte
Qu'il ne tombât aux mains des indévots.
 Pour le dernier de la noble sequelle,
C'est mon soutien, c'est mon cher la Beaumelle.
De dix gredins qui m'ont vendu leur voix,
C'est le plus bas, mais c'est le plus fidele ;
Esprit distrait, on prétend que par fois,
Tout occupé de ses œuvres chrétiennes,
Il prend d'autrui les poches pour les siennes :
Il est d'ailleurs si sage en ses écrits !
Il sait combien pour les faibles esprits
La vérité souvent est dangereuse ;
Qu'aux yeux des sots sa lumiere est trompeuse ;
Qu'on en abuse ; et ce discret auteur,
Qui toujours d'elle eut une sage peur,
A résolu de ne la jamais dire.
Moi, je la dis à votre majesté ;
Je vois en vous un héros que j'admire,
Et je l'apprends à la postérité.
Favorisez ceux que la calomnie
Voulut noircir de son souffle empesté.
Sauvez les bons des filets de l'impie ;
Délivrez-nous, vengez-nous, payez-nous ;
Foi de Fréron, nous écrirons pour vous.
 Alors il fit un discours pathétique
Contre l'Anglais et pour la loi salique ;
Et démontra que bientôt, sans combat,

Avec sa plume il défendrait l'état.
Charle admira sa profonde doctrine ;
Il fit à tous une charmante mine,
Les assurant avec compassion
Qu'il les prenait sous sa protection.
 La belle Agnès, présente à l'entrevue,
S'attendrissait, se sentait tout émue ;
Son cœur est bon. Femme qui fait l'amour
A la douceur est toujours plus encline
Que femme prude ou bien femme héroïne :
Mon roi, dit-elle, avouez que ce jour
Est fortuné pour cette pauvre race.
Puisque ces gens contemplent votre face,
Ils sont heureux, leurs fers seront brisés ;
Votre visage est visage de grace.
Les gens de loi sont des gens bien osés
D'instrumenter au nom d'un autre maître !
C'est mon amant qu'on doit seul reconnaître ;
Ce sont pédants en juges déguisés.
Je les ai vus, ces héros d'écritoire,
De nos bons rois ces tuteurs prétendus,
Bourgeois altiers, tyrans en robe noire,
A leur pupille ôter ses revenus,
Pardevant eux le citer en personne,
Et gravement confisquer sa couronne.
Les gens de bien qui sont à vos genoux
Par leurs arrêts sont traités comme vous ;
Protégez-les ; vos causes sont communes :
Proscrit comme eux, vengez leurs infortunes.
 De ce discours le roi fut très touché :
Vers la clémence il a toujours penché.
Jeanne, dont l'ame est d'espece moins tendre,
Soutint au roi qu'il les fallait tous pendre ;
Que les Frérons, et gens de ce métier,
N'étaient tous bons qu'à garnir un poirier.
Le grand Dunois, plus profond et plus sage,

CHANT XVIII.

En bon guerrier tint un autre langage.
Souvent, dit-il, nous manquons de soldats;
Il faut des dos, des jambes, et des bras :
Ces gens en ont; et, dans nos aventures,
Dans les assauts, les marches, les combats,
Nous pouvons bien nous passer d'écritures.
Enrôlons-les; mettons-leur dès demain,
Au lieu de rame, un mousquet à la main :
Ils barbouillaient du papier dans les villes;
Qu'aux champs de Mars ils deviennent utiles.
Du grand Dunois le roi goûta l'avis.
A ses genoux ces bonnes gens tomberent
En soupirant, et de pleurs les baignerent.
On les mena sous l'auvent d'un logis,
Où Charle, Agnès, et la troupe dorée,
Après dîner, passerent la soirée.
Agnès eut soin que l'intendant Bonneau
Fît bien manger la troupe délivrée;
On leur donna les restes du serdeau.

Charle et les siens assez gaiement souperent,
Et puis Agnès et Charle se coucherent.
En s'éveillant chacun fut bien surpris
De se trouver sans manteau, sans habits.
Agnès en vain cherche ses engageantes,
Son beau collier de perles jaunissantes,
Et le portrait de son royal amant.
Le gros Bonneau, qui gardait tout l'argent
Bien enfermé dans une bourse mince,
Ne trouve plus le trésor de son prince.
Linge, vaisselle, habits, tout est troussé,
Tout est parti. La horde griffonnante,
Sous le drapeau du gazetier de Nante,
D'une main prompte et d'un zele empressé,
Pendant la nuit avait débarrassé
Notre bon roi de son leste équipage.
Ils prétendaient que, pour de vrais guerriers,

Selon Platon, le luxe est peu d'usage :
Puis s'esquivant par de petits sentiers,
Au cabaret la proie ils partagerent.
Là, par écrit doctement ils coucherent
Un beau traité bien moral, bien chrétien,
Sur le mépris des plaisirs et du bien ;
On y prouva que les hommes sont freres,
Nés tous égaux, devant tous partager
Les dons de Dieu, les humaines miseres,
Vivre en commun pour se mieux soulager.
Ce livre saint, mis depuis en lumiere,
Fut enrichi d'un docte commentaire
Pour diriger et l'esprit et le cœur,
Avec préface, et l'avis au lecteur.

 Du clément roi la maison consternée
Est cependant au trouble abandonnée :
On court en vain dans les champs, dans les bois.
Ainsi jadis on vit le bon Phinée,
Prince de Thrace, et le pieux Enée, (14)
Tout effarés et de frayeur pantois,
Quand à leur nez les gloutonnes harpies,
Juste à midi de leurs antres sorties,
Vinrent manger le dîner de ces rois.

 Agnès timide, et Dorothée en larmes,
Ne savent plus comment couvrir leurs charmes.
Le bon Bonneau, fidele trésorier,
Les faisait rire à force de crier.
Ah! disait-il, jamais pareille perte
Dans nos combats ne fut par nous soufferte !
Ah! j'en mourrai ; les frippons m'ont tout pris :
Le roi mon maître est trop bon, quand j'y pense ;
Voilà le prix de son trop d'indulgence,
Et ce qu'on gagne avec les beaux esprits.
La douce Agnès, Agnès compatissante,
Toujours accorte, et toujours bien disante,
Lui répliqua : Mon cher et gros Bonneau,

Pour Dieu, gardez qu'une telle aventure
Ne vous inspire un dégoût tout nouveau
Pour les auteurs et la littérature ;
Car j'ai connu de très bons écrivains,
Ayant le cœur aussi pur que les mains,
Sans le voler aimant le roi leur maître,
Faisant du bien sans chercher à paraître,
Parlant en prose, en vers mélodieux,
De la vertu, mais la pratiquant mieux :
Le bien public est le fruit de leurs veilles :
Le doux plaisir, déguisant leurs leçons,
Touche les cœurs en charmant les oreilles :
On les chérit ; et, s'il est des Frelons
Dans notre siecle, on trouve des abeilles.

 Bonneau reprit : Eh ! que m'importe, hélas !
Frelon, abeille, et tout ce vain fatras ?
Il faut diner, et ma bourse est perdue.
On le console ; et chacun s'évertue,
En vrais héros endurcis aux revers,
A réparer les dommages soufferts.
On s'achemine aussitôt vers la ville,
Vers ce château, le noble et sûr asyle
Du grand roi Charle et de ses paladins,
Garni de tout, et fourni de bons vins.
Nos chevaliers à moitié s'équiperent ;
Fort simplement les dames s'ajusterent :
On arriva mal en point, harassé,
 Un pied tout nu, l'autre à demi chaussé.

FIN DU CHANT XVIII.

CHANT XIX.

ARGUMENT.

Mort du brave et tendre la Trimouille et de la charmante Dorothée. Le dur Tirconel se fait chartreux.

Sœur de la mort, impitoyable guerre,
Droit des brigands que nous nommons héros,
Monstre sanglant, né des flancs d'Atropos,
Que tes forfaits ont dépeuplé la terre !
Tu la couvris et de sang et de pleurs.
Mais quand l'Amour joint encor ses malheurs
A ceux de Mars, lorsque la main chérie
D'un tendre amant de faveurs enivré
Répand un sang par lui-même adoré,
Et qu'il voudrait racheter de sa vie ;
Lorsqu'il enfonce un poignard égaré
Au même sein que ses lèvres brûlantes
Ont marqueté d'empreintes si touchantes ;
Qu'il voit fermer à la clarté du jour
Ces yeux aimés qui respiraient l'amour :
D'un tel objet les peintures terribles
Font plus d'effet sur les cœurs nés sensibles
Que cent guerriers qui terminent leur sort,
Payés d'un roi pour courir à la mort.
    Charle, entouré de la troupe royale,
Avait repris cette raison fatale,
Présent maudit dont on fait tant de cas,

CHANT XIX.

Et s'en servait pour chercher les combats.
Ils cheminaient vers les murs de la ville,
Vers ce château, son noble et sûr asyle,
Où se gardaient ces magasins de Mars,
Ce long amas de lances et de dards,
Et les canons que l'enfer en sa rage
Avait fondus pour notre affreux usage.
Déja des tours le faîte paraissait :
La troupe en hâte au grand trot avançait,
Pleine d'espoir ainsi que de courage :
Mais la Trimouille, honneur des Poitevins
Et des amants, allant près de sa dame
Au petit pas, et parlant de sa flamme,
Manqua sa route, et prit d'autres chemins.

Dans un vallon qu'arrose une onde pure,
Au fond d'un bois de cyprès toujours verds,
Qu'en pyramide a formés la nature,
Et dont le faîte a bravé cent hivers,
Il est un antre où souvent les Naïades
Et les Silvains viennent prendre le frais.
Un clair ruisseau, par des conduits secrets,
Y tombe en nappe et forme vingt cascades ;
Un tapis verd est tendu tout auprès ;
Le serpolet, la mélisse naissante,
Le blanc jasmin, la jonquille odorante,
Y semblent dire aux bergers d'alentour,
Reposez-vous sur ce lit de l'Amour.
Le Poitevin entendit ce langage
Du fond du cœur. L'haleine des zéphyrs,
Le lieu, le temps, sa tendresse, son âge,
Sur-tout sa dame, allument ses desirs.
Les deux amants de cheval descendirent,
Sur le gazon côte à côte se mirent,
Et puis des fleurs, puis des baisers cueillirent :
Mars et Vénus, planant du haut des cieux,
N'ont jamais vu d'objets plus dignes d'eux.

Du fond des bois les Nymphes applaudirent :
Et les moineaux, les pigeons de ces lieux,
Prirent exemple, et s'en aimerent mieux.
 Dans le bois même était une chapelle,
Séjour funebre à la mort consacré,
Où l'avant-veille on avait enterré
De Jean Chandos la dépouille mortelle.
Deux desservants, vêtus d'un blanc surplis,
Y dépêchaient de longs *De profundis :*
Paul Tirconel assistait au service ;
Non qu'il goutât ce dévot exercice,
Mais au défunt il était attaché :
Du preux Chandos il était frere d'armes,
Fier comme lui, comme lui débauché,
Ne connaissant ni l'amour ni les larmes :
Il conservait un reste d'amitié
Pour Jean Chandos ; et, dans sa violence,
Il jurait Dieu qu'il en prendrait vengeance,
Plus par colere encor que par pitié.
 Il apperçut du coin d'une fenêtre
Les deux chevaux qui s'amusaient à paître :
Il va vers eux ; ils tournent en ruant
Vers la fontaine, où l'un et l'autre amant
A ses transports en secret s'abandonne,
Occupés d'eux, et ne voyant personne.
Paul Tirconel, dont l'esprit inhumain
Ne souffrait pas les plaisirs du prochain,
Grinça des dents, et s'écria : Profanes,
C'est donc ainsi, dans votre indigne ardeur,
Que d'un héros vous insultez les mânes !
Rebut honteux d'une cour sans pudeur,
Vils ennemis, quand un Anglais succombe,
Vous célébrez ce rare évènement ;
Vous l'outragez au sein du monument ;
Et vous venez vous baiser sur sa tombe !
Parle, est-ce toi, discourtois chevalier,

Fait pour la cour, et né pour la mollesse,
Dont la main faible aurait, par quelque adresse,
Donné la mort à ce puissant guerrier?
Quoi! sans parler tu lorgnes ta maîtresse!
Tu sens ta honte, et ton cœur se confond.
　A ce discours la Trimouille répond:
Ce n'est point moi; je n'ai point cette gloire:
Dieu qui conduit la valeur des héros,
Comme il lui plaît accorde la victoire.
Avec honneur je combattis Chandos;
Mais une main qui fut plus fortunée
Aux champs de Mars trancha sa destinée;
Et je pourrai peut-être dès ce jour
Punir aussi quelque Anglais à mon tour.
　Comme un vent frais d'abord par son murmure
Frise en sifflant la surface des eaux,
S'élève, gronde, et, brisant les vaisseaux,
Répand l'horreur sur toute la nature;
Tels la Trimouille et le dur Tirconel
Se préparaient au terrible duel
Par ces propos pleins d'ire et de menace.
Ils sont tous deux sans casque et sans cuirasse.
Le Poitevin sur les fleurs du gazon
Avait jeté près de sa Milanaise
Cuirasse, lance, et sabre, et morion,
Tout son harnois, pour être plus à l'aise;
Car de quoi sert un grand sabre en amours?
Paul Tirconel marchait armé toujours;
Mais il laissa dans la chapelle ardente
Son casque d'or, sa cuirasse brillante,
Ses beaux brassards, aux mains d'un écuyer;
Il ne garda qu'un large baudrier
Qui soutenait sa lame étincelante.
Il la tira. La Trimouille à l'instant,
Prêt à punir ce brutal insulaire,
D'un saut léger à son arme sautant,

La ramassa tout-bouillant de colere,
Et s'écriant: Monstre cruel, attends,
Et tu verras bientôt ce que mérite
Un scélérat qui, faisant l'hypocrite,
S'en vient troubler un rendez-vous d'amants.
Il dit, et pousse à l'Anglais formidable.
Tels en Phrygie Hector et Ménélas
Se menaçaient, se portaient le trépas,
Aux yeux d'Hélene affligée et coupable. (1)
    L'antre, le bois, l'air, le ciel retentit
Des cris perçants que jetait Dorothée:
Jamais l'amour ne l'a plus transportée ;
Son tendre cœur jamais ne ressentit
Un trouble égal. Eh quoi! sur le pré même
Où je goûtais les pures voluptés,
Dieux tout-puissants, je perdrais ce que j'aime !
Cher la Trimouille ! ah, barbare ! arrêtez ;
Barbare Anglais, percez mon sein timide.
    Disant ces mots, courant d'un pas rapide,
Les bras tendus, les yeux étincelants,
Elle s'élance entre les combattants.
De son amant la poitrine d'albâtre,
Ce doux satin, ce sein qu'elle idolâtre,
Etait déja vivement effleuré
D'un coup terrible à grand'peine paré.
Le beau Français, que sa blessure irrite,
Sur le Breton vole et se précipite ;
Mais Dorothée était entre les deux.
O dieu d'amour ! ô ciel ! ô coup affreux !
Oh! quel amant pourra jamais apprendre,
Sans arroser mes écrits de ses pleurs,
Que des amants le plus beau, le plus tendre,
Le plus comblé des plus douces faveurs,
A pu frapper sa maîtresse charmante !
Ce fer mortel, cette lame sanglante
Perçait ce cœur, ce siege des amours,

Qui pour lui seul fut embrasé toujours :
Elle chancelle, elle tombe expirante,
Nommant encor la Trimouille... et la mort,
L'affreuse mort déja s'emparait d'elle :
Elle le sent, elle fait un effort,
Rouvre les yeux qu'une nuit éternelle
Allait fermer; et de sa faible main,
De son amant touchant encor le sein,
Et lui jurant une ardeur immortelle,
Elle exhalait son ame et ses sanglots;
Et J'aime... J'aime... étaient les derniers mots
Que prononça cette amante fidele.
C'était en vain : son la Trimouille, hélas!
N'entendait rien ; les ombres du trépas
L'environnaient : il est tombé près d'elle
Sans connaissance ; il était dans ses bras
Teint de son sang, et ne le sentait pas.
A ce spectacle épouvantable et tendre,
Paul Tirconel demeura quelque temps
Glacé d'horreur; l'usage de ses sens
Fut suspendu. Tel on nous fait entendre
Que cet Atlas, que rien ne put toucher, (2)
Prit autrefois la forme d'un rocher.

 Mais la pitié, que l'aimable nature
Mit de sa main dans le fond de nos cœurs
Pour adoucir les humaines fureurs,
Se fit sentir à cette ame si dure :
Il secourut Dorothée : il trouva
Deux beaux portraits, tous deux en miniature,
Que Dorothée avec soin conserva
Dans tous les temps et dans toute aventure.
On voit dans l'un la Trimouille aux yeux bleus,
Aux cheveux blonds; les traits de son visage
Sont fiers et doux; la grace et le courage
Y sont mêlés par un accord heureux.
Tirconel dit, Il est digne qu'on l'aime.

Mais que dit-il lorsqu'au second portrait
Il apperçut qu'on l'avait peint lui-même?
Il se contemple; il se voit trait pour trait.
Quelle surprise! en son ame il rappelle
Que, vers Milan voyageant autrefois,
Il a connu Carminetta la belle,
Noble et galante, aux Anglais peu cruelle;
Et qu'en partant au bout de quelques mois,
La laissant grosse, il eut la complaisance
De lui donner, pour adoucir l'absence,
Ce beau portrait que du Lombard Bélin (3)
La main savante a mis sur le vélin.
De Dorothée, hélas! elle fut mere:
Tout est connu; Tirconel est son pere.

 Il était froid, indifférent, hautain,
Mais généreux, et, dans le fond, humain.
Quand la douleur à de tels caracteres
Fait éprouver ses atteintes ameres,
Ses traits sur eux font des impressions
Qui n'entrent point dans les cœurs ordinaires,
Trop aisément ouverts aux passions.
L'acier, l'airain plus fortement s'allume
Que les roseaux qu'un feu léger consume.
Ce dur Anglais voit sa fille à ses pieds;
De son beau sang la mort s'est assouvie;
Il la contemple, et ses yeux sont noyés
Des premiers pleurs qu'il versa de sa vie:
Il l'en arrose, il l'embrasse cent fois,
De hurlements il étonne les bois;
Et, maudissant la fortune et la guerre,
Tombe à la fin sans haleine et sans voix.

 A ces accents tu rouvris la paupiere,
Tu vis le jour, la Trimouille, et soudain
Tu détestas ce reste de lumiere.
Il retira son arme meurtriere
Qui traversait cet adorable sein;

Sur l'herbe rouge il pose la poignée,
Puis sur la pointe avec force élancé,
D'un coup mortel il est bientôt percé,
Et de son sang sa maîtresse est baignée.

Aux cris affreux que poussa Tirconel
Les écuyers, les prêtres accoururent;
Epouvantés du spectacle cruel,
Ces cœurs de glace ainsi que lui s'émurent;
Et Tirconel aurait suivi sans eux
Les deux amants au séjour ténébreux.

Ayant enfin de ce désordre extrême
Calmé l'horreur, et rentrant en lui-même,
Il fit poser ces amants malheureux
Sur un brancard que des lances formerent :
Au camp du roi des guerriers les porterent,
Et de leurs pleurs les chemins arroserent.

Paul Tirconel, homme en tout violent,
Prenait toujours son parti sur-le-champ.
Il détesta, depuis cette aventure,
Et femme, et fille, et toute la nature.
Il monte un barbe; et courant sans valets,
L'œil morne et sombre, et ne parlant jamais,
Le cœur rongé, va, dans son humeur noire,
Droit à Paris, loin des rives de Loire.
En peu de jours il arrive à Calais,
S'embarque, et passe à sa terre natale :
C'est là qu'il prit la robe monacale
De saint Bruno (4); c'est là qu'en son ennui
Il mit le ciel entre le monde et lui,
Fuyant ce monde, et se fuyant lui-même;
C'est là qu'il fit un éternel carême;
Il y vécut sans jamais dire un mot,
Mais sans pouvoir jamais être dévot.

Quand le roi Charle, Agnès, et la guerriere,
Virent passer ce convoi douloureux,
Qu'on apperçut ces amants généreux,

Jadis si beaux, et si long-temps heureux,
Souillés de sang, et couverts de poussière,
Tous les esprits parurent effrayés,
Et tous les yeux de pleurs furent noyés.
On pleura moins dans la sanglante Troie,
Quand de la mort Hector devint la proie,
Et lorsqu'Achille, en modeste vainqueur,
Le fit traîner avec tant de douceur, (5)
Les pieds liés et la tête pendante,
Après son char qui volait sur des morts;
Car Andromaque au moins était vivante,
Quand son époux passa les sombres bords.

 La belle Agnès, Agnès, toute tremblante,
Pressait le roi, qui pleurait dans ses bras,
Et lui disait: Mon cher amant, hélas!
Peut-être un jour nous serons l'un et l'autre
Portés ainsi dans l'empire des morts;
Ah! que mon ame, aussi-bien que mon corps,
Soit à jamais unie avec la vôtre!

 A ces propos, qui portaient dans les cœurs
La triste crainte et les molles douleurs,
Jeanne, prenant ce ton mâle et terrible,
Organe heureux d'un courage invincible,
Dit: Ce n'est point par des gémissements,
Par des sanglots, par des cris, par des larmes,
Qu'il faut venger ces deux nobles amants;
C'est par le sang: prenons demain les armes.
Voyez, ô roi! ces remparts d'Orléans,
Tristes remparts que l'Anglais environne.
Les champs voisins sont encor tout fumants
Du sang versé, que vous-même en personne
Fites couler de vos royales mains.
Préparons-nous: suivez vos grands desseins;
C'est ce qu'on doit à l'ombre ensanglantée
De la Trimouille et de sa Dorothée:
Un roi doit vaincre, et non pas soupirer.

Charmante Agnès, cessez de vous livrer
Aux mouvements d'une ame douce et bonne;
A son amant Agnès doit inspirer
Des sentiments dignes de sa couronne.
Agnès reprit: Ah! laissez-moi pleurer!

FIN DU CHANT XIX.

CHANT XX.

ARGUMENT.

Comment Jeanne tomba dans une étrange tentation; tendre témérité de son âne; belle résistance de la Pucelle.

L'homme et la femme est chose bien fragile;
Sur la vertu gardez-vous de compter.
Ce vase est beau, mais il est fait d'argile;
Un rien le casse: on peut le rajuster;
Mais ce n'est pas entreprise facile.
Garder ce vase avec précaution,
Sans le ternir, croyez-moi, c'est un rêve;
Nul n'y parvient: témoin le mari d'Eve,
Et le vieux Loth, et l'aveugle Samson,
David le saint, le sage Salomon,
Et vous sur-tout, sexe doux, sexe aimable,
Tant du nouveau que du vieux testament,
Et de l'histoire, et même de la fable.
Sexe dévot, je pardonne aisément
Vos petits tours et vos petits caprices,
Vos doux refus, vos charmants artifices;
Mais j'avouerai qu'il est de certains cas,
De certains goûts que je n'excuse pas.
J'ai vu par fois une bamboche, un singe,
Gros, court, tanné, tout velu sous le linge,
Comme un blondin caressé dans vos bras

CHANT XX.

J'en suis fâché pour vos tendres appas.
Un âne ailé vaut cent fois mieux peut-être
Qu'un fat en robe et qu'un lourd petit-maître.
Sexe adorable, à qui j'ai consacré
Le don des vers dont je fus honoré,
Pour vous instruire il est temps de connaître
L'erreur de Jeanne, et comme un beau grison
Pour un moment égara sa raison :
Ce n'est pas moi, c'est le sage Tritême,
Ce digne abbé, qui vous parle lui même.

   Le gros damné de pere Grisbourdon,
Terrible encore au fond de sa chaudiere,
En blasphémant cherchait l'occasion
De se venger de la pucelle altiere
Par qui, là-haut, d'un coup d'estramaçon,
Son chef tondu fut privé de son tronc.
Il s'écriait: O Belzébut, mon pere !
Ne pourrais-tu dans quelque gros péché
Faire tomber cette Jeanne sévere ?
J'y crois, pour moi, ton honneur attaché.
Comme il parlait, arriva plein de rage
Hermaphrodix au ténébreux rivage,
Son eau bénite encor sur le visage.
Pour se venger, l'amphibie animal
Vient s'adresser à l'auteur de tout mal:
Les voilà donc tous les trois qui conspirent
Contre une femme. Hélas ! le plus souvent
Pour les séduire il n'en fallut pas tant.
Depuis long-temps tous les trois ils apprirent
Que Jeanne d'Arc dessous son cotillon
Gardait les clefs de la ville assiégée,
Et que le sort de la France affligée
Ne dépendait que de sa mission.
L'esprit du diable a de l'invention :
Il courut vîte observer sur la terre
Ce que faisaient ses amis d'Angleterre ;

En quel état et de corps et d'esprit
Se trouvait Jeanne après le grand conflit.
 Le roi, Dunois, Agnès, alors fidele,
L'âne, Bonneau, Bonifoux, la Pucelle,
Etaient entrés vers la nuit dans le fort,
En attendant quelque nouveau renfort.
Des assiégés la breche réparée
Aux assaillants ne permet plus l'entrée;
Des ennemis la troupe est retirée;
Les citoyens, le roi Charle, et Bedfort,
Chacun chez soi soupe en hâte et s'endort.
 Muses, tremblez de l'étrange aventure
Qu'il faut apprendre à la race future;
Et vous, lecteurs, en qui le ciel a mis
Les sages goûts d'une tendresse pure,
Remerciez et Dunois et Denis,
Qu'un grand péché n'ait pas été commis.
 Il vous souvient que je vous ai promis
De vous conter les galantes merveilles
De ce Pégase aux deux longues oreilles,
Qui combattit, sous Jeanne et sous Dunois,
Les ennemis des filles et des rois.
Vous l'avez vu sur ses ailes dorées
Porter Dunois aux lombardes contrées:
Il en revint; mais il revint jaloux.
Vous savez bien qu'en portant la Pucelle
Au fond du cœur il sentit l'étincelle
De ce beau feu, plus vif encor que doux,
Ame, ressort, et principe des mondes,
Qui, dans les airs, dans les bois, dans les ondes,
Produit les corps, et les anime tous.
Ce feu sacré, dont il nous reste encore
Quelques rayons dans ce monde épuisé,
Fut pris au ciel pour animer Pandore.
Depuis ce temps le flambeau s'est usé:
Tout est flétri; la force languissante

CHANT XX.

De la nature, en nos malheureux jours,
Ne produit plus que d'imparfaits amours.
S'il est encore une flamme agissante,
Un germe heureux des principes divins,
Ne cherchez pas chez Vénus-Uranie,
Ne cherchez pas chez les faibles humains,
Adressez-vous aux héros d'Arcadie.
  Beaux Céladons, que des objets vainqueurs
Ont enchaînés par des liens de fleurs;
Tendres amants, en cuirasse, en soutane,
Prélats, abbés, colonels, conseillers,
Gens du bel air, et même cordeliers,
En fait d'amour défiez-vous d'un âne.
Chez les Latins le fameux âne d'or,
Si renommé par sa métamorphose,
De celui-ci n'approchait pas encor ;
Il n'était qu'homme, et c'est bien peu de chose.
  L'abbé Tritême, esprit sage et discret,
Et plus savant que le pédant Larchet,
Modeste auteur de cette noble histoire,
Fut effrayé plus qu'on ne saurait croire
Quand il fallut aux siecles à venir
De ces excès transmettre la mémoire.
De ses trois doigts il eut peine à tenir
Sur son papier sa plume épouvantée ;
Elle tomba : mais son ame agitée
Se rassura, faisant réflexion
Sur la malice et le pouvoir du diable.
  Du genre humain cet ennemi coupable
Est tentateur de sa profession ;
Il prend les gens en sa possession.
De tout péché ce pere formidable,
Rival de Dieu, séduisit autrefois
Ma chere mere, un soir, au coin d'un bois, (1)
Dans son jardin : ce serpent hypocrite
Lui fit manger d'une pomme maudite ;

Même on prétend qu'il lui fit encor pis
On la chassa de son beau paradis.
Depuis ce jour, Satan dans nos familles
A gouverné nos femmes et nos filles.
Le bon Tritême en avait, dans son temps,
Vu de ses yeux des exemples touchants.
Voici comment ce grand homme raconte
Du saint baudet l'insolence et la honte.

 La grosse Jeanne, au visage vermeil
Qu'ont rafraîchi les pavots du sommeil,
Entre ses draps doucement recueillie,
Se rappelait les destins de sa vie.
De tant d'exploits son jeune cœur flatté
A saint Denis n'en donna pas la gloire ;
Elle conçut un grain de vanité.
Denis fâché, comme on peut bien le croire,
Pour la punir, laissa quelques moments
Sa protégée au pouvoir de ses sens.
Denis voulut que sa Jeanne, qu'il aime,
Connût enfin ce qu'on est par soi-même,
Et qu'une femme, en toute occasion,
Pour se conduire a besoin d'un patron :
Elle fut prête à devenir la proie
D'un piege affreux que tendit le démon.
On va bien loin sitôt qu'on se fourvoie.

 Le tentateur, qui ne néglige rien,
Prenait son temps ; il le prend toujours bien :
Il est par-tout ; il entra par adresse
Au corps de l'âne ; il forma son esprit,
Valeur des sons à sa langue il apprit,
De sa voix rauque adoucit la rudesse,
Et l'instruisit aux finesses de l'art
Approfondi par Ovide et Bernard. (2)

 L'âne éclairé surmonta toute honte ;
De l'écurie adroitement il monte
Au pied du lit, où, dans un doux repos,

CHANT XX.

Jeanne en son cœur repassait ses travaux :
Puis, doucement s'accroupissant près d'elle,
Il la loua d'effacer les héros,
D'être invincible, et sur-tout d'être belle.
Ainsi jadis le serpent séducteur,
Quand il voulut subjuguer notre mere,
Lui fit d'abord un compliment flatteur.
L'art de louer commença l'art de plaire.

Où suis-je? ô ciel! s'écria Jeanne d'Arc :
Qu'ai-je entendu? par saint Luc! par saint Marc!
Est-ce mon âne? ô merveille! ô prodige!
Mon âne parle, et même il parle bien.

L'âne à genoux, composant son maintien,
Lui dit : O d'Arc! ce n'est point un prestige;
Voyez en moi l'âne de Canaan;
Je fus nourri chez le vieux Balaam :
Chez les païens Balaam était prêtre,
Moi, j'étais Juif; et, sans moi, mon cher maître
Aurait maudit tout ce bon peuple élu,
Dont un grand mal fût sans doute advenu.
Adonaï récompensa mon zele;
Au vieil Énoc bientôt on me donna :
Enoc avait une vie immortelle;
J'en eus autant; et le maître ordonna
Que le ciseau de la Parque cruelle
Respecterait le fil de mes beaux ans.
Je jouis donc d'un éternel printemps.
De notre pré le maître débonnaire
Me permit tout, hors un cas seulement;
Il m'ordonna de vivre chastement.
C'est pour un âne une terrible affaire.
Jeune et sans frein dans ce charmant séjour,
Maître de tout, j'avais droit de tout faire
Le jour, la nuit, tout, excepté l'amour.
J'obéis mieux que ce premier sot homme,

Qui perdit tout pour manger une pomme.
Je fus vainqueur de mon tempérament;
La chair se tut; je n'eus point de faiblesses;
Je vécus vierge: or savez-vous comment?
Dans le pays il n'était point d'ânesses.
Je vis couler, content de mon état,
Plus de mille ans dans ce doux célibat.
 Lorsque Bacchus vint du fond de la Grece
Porter le thyrse, et la gloire, et l'ivresse,
Dans les pays par le Gange arrosés,
A ce héros je servis de trompette:
Les Indiens, par nous civilisés,
Chantent encor ma gloire et leur défaite.
Silène (3) et moi nous sommes plus connus
Que tous les grands qui suivirent Bacchus.
C'est mon nom seul, ma vertu signalée,
Qui fit depuis tout l'honneur d'Apulée. (4)
 Enfin, là-haut, dans ces plaines d'azur,
Lorsque saint George, à vos Français si dur,
Ce fier saint George, aimant toujours la guerre,
Voulut avoir un coursier d'Angleterre;
Quand saint Martin, fameux par son manteau, (5)
Obtint encore un cheval assez beau;
Monsieur Denis, qui fait, comme eux, figure,
Voulut, comme eux, avoir une monture:
Il me choisit, près de lui m'appela;
Il me fit don de deux brillantes ailes:
Je pris mon vol aux voûtes éternelles;
Du grand saint Roch (6) le chien me festoya;
J'eus pour ami le porc de saint Antoine.
Céleste porc, emblême de tout moine
D'étrilles d'or mon maître m'étrilla;
Je fus nourri de nectar, d'ambrosie:
Mais, ô ma Jeanne! une si belle vie
N'approche pas du plaisir que je sens

CHANT XX.

Au doux aspect de vos charmes puissants.
Le chien, le porc, et George, et Denis même,
Ne valent pas votre beauté suprême.
Croyez sur-tout que de tous les emplois
Où m'éleva mon étoile bénigne,
Le plus heureux, le plus selon mon choix,
Et dont je suis peut-être le plus digne,
Est de servir sous vos augustes lois.
Quand j'ai quitté le ciel et l'empyrée,
J'ai vu par vous ma fortune honorée.
Non, je n'ai pas abandonné les cieux ;
J'y suis encor ; le ciel est dans vos yeux.

 A ce discours, peut-être téméraire,
Jeanne sentit une juste colere :
Aimer un âne, et lui donner sa fleur !
Souffrirait-elle un pareil déshonneur,
Après avoir sauvé son innocence
Des muletiers et des héros de France ;
Après avoir, par la grace d'en-haut,
Dans le combat mis Chandos en défaut ?
Mais que cet âne, ô ciel ! a de mérite !
Ne vaut-il pas la chevre favorite
D'un Calabrois qui la pare de fleurs ?
Non, disait-elle ; écartons ces horreurs.
Tous ces pensers formaient une tempête
Au cœur de Jeanne, et confondaient sa tête.
Ainsi qu'on voit sur les profondes mers
Les fiers tyrans des ondes et des airs,
L'un, accourant des cavernes australes,
L'autre, sifflant des glaces boréales,
Battre un vaisseau cinglant sur l'océan
Vers Sumatra, Bengale, ou Céylan :
Tantôt la nef aux cieux semble portée,
Près des rochers tantôt elle est jetée ;
Tantôt l'abyme est prêt à l'engloutir,

Et des enfers elle paraît sortir.
L'enfant malin qui tient sous son empire
Le genre humain, les ânes, et les dieux,
Son arc en main, planait au haut des cieux,
Et voyait Jeanne avec un doux sourire:
De Jeanne d'Arc le grand cœur en secret
Etait flatté de l'étonnant effet
Que produisait sa beauté singuliere
Sur le sens lourd d'une ame si grossiere.
Vers son amant elle avança la main,
Sans y songer; puis la tira soudain.
Elle rougit, s'effraie, et se condamne;
Puis se rassure, et puis lui dit: Bel âne,
Vous concevez un chimérique espoir;
Respectez plus ma gloire et mon devoir:
Trop de distance est entre nos especes;
Non, je ne puis approuver vos tendresses;
Gardez-vous bien de me pousser à bout.
L'âne reprit: L'amour égale tout.
Songez au cygne à qui Léda fit fête, (7)
Sans cesser d'être une personne honnête.
Connaissez-vous la fille de Minos, (8)
Pour un taureau négligeant des héros,
Et soupirant pour son beau quadrupede?
Sachez qu'un aigle enleva Ganimede,
Et que Philyre avait favorisé
Le dieu des mers en cheval déguisé.
Il poursuivait son discours; et le diable,
Premier auteur des écrits de la fable,
Lui fournissait ces exemples frappants,
Et mettait l'âne au rang de nos savants.
Tandis qu'il parle avec tant d'élégance,
Le grand Dunois, qui près de là couchait,
Prêtait l'oreille, était tout stupéfait
Des traits hardis d'une telle éloquence.

CHANT XX.

Il voulut voir le héros qui parlait,
Et quel rival l'amour lui suscitait.
Il entre, il voit, ô prodige! ô merveille!
Le possédé porteur de longue oreille,
Et ne crut pas encor ce qu'il voyait.
    Jadis Vénus fut ainsi confondue,
Lorsqu'en un rets formé de fils d'airain,
Aux yeux des dieux le malheureux Vulcain
Sous le dieu Mars la montra toute nue.
Jeanne, après tout, n'a point été vaincue;
Le bon Denis ne l'abandonnait pas;
Près de l'abyme il affermit ses pas;
Il la soutint dans ce péril extrême.
Jeanne s'indigne et rentre en elle-même:
Comme un soldat dans son poste endormi,
Qui se réveille aux premieres alarmes,
Frotte ses yeux, saute en pied, prend les armes,
S'habille en hâte, et fond sur l'ennemi.
    De Débora la lance redoutable
Etait chez Jeanne auprès de son chevet,
Et de malheur souvent la préservait.
Elle la prend; la puissance du diable
Ne tint jamais contre ce fer divin.
Jeanne et Dunois fondent sur le malin;
Le malin court, et sa voix effrayante
Fait retentir Blois, Orléans, et Nante;
Et les baudets dans le Poitou nourris
Du même ton répondaient à ses cris.
Satan fuyait; mais, dans sa course prompte,
Il veut venger les Anglais et sa honte;
Dans Orléans il vole comme un trait
Droit au logis du président Louvet.
Il s'y tapit dans le corps de madame;
Il était sûr de gouverner cette ame;
C'était son bien: le perfide est instruit

Du mal secret qui tient la présidente ;
Il sait qu'elle aime, et que Talbot l'enchante.
Le vieux serpent en secret la conduit,
Il la dirige, il l'enflamme, il espere
Qu'elle pourra prêter son ministere
Pour introduire aux remparts d'Orléans
Le beau Talbot et ses fiers combattants :
En travaillant pour les Anglais qu'il aime,
Il sait assez qu'il combat pour lui-même.

FIN DU CHANT XX.

CHANT XXI.

ARGUMENT.

Pudeur de Jeanne démontrée. Malice du diable. Rendez-vous donné par la présidente Louvet au grand Talbot Services rendus par frere Lourdis. Belle conduite de la discrete Agnès. Repentir de l'âne. Exploits de la Pucelle. Triomphe du grand roi Charles VII.

M oN cher lecteur sait par expérience
Que ce beau dieu qu'on nous peint dans l'enfance,
Et dont les jeux ne sont pas jeux d'enfants,
A deux carquois tout-à-fait différents :
L'un a des traits dont la douce piqûre
Se fait sentir sans danger, sans douleur,
Croît par le temps, pénetre au fond du cœur,
Et vous y laisse une vive blessure ;
Les autres traits sont un feu dévorant
Dont le coup part et brûle au même instant.
Dans les cinq sens ils portent le ravage ;
Un rouge vif allume le visage ;
D'un nouvel être on se croit animé ;
D'un nouveau sang le corps est enflammé ;
On n'entend rien, le regard étincelle.
L'eau sur le feu bouillonnant à grand bruit,
Qui sur ses bords s'éleve, échappe, et fuit,
N'est qu'une image imparfaite, infidele,
De ces desirs dont l'excès vous poursuit.
 Profanateurs indignes de mémoire, (1)
Vous, qui de Jeanne avez souillé la gloire,

Vils écrivains, qui, du mensonge épris,
Falsifiez les plus sages écrits,
Vous prétendez que ma Pucelle Jeanne
Pour son grison sentit ce feu profane;
Vous imprimez qu'elle a mal combattu;
Vous insultez son sexe et sa vertu.
D'écrits honteux compilateurs infâmes,
Sachez qu'on doit plus de respect aux dames,
Ne dites point que Jeanne a succombé:
Dans cette erreur nul savant n'est tombé;
Nul n'avança des faussetés pareilles.
Vous confondez et les faits et les temps;
Vous corrompez les plus rares merveilles:
Respectez l'âne et ses faits éclatants;
Vous n'avez pas ses fortunés talents,
Et vous avez de plus longues oreilles.
Si la Pucelle, en cette occasion,
Vit d'un regard de satisfaction
Les feux nouveaux qu'inspirait sa personne,
C'est vanité, qu'à son sexe on pardonne,
C'est amour-propre, et non pas l'autre amour.
 Pour achever de mettre en tout son jour
De Jeanne d'Arc le lustre internissable,
Pour vous prouver qu'aux malices du diable,
Aux fiers transports de cet âne éloquent,
Son noble cœur était inébranlable,
Sachez que Jeanne avait un autre amant:
C'était Dunois, comme aucun ne l'ignore;
C'est le bâtard que son grand cœur adore.
On peut d'un âne écouter les discours,
On peut sentir un vain desir de plaire;
Cette passade, innocente et légere,
Ne trahit point de fideles amours.
 C'est dans l'histoire une chose avérée
Que ce héros, ce sublime Dunois,
Etait blessé d'une fleche dorée,

CHANT XXI.

Qu'Amour tira de son premier carquois.
Il commanda toujours à sa tendresse;
Son cœur altier n'admit point de faiblesse;
Il aimait trop et l'état et le roi;
Leur intérêt fut sa premiere loi.
O Jeanne! il sait que ton beau pucelage
De la victoire est le précieux gage :
Il respectait Denis et tes appas;
Semblable au chien courageux et fidele,
Qui, résistant à la faim qui l'appelle,
Tient la perdrix et ne la mange pas.
Mais quand il vit que le baudet céleste
Avait parlé de sa flamme funeste,
Dunois voulut en parler à son tour.
Il est des temps où le sage s'oublie.
C'était sans doute une grande folie
Que d'immoler sa patrie à l'amour;
C'était tout perdre; et Jeanne, encor honteuse
D'avoir d'un âne écouté les propos,
Résistait mal à ceux de son héros.
L'amour pressait son ame vertueuse;
C'en était fait, lorsque son doux patron
Du haut du ciel détacha son rayon,
Ce rayon d'or, sa gloire et sa monture,
Qui transporta sa béate figure,
Quand il chercha, par ses soins vigilants,
Un pucelage aux remparts d'Orléans.
Ce saint rayon, frappant au sein de Jeanne,
En écarta tout sentiment profane.
Elle cria : Cher bâtard, arrêtez,
Il n'est pas temps; nos amours sont comptés :
Ne gâtons rien à notre destinée;
C'est à vous seul que ma foi s'est donnée;
Je vous promets que vous aurez ma fleur.
Mais attendons que votre bras vengeur,
Votre vertu, sous qui le Breton tremble,

Ait du pays chassé l'usurpateur:
Sur des lauriers nous coucherons ensemble.
    A ce propos le bâtard s'adoucit;
Il écouta l'oracle, et se soumit.
Jeanne reçut son pur et doux hommage
Modestement, et lui donna pour gage
Trente baisers chastes, pleins de pudeur,
Et tels qu'un frere en reçoit de sa sœur.
Dans leurs désirs tous deux ils se continrent,
Et de leurs faits honnêtement convinrent.
Denis les voit, Denis, très satisfait,
De ses projets pressa le grand effet.
    Le preux Talbot devait cette nuit même
Dans Orléans entrer par stratagême:
Exploit nouveau pour ses Anglais hautains,
Tous gens sensés, mais plus hardis que fins.
    O dieu d'amour! ô faiblesse! ô puissance!
Amour fatal, tu fus près de livrer
Aux ennemis ce rempart de la France.
Ce que l'Anglais n'osait plus espérer,
Ce que Bedfort et son expérience,
Ce que Talbot et sa rare vaillance,
Ne purent faire, Amour, tu l'entrepris!
Tu fais nos maux, cher enfant, et tu ris!
    Si, dans le cours de ses vastes conquêtes,
Il effleura de ses fleches honnêtes
Le cœur de Jeanne, il lança d'autres coups
Dans les cinq sens de notre présidente.
Il la frappa de sa main triomphante
Avec les traits qui rendent les gens fous.
Vous avez vu la fatale escalade,
L'assaut sanglant, l'horrible canonnade,
Tous ces combats, tous ces hardis efforts,
Au haut des murs, en dedans, en dehors,
Lorsque Talbot et ses fieres cohortes
Avaient brisé les remparts et les portes,

Et que sur eux tombaient du haut des toits
Le fer, la flamme, et la mort à la fois.
L'ardent Talbot avait, d'un pas agile,
Sur des mourants pénétré dans la ville,
Renversant tout, criant à haute voix :
Anglais ! entrez ; bas les armes, bourgeois !
Il ressemblait au grand dieu de la guerre,
Qui sous ses pas fait retentir la terre,
Quand la Discorde, et Bellone, et le Sort,
Arment son bras, ministre de la mort.

 La présidente avait une ouverture
Dans son logis, auprès d'une masure,
Et par ce trou contemplait son amant ;
Ce casque d'or, ce panache ondoyant,
Ce bras armé, ces vives étincelles
Qui s'élançaient du rond de ses prunelles,
Ce port altier, cet air d'un demi-dieu.
La présidente en était tout en feu,
Hors de ses sens, de honte dépouillée.
Telle autrefois, d'une loge grillée,
Madame Audou (2), dont l'amour prit le cœur,
Lorgnait Baron, cet immortel acteur,
D'un œil ardent dévorait sa figure,
Son beau maintien, ses gestes, sa parure,
Mêlait tout bas sa voix à ses accents,
Et recevait l'amour par tous les sens.

 Chez la Louvet vous savez que le diable
Etait entré sans se rendre importun ;
Et que le diable et l'amour, c'est tout un.
L'archange noir, de mal insatiable,
Prit la cornette et les traits de Suzon,
Qui dès long-temps servait dans la maison ;
Fille entendue, active, nécessaire,
Coiffant, frisant, portant des billets doux,
Savante en l'art de conduire une affaire,
Et ménageant souvent deux rendez-vous,

L'un pour sa dame, et puis l'autre pour elle.
Satan, caché sous l'air de la donzelle,
Tint ce discours à notre grosse belle :
  Vous connaissez mes talents et mon cœur,
Je veux servir votre innocente ardeur;
Votre intérêt d'assez près me concerne.
Mon grand cousin est de garde ce soir
En sentinelle à certaine poterne;
Là, sans risquer que votre honneur soit terne,
Le beau Talbot peut en secret vous voir.
Ecrivez-lui : mon grand cousin est sage;
Il vous fera très bien votre message.
La présidente écrit un beau billet,
Tendre, emporté : chaque mot porte à l'ame
La volupté, les desirs, et la flamme.
On voyait bien que le diable dictait.
Le grand Talbot, habile ainsi que tendre,
Au rendez-vous fit serment de se rendre :
Mais il jura que, dans ce doux conflit,
Par les plaisirs il irait à la gloire;
Et tout fut prêt, afin qu'au saut du lit
Il ne fît plus qu'un saut à la victoire.

  Il vous souvient que le frere Lourdis
Fut envoyé par le grand saint Denis
Chez les Anglais pour lui rendre service.
Il était libre et chantait son office,
Disait sa messe, et même confessait.
Le preux Talbot sur sa foi le laissait,
Ne jugeant pas qu'un rustre, un imbécille,
Un moine épais, excrément de couvent,
Qu'il avait fait fesser publiquement
Pût traverser un général habile.
Le juste ciel en jugeait autrement.
Dans ses décrets il se complaît souvent
A se moquer des plus grands personnages :
Il prend les sots pour confondre les sages.

Un trait d'esprit, venant du paradis,
Illumina le crâne de Lourdis;
De son cerveau la matiere épaissie
Devint légere, et fut moins obscurcie;
Il s'étonna de son discernement.
Las! nous pensons, le bon Dieu sait comment!
Connaissons-nous quel ressort invisible
Rend la cervelle ou plus ou moins sensible?
Connaissons-nous quels atomes divers
Font l'esprit juste ou l'esprit de travers?
Dans quels recoins du tissu cellulaire
Sont les talents de Virgile ou d'Homere?
Et quel levain, chargé d'un froid poison,
Forme un Thersite, un Zoïle, un Fréron?
Un intendant de l'empire de Flore
Près d'un œillet voit la ciguë éclore;
La cause en est au doigt du créateur;
Elle est cachée aux yeux de tout docteur:
N'imitons pas leur babil inutile.

Lourdis d'abord devint très curieux;
Utilement il employa ses yeux.
Il vit marcher, sur le soir, vers la ville
Des cuisiniers qui portaient à la file
Tous les apprêts pour un repas exquis;
Truffes, jambons, gélinottes, perdrix;
De gros flacons à panse ciselée
Rafraîchissaient, dans la glace pilée,
Ce jus brillant, ces liquides rubis
Que tient Cîteaux (3) dans ses caveaux bénis.
Vers la poterne on marchait en silence:
Lourdis alors fut rempli de science,
Non de latin, mais de cet art heureux
De se conduire en ce monde scabreux.
Il fut doué d'une douce faconde
Devint accort, attentif, avisé,
Regardant tout du coin d'un œil rusé,

Fin courtisan, plein d'astuce profonde,
Le moine, enfin, le plus moine du monde.
Ainsi l'on voit en tout temps ses pareils
De la cuisine entrer dans les conseils;
Brouillons en paix, intrigants dans la guerre,
Régnant d'abord chez le grossier bourgeois,
Puis se glissant au cabinet des rois,
Et puis enfin troublant toute la terre;
Tantôt adroits, et tantôt insolents;
Renards ou loups, ou singes ou serpents:
Voilà pourquoi les Bretons mécréants
De leur engeance ont purgé l'Angleterre.
   Notre Lourdis gagne un petit sentier
Qui par un bois mene au royal quartier.
En son esprit roulant ce grand mystere,
Il va trouver Bonifoux son confrere.
Don Bonifoux, en ce même moment,
Sur les destins rêvait profondément;
Il mesurait cette chaîne invisible
Qui tient liés les destins et les temps,
Les petits faits, les grands évènements,
Et l'autre monde, et le monde sensible.
Dans son esprit il les combine tous;
Dans les effets voit la cause et l'admire;
Il en suit l'ordre: il sait qu'un rendez-vous
Peut renverser ou sauver un empire.
Le confesseur se souvenait encor
Qu'on avait vu les trois fleurs de lis d'or
En champ d'albâtre à la fesse d'un page,
D'un page anglais; sur-tout il envisage
Les murs tombés du mage Hermaphrodix.
Ce qui sur-tout l'étonne davantage,
C'est le bon sens, c'est l'esprit de Lourdis.
Il connut bien qu'à la fin saint Denis
De cette guerre aurait tout l'avantage.
   Lourdis se fait présenter poliment

Par Bonifoux à la royale amie ;
Sur sa beauté lui fait son compliment
Et sur le roi ; puis il lui dit comment
Du grand Talbot la prudence endormie
A pour le soir un rendez-vous donné
Vers la poterne, où ce déterminé
Est attendu par la Louvet qui l'aime.
On peut, dit-il, user d'un stratagême,
Suivre Talbot, et le surprendre là,
Comme Samson le fut par Dalila.
Divine Agnès, proposez cette affaire
Au grand roi Charle. Ah ! mon révérend pere,
Lui dit Agnès, pensez-vous que le roi
Puisse toujours être amoureux de moi ?
Je n'en sais rien : je pense qu'il se damne,
Répond Lourdis ; ma robe le condamne,
Mon cœur l'absout. Ah ! qu'ils sont fortunés
Ceux qui pour vous seront un jour damnés !
Agnès reprit : Moine, votre réponse
Est bien flatteuse, et de l'esprit annonce :
Puis, dans un coin le tirant à l'écart,
Elle lui dit : Auriez-vous par hasard
Chez les Anglais vu le jeune Monrose ?
Le moine noir l'entendit finement :
Oui, je l'ai vu, dit-il ; il est charmant.
Agnès rougit, baisse les yeux, compose
Son beau visage ; et prenant par la main
L'adroit Lourdis, le mene avant nuit close
Au cabinet de son cher suzerain.

 Lourdis y fit un discours plus qu'humain.
Le roi Charlot, qui ne le comprit guere,
Fit assembler son conseil souverain,
Ses aumôniers, et son conseil de guerre.
Jeanne, au milieu des héros ses pareils,
Comme au combat assistait aux conseils.
La belle Agnès, d'une façon gentille,

Discrètement travaillant à l'aiguille,
De temps en temps donnait de bons avis,
Qui du roi Charle étaient toujours suivis.
 On proposa de prendre avec adresse
Sous les remparts Talbot et sa maîtresse :
Tels dans les cieux le Soleil et Vulcain
Surprirent Mars avec son Aphrodise. (4)
On prépara cette grande entreprise,
Qui demandait et la tête et la main.
Dunois d'abord prit le plus long chemin.
Fit une marche et pénible et savante,
Effort de l'art que dans l'histoire on vante.
Entre la ville et l'armée on passa ;
Vers la poterne enfin on se plaça.
Talbot goûtait avec sa présidente
Les premiers fruits d'une union naissante,
Se promettant que du lit aux combats,
En vrai héros, il ne ferait qu'un pas.
Six régiments devaient suivre à la file.
L'ordre est donné : c'était fait de la ville.
Mais ses guerriers, de la veille engourdis,
Pétrifiés d'un sermon de Lourdis,
Bâillaient encore, et se mouvaient à peine ;
L'un contre l'autre ils dormaient dans la plaine.
O grand miracle ! ô pouvoir de Denis !
 Jeanne et Dunois, et la brillante élite
Des chevaliers qui marchaient à leur suite,
Bordaient déja, sous les murs d'Orléans,
Les longs fossés du camp des assiégeants.
Sur un cheval venu de Barbarie,
Le seul que Charle eût dans son écurie,
Jeanne avançait, en tenant d'une main
De Débora l'estramaçon divin ;
A son côté pendait la noble épée
Qui d'Holopherne a la tête coupée.
Notre Pucelle, avec dévotion,

CHANT XXI.

Fit à Denis tout bas cette oraison :
« Toi qui daignas à ma faiblesse obscure,
« Dans Domremi, confier cette armure,
« Sois le soutien de ma fragilité ;
« Pardonne-moi, si quelque vanité
« Flatta mes sens quand ton âne infidele
« S'émancipa jusqu'à me trouver belle.
« Mon cher patron, daigne te souvenir
« Que c'est par moi que tu voulus punir
« De ces Anglais les ardeurs enragées,
« Qui polluaient des nonnes affligées.
« Un plus grand cas se présente aujourd'hui :
« Je ne puis rien sans ton divin appui.
« Prête ta force au bras de ta servante :
« Il faut sauver la patrie expirante ;
« Il faut venger les lis de Charles sept,
« Avec l'honneur du président Louvet.
« Conduis à fin cette aventure honnête :
« Ainsi le ciel te conserve la tête ! »
Du haut du ciel saint Denis l'entendit,
Et dans le camp son âne la sentit :
Il sentit Jeanne ; et d'un battement d'aile,
La tête haute, il s'envole vers elle.
Il s'agenouille, il demande pardon
Des attentats de sa tendresse impure.
Je fus, dit-il, possédé du démon ;
Je m'en repens. Il pleure, il la conjure
De le monter ; il ne saurait souffrir
Que sous sa Jeanne un autre ose courir.
Jeanne vit bien qu'une vertu divine
Lui ramenait la volatile asine.
Au pénitent sa grace elle accorda,
Fessa son âne, et lui recommanda
D'être à jamais plus discret et plus sage.
L'âne le jure, et, rempli de courage,
Fier de sa charge, il la porte dans l'air.

Sur les Anglais il fond comme un éclair,
Comme un éclair que la foudre accompagne.
Jeanne, en volant, inonde la campagne
De flots de sang, de membres dispersés;
Coupe cent cous l'un sur l'autre entassés.

Dans son croissant de la nuit la couriere
Lui fournissait sa douteuse lumiere.
L'Anglais surpris, encor tout étourdi,
Regarde en-haut d'où le coup est parti;
Il ne voit point la lance qui le tue:
La troupe fuit, égarée, éperdue,
Et va tomber dans les mains de Dunois.
Charles se voit le plus heureux des rois;
Ses ennemis à ses coups se présentent,
Tels que perdreaux en l'air éparpillés,
Tombant en foule, et par le chien pillés,
Sous le fusil la bruyere ensanglantent.
La voix de l'âne inspire la terreur;
Jeanne d'en-haut étend son bras vengeur,
Poursuit, pourfend, perce, coupe, déchire;
Dunois assomme, et le bon Charles tire
A son plaisir tout ce qui fuit de peur.

Le beau Talbot, tout enivré des charmes
De sa Louvet, et de plaisirs rendu,
Sur son beau sein mollement étendu,
A sa poterne entend le bruit des armes;
Il en triomphe; il disait à part soi:
Voilà mes gens; Orléans est à moi.
Il s'applaudit de ses ruses habiles.
Amour, dit-il, c'est toi qui prends les villes.
Dans cet espoir Talbot encouragé
Donne à sa belle un baiser de congé.
Il sort du lit, il s'habille, il s'avance
Pour recevoir les vainqueurs de la France.

Auprès de lui le grand Talbot n'avait
Qu'un écuyer, qui toujours le suivait.

CHANT XXI.

Grand confident, et rempli de vaillance,
Digne vassal d'un si galant héros,
Gardant sa lance ainsi que les manteaux.
Entrez, amis, saisissez votre proie,
Criait Talbot: mais courte fut sa joie.
Au lieu d'amis, Jeanne, la lance en main,
Fondait vers lui sur son âne divin.
Deux cents Français entrent par la poterne :
Talbot frémit, la terreur le consterne.
Ces bons Français criaient: « Vive le roi !
« A boire, à boire ! avançons ; marche à moi :
« A moi, Gascons, Picards ; qu'on s'évertue ;
« Point de quartier ; les voilà ; tire, tue. »
 Talbot, remis du long saisissement
Que lui causa le premier mouvement,
A sa poterne ose encor se défendre.
Tel, tout sanglant, dans sa patrie en cendre,
Le fils d'Anchise attaquait son vainqueur.
Talbot combat avec plus de fureur,
Il est Anglais ; l'écuyer le seconde :
Talbot et lui combattraient tout un monde.
Tantôt de front, et tantôt dos à dos,
De leurs vainqueurs ils repoussent les flots ;
Mais à la fin leur vigueur épuisée
Cède aux Français une victoire aisée.
Talbot se rend, mais sans être abattu :
Jeanne et Dunois prisèrent sa vertu.
Ils vont tous deux, de maniere engageante,
Au président rendre la présidente.
Sans nul soupçon il la reçoit très bien ;
Les bons maris ne savent jamais rien :
Louvet toujours ignora que la France
A sa Louvet devait sa délivrance.
 Du haut des cieux Denis applaudissait ;
Sur son cheval saint George frémissait ;
L'âne entonnait son octave écorchante,

Qui des Bretons redoublait l'épouvante.
Le roi, qu'on mit au rang des conquérants,
Avec Agnès soupa dans Orléans.
La même nuit, la fiere et tendre Jeanne,
Ayant au ciel renvoyé son bel âne,
De son serment accomplissant les lois,
Tint sa parole à son ami Dunois.
Lourdis, mêlé dans la troupe fidele,
Criait encore : « Anglais, elle est pucelle ! »

FIN DE LA PUCELLE.

NOTES
SUR LA PUCELLE,
PAR VOLTAIRE.

NOTES DU CHANT PREMIER.

(1) Tous les doctes savent qu'il y eut, du temps du cardinal de Richelieu, un Chapelain, auteur d'un fameux poëme de la Pucelle, dans lequel (à ce que dit Boileau) « Il fit de méchants vers douze fois douze cents ». Boileau ne savait pas que ce grand homme en fit douze fois vingt-quatre cents, mais que par discrétion il n'en fit imprimer que la moitié. La maison de Longueville, qui descendait du beau bâtard Dunois, fit à l'illustre Chapelain une pension de douze mille livres tournois. On pouvait mieux employer son argent.

(2) La Motte-Houdart, auteur d'une traduction en vers de l'Iliade, traduction très abrégée, et cependant très mal reçue. Fontenelle, dans l'éloge académique de la Motte, dit que c'est la faute de l'original.

(3) Agnès Sorel, dame de Fromentau, près de Tours. Le roi Charles VII lui donna le château de Beauté-sur-Marne, et on l'appela dame de Beauté. Elle eut deux enfants du roi son amant, quoiqu'il n'eût point de privautés avec elle, suivant les historiographes de Charles VII, gens qui disent toujours la vérité du vivant des rois.

(4) Personnage feint. Quelques curieux prétendent que le discret auteur avait en vue certain gros valet de chambre d'un certain prince; mais nous ne sommes pas de cet avis, et notre remarque subsiste, comme dit Dacier.

(5) Le chromatique procède par plusieurs semi-tons consécutifs; ce qui produit une musique efféminée, très convenable à l'amour.

(6) Le parlement de Paris fit ajourner trois fois à son de trompe le roi, alors dauphin, à la table de marbre, sur les conclusions de l'avocat du roi, Marigny. (Voyez les Recherches de Pasquier.)

(7) Ce prince anglais est le duc de Bedfort, frere puîné de Henri V, roi d'Angleterre, couronné roi de France à Paris.

(8) Ce bon Denis n'est point Denis le prétendu aréopagite, mais un évêque de Paris. L'abbé Hildouin fut le premier qui écrivit que cet évêque, ayant été décapité, porta sa tête entre ses bras, de Paris jusqu'à l'abbaye qui porte son nom. On érigea ensuite des croix dans tous les endroits où ce saint s'était arrêté en chemin. Le cardinal de Polignac, contant cette histoire à madame la marquise du Deffant, et ajoutant que Denis n'avait eu de peine à porter sa tête que jusqu'à la premiere station, cette dame lui répondit: « Je le crois bien; il n'y a, dans « de telles affaires, que le premier pas qui coûte.

(9) Henri V, roi d'Angleterre, le plus grand homme de son temps, beau-frere de Charles VII, dont il avait épousé la sœur, était mort à Vincennes, après avoir été reconnu roi de France à Paris; son frere, le duc de Bedfort, gouvernait la meilleure partie de la France au nom de son neveu Henri VI, reconnu aussi pour roi de France à Paris par le parlement, l'hôtel-de-ville, le châtelet, l'évêque, les corps de métiers, et la Sorbonne.

(10) Poton de Saintrailles, la Hire, grands capitaines; Jean de Dunois, fils naturel de Jean d'Orléans et de la comtesse d'Enghien; Richemont, connétable de France, depuis duc de Bretagne; la Trimouille, d'une grande maison du Poitou.

(11) Le président Louvet, ministre d'état sous Charles VII.

(12) Auréole, c'est la couronne de rayons que les saints ont toujours sur la tête. Elle paraît imitée de la couronne de laurier, dont les feuilles divergentes semblaient environner de rayons la tête des héros; ce qui a fait tirer à quelques uns l'étymologie d'auréole de *laurum*,

laureola: d'autres la tirent d'*aurum.* Saint Bernard dit que cette couronne est d'or pour les vierges, *Coronam quam nostri majores aureolam vocant, credo idcirco nominatam.*

(13) Le bâton des augures ressemblait parfaitement à une crosse.

(14) Ce Denis, patron de la France, est un saint de la façon des moines. Il ne vint jamais dans les Gaules. Voyez sa légende dans le Dictionnaire philosophique, à l'article Denis: vous apprendrez qu'il fut d'abord créé évêque d'Athenes par saint Paul; qu'il alla rendre une visite à la vierge Marie, et la complimenta sur la mort de son fils; qu'ensuite il quitta l'évêché d'Athenes pour celui de Paris; qu'on le pendit; qu'il prêcha fort éloquemment du haut de sa potence; qu'on lui coupa la tête pour l'empêcher de parler; qu'il prit sa tête entre ses bras, qu'il la baisait en chemin, en allant à une lieue de Paris fonder une abbaye de son nom.

NOTES DU CHANT II.

(1) Il y avait alors sur toutes les frontieres de Lorraine des poteaux aux armes du duc, qui sont trois alérions: ils ont été ôtés en 1738.

(2) Elle était en effet native du village de Domremi, fille de Jean d'Arc et d'Isabeau, âgée alors de vingt-sept ans, et servante de cabaret; ainsi son pere n'était point curé. C'est une fiction poétique qui n'est peut-être pas permise dans un sujet grave.

(3) « Montait chevaux à poil, et faisait apertises qu'au- « tres filles n'ont point coutume de faire », comme dit la chronique de Monstrelet.

(4) La sorcellerie était alors si en vogue que Jeanne d'Arc elle-même fut brûlée depuis comme sorciere, sur la requête de la Sorbonne.

(5) Figure de Pallas, à laquelle le destin de Troie

était attaché : presque tous les peuples ont eu de pareilles superstitions.

(6) Le jésuite Girard, convaincu d'avoir eu de petites privautés avec la demoiselle Cadiere, sa pénitente, fut accusé de l'avoir ensorcelée en soufflant sur elle. (Voyez les notes du chant troisieme.)

(7) Débora est la premiere femme guerriere dont il soit parlé dans le monde. Jahel, autre héroïne, enfonça un clou dans la tête du général Sizara : on conserve ce clou dans plusieurs couvents grecs et latins, avec la mâchoire dont se servit Samson, la fronde de David, et le couperet avec lequel la célebre Judith coupa la tête du général Holopherne ou Olfern, après avoir couché avec lui.

(8) Lecteur, qui avez du goût, remarquez que notre auteur, qui en a aussi, et qui est au-dessus des préjugés, rime toujours pour les oreilles plus que pour les yeux. Vous ne le verrez point faire rimer *trône* avec *bonne*, *pâte* avec *patte*, *homme* avec *heaume*. Une breve n'a pas le même son et ne se prononce pas comme une longue ; *Jean* et *chant* se prononcent de même.

(9) Aventure décrite dans l'Enéide.

(10) Aventure de l'Iliade.

(11) L'un des grands capitaines de ce temps-là.

(12) Il ne s'appelait point Roger, mais Robert : cette faute est légere. Ce fut lui qui mena Jeanne d'Arc à Tours en 1429, et qui la présenta au roi. C'était un bon Champenois qui n'y entendait pas finesse. Son château était auprès de Brienne, en Champagne. J'ai vu sa devise sur la porte de ce pauvre château : c'était un cep de vigne avec la légende, *Beau, dru, et court*. On peut juger par là de l'esprit du temps.

(13) Effectivement des médecins et des matrones visiterent Jeanne d'Arc, et la déclarerent pucelle.

(14) Etendard apporté par un ange dans l'abbaye de Saint-Denis, lequel était autrefois entre les mains des comtes de Vexin.

NOTES DU CHANT III.

(1) A la fameuse bataille des Dunes, près de Dun kerque.

(2) A Malplaquet, près de Mons, en 1709.

(3) Aussi en 1709.

(4) On appelait autrefois paradis des fous, paradis des sots, les limbes, et on plaça dans ces limbes les ames des imbécilles et des petits enfants morts sans baptême. Limbe signifie bord, bordure; et c'était vers les bords de la lune qu'on avait établi ce paradis. Milton en parle; il fait passer le diable par le paradis des sots, *the paradise of fools*.

(5) Ceci parait une allusion aux fameux couplets de Rousseau:

>Je te vois, innocent Danchet,
>Grands yeux ouverts, bouche béante.

Une bouche à la Danchet était devenue une espece de proverbe. Ce Danchet était un poëte médiocre, qui a fait quelques pieces de théâtre, etc.

(6) Ce sont les limbes, inventés, dit-on, par un nommé Pierre Chrysologue. C'est là qu'on envoie tous les petits enfants qui meurent sans avoir été baptisés; car, s'ils meurent à quinze ans, ils sont damnés sans difficulté.

(7) Le système fameux du sieur Lass ou Law, Ecossais, qui bouleversa tant de fortunes en France depuis 1718 jusqu'à 1720, avait encore laissé des traces funestes, et l'on s'en ressentait en 1730, qui fut le temps où nous jugeons que l'auteur commença ce poëme.

(8) On connaît assez, par les excellentes Lettres provinciales, les casuistes Escobar et Molina: ce Molina est appelé ici suffisant, par allusion à la grace suffisante et versatile, sur laquelle il avait fait un système absurde, comme celui de ses adversaires.

(9) Le Tellier, jésuite, fils d'un procureur de Vire,

en Basse-Normandie, confesseur de Louis XIV, auteur de la bulle et de tous les troubles qui la suivirent, exilé pendant la régence, et dont la mémoire est abhorrée de nos jours. Le P. Doucin était son premier ministre.

(10) Les jansénistes disent que le Messie n'est venu que pour plusieurs.

(11) Ceci désigne les convulsionnaires et les miracles attestés par des milliers de jansénistes, miracles dont Carré de Mongeron fit imprimer un gros recueil qu'il présenta au roi Louis XV.

(12) Le bon Pâris était un diacre imbécille, mais qui, étant un des jansénistes les plus zélés et les plus accrédités parmi la populace, fut regardé comme un saint par cette populace. Ce fut vers l'an 1724 qu'on imagina d'aller prier sur la tombe de ce bon-homme, au cimetiere d'une église de Paris, érigée à un saint Médard, qui d'ailleurs est peu connu. Ce saint Médard n'avait jamais fait de miracles; mais l'abbé Pâris en fit une multitude. Le plus marqué est celui que madame la duchesse du Maine célébra dans cette chanson :

> Un décroteur à la royale,
> Du talon gauche estropié,
> Obtint pour grace spéciale
> D'être boiteux de l'autre pied.

Ce saint Pâris fit trois ou quatre cents miracles de cette espece : il aurait ressuscité des morts, si on l'avait laissé faire ; mais la police y mit ordre ; de là ce distique connu :

> De par le roi, défense à Dieu
> D'opérer miracle en ce lieu.

(13) Galilée, le fondateur de la philosophie en Italie, fut condamné par la congrégation du saint-office, mis en prison, et traité très durement, non seulement comme hérétique, mais comme ignorant, pour avoir démontré le mouvement de la terre.

(14) Urbain Grandier, curé de Loudun, condamné au feu, en 1629, par une commission du conseil; pour

avoir mis le diable dans le corps de quelques religieuses. Un nommé la Ménardaie a été assez imbécille pour faire imprimer, en 1749, un livre dans lequel il croit prouver la vérité de ces possessions.

(15) Eléonore Galigaï, fille de grande qualité, attachée à la reine Marie de Médicis, et sa dame d'honneur, épouse de Concino Concini, Florentin, marquis d'Ancre, maréchal de France, fut non seulement décapitée à la Greve, en 1617, comme il est dit dans l'Abrégé chronologique de l'histoire de France, mais fut brûlée comme sorciere, et ses biens furent donnés à ses ennemis. Il n'y eut que cinq conseillers qui, indignés d'une horreur si absurde, ne voulurent pas assister au jugement.

(16) Le parlement, sous Louis XIII, défendit, sous peine des galeres, qu'on enseignât une autre doctrine que celle d'Aristote, et défendit ensuite l'émétique, mais sans condamner aux galeres les médecins ni les malades. Louis XIV fut guéri à Calais par l'émétique, et l'arrêt du parlement perdit de son crédit.

(17) L'histoire du jésuite Girard et de la Cadiere est assez publique : le jésuite fut condamné au feu, comme sorcier, par la moitié du parlement d'Aix, et absous par l'autre moitié.

(18) Fontevraud, Fontevraux, Fons Ebraldi, est un bourg en Anjou, à trois lieues de Saumur, connu par une célebre abbaye de filles, chef-d'ordre, érigée par Robert d'Arbrissel, né en 1047, et mort en 1117. Après avoir fixé ses tabernacles à la forêt de Fontevraud, il parcourut nus pieds les provinces du royaume, afin d'exhorter à la pénitence les filles de joie, et de les attirer dans son cloître; il fit de grandes conversions en ce genre, entre autres dans la ville de Rouen. Il persuada à la célebre reine Bertrade de prendre l'habit de Fontevraud, et il établit son ordre par toute la France. Le pape Paschal II le mit sous la protection du saint-siege en 1106. Robert, quelque temps avant sa mort, en conféra le généralat à une dame nommée Pétronille de Chemillé, et voulut que toujours une femme succédât à une autre

femme dans la dignité de chef de l'ordre, commandant également aux religieux comme aux religieuses. Trente-quatre ou trente-cinq abbesses ont succédé jusqu'à ce jour à Pétronille, parmi lesquelles on compte quatorze princesses, et dans ce nombre cinq de la maison de Bourbon. Voyez sur cela Sainte-Marthe, dans le quatrieme volume du *Gallia christiana*, et le *Clypeus ordinis Fontebraldensis* du P. de la Mainferme.

(19) Il y a grande apparence que l'auteur a ici en vue les héroïnes de l'Arioste et du Tasse. Elles devaient être un peu mal-propres; mais les chevaliers n'y regardaient pas de si près.

(20) Les Anglais jurent *by God, God damn me, blood*, etc.; les Allemands, *sacrament*; les Français, par un mot qui est au jurement des Italiens ce que l'action est à l'instrument; les Espagnols, *voto à Dios*. Un révérend pere récollet a fait un livre sur les jurements de toutes les nations, qui sera probablement très exact et très instructif: on l'imprime actuellement.

(21) Haubert, aubergeon, cotte d'armes; elle était d'ordinaire composée de mailles de fer, quelquefois couvertes de soie ou de laine blanche; elle avait des manches larges, et un gorgerin. Les fiefs de haubert sont ceux dont le seigneur avait droit de porter cette cotte.

(22) Braguettes, de braye, *bracca*. On portait de longues braguettes détachées du haut-de-chausses; et souvent au fond de ces braguettes on portait une orange qu'on présentait aux dames. Rabelais parle d'un beau livre intitulé, de la Dignité des braguettes. C'était la prérogative distinctive du sexe le plus noble; c'est pourquoi la Sorbonne présenta requête pour faire brûler la Pucelle, attendu qu'elle avait porté culotte avec braguette. Six évêques de France, assistés de l'évêque de Winchester, la condamnerent au feu; ce qui était bien juste: c'est dommage que cela n'arrive pas plus souvent; mais il ne faut désespérer de rien.

NOTES DU CHANT IV.

(1) La tour de Babel fut élevée, comme on sait, cent vingt ans après le déluge universel. Flavien Josephe croit qu'elle fut bâtie par Nemrod, ou Nembrod : le judicieux don Calmet a donné le profil de cette tour élevée jusqu'à onze étages, et il a orné son dictionnaire de tailles-douces dans ce goût d'après les monuments : le livre du savant Juif Jaleus donne à la tour de Babel vingt-sept mille pas de hauteur; ce qui est bien vraisemblable. Plusieurs voyageurs ont vu les restes de cette tour.

Le saint patriarche Alexandre Eutychius assure dans ses annales que soixante et douze hommes bâtirent cette tour. Ce fut, comme on le sait, l'époque de la confusion des langues : le fameux Becan prouve admirablement que la langue flamande fut celle qui retint le plus de l'hébraïque.

(2) Remarquez qu'à la bataille de Zama, entre Publius Scipion et Annibal, il y avait des Français qui servaient dans l'armée carthaginoise, selon Polybe. Ce Polybe, contemporain et ami de Scipion, dit que le nombre était égal de part et d'autre : le chevalier de Folard n'en convient pas; il prétend que Scipion attaqua en colonnes; cependant il paraît que la chose n'est pas possible, puisque Polybe dit que les troupes combattaient toutes de main à main : c'est sur quoi nous nous en rapportons aux doctes.

(3) *Nota bene* qu'à Pharsale Pompée avait cinquante-cinq mille hommes, et César vingt-deux mille; le carnage fut grand; les vingt-deux mille césariens, après un combat opiniâtre, vainquirent les cinquante-cinq mille pompéiens : cette bataille décida du sort de la république romaine, et mit sous la puissance du mignon de Nicomede la Grece, l'Asie mineure, l'Italie, les Gaules, l'Espagne, etc.

Cette bataille eut plus de suites que le petit combat de

Jeanne ; mais enfin c'est Jeanne, c'est notre Pucelle : sachons gré à notre cher compatriote d'avoir comparé les exploits de cette chere fille à ceux de César qui n'avait pas son pucelage. Les révérends peres jésuites n'ont-ils pas comparé saint Ignace à César, et saint François Xavier à Alexandre ? ils leur ressemblaient comme les vingt quatre vieillards de Pascal ressemblent aux vingt-quatre vieillards de l'Apocalypse. On compare tous les jours le premier roi venu à César ; pardonnons donc au grave chantre de notre héroïne, d'avoir comparé un petit choc de bibus aux batailles de Zama et de Pharsale.

(4) Il y eut à cette bataille vingt-huit mille sept cents hommes couchés, non pas sur le carreau, comme le dit un historien, mais dans la boue et dans le sang ; ils furent comptés par le marquis de Crèvecœur, aide-de-camp du maréchal de Villars, chargé de faire enterrer les morts. (Voyez le Siecle de Louis XIV, année 1709.)

(5) Apparemment que notre profond auteur donne le nom de Persans aux soldats de Sennacherib, qui étaient Assyriens, parceque les Persans furent long-temps dominateurs en Assyrie ; mais il est constant que l'ange du Seigneur tua tout seul cent quatre-vingt-cinq mille soldats de l'armée de Sennacherib, qui avaient l'insolence de marcher contre Jérusalem ; et quand Sennacherib vit tous ces corps morts, il s'en retourna. Ceci arriva l'an du monde 3293, comme on dit ; cependant plusieurs doctes prétendent que cette aventure toute simple est de l'an 3295 : nous la croyons de 3296, comme nous le prouverons ci-dessous.

(6) Cet endroit paraît imité d'Homere. Milton fait peser les destins des hommes dans le signe de la balance.

(7) Allusion aux sentiments répandus dans les livres de Quesnel, prêtre de l'oratoire.

(8) Aurore Konismare, maîtresse du roi de Pologne Auguste I, et mere du célèbre comte de Saxe.

(9) Robert d'Arbrissel, fondateur du bel ordre de Fontevraud : il convertit en 1100, d'un coup de filet, par un seul sermon, toutes les filles de joie de la ville de

Rouen. Il s'imposa un nouveau genre de martyre : ce fut de coucher toutes les nuits entre deux jeunes religieuses pour tromper le diable, qui apparemment le lui rendit bien. Il n'aimait pas la loi salique : car il fit une femme abbé général des moines et moinesses de son ordre.

(10) Selon Platon, l'homme fut formé avec les deux sexes; Adam apparut tel à la dévote Bourignon, et à son directeur Abbadie.

(11) La reine de Saba vint voir Salomon, dont elle eut un fils, qui est certainement la tige des rois d'Ethiopie, comme cela est prouvé. On ne sait pas ce que devint la race d'Alexandre et de Thalestris.

(12) Les charlatans ont le bâton de Jacob; les magiciens, les livres de Salomon, intitulés, l'Anneau et la Clavicule. Les conseillers du roi, sorciers à la cour de Pharaon, qui firent les mêmes prodiges que Moïse, s'appelaient Jannès et Mambrès. On ne sait pas le nom de la pythonisse d'Endor, qui évoqua l'ombre de Samuel; mais tout le monde sait ce que c'est qu'une ombre, et que cette femme avait un esprit Python, ou de Python.

(13) Zoroastre, dont le nom propre est Zerdust, était un grand magicien, ainsi qu'Albert le Grand, Roger Bacon, et le révérend père Grisbourdon.

(14) Nébucadnetzar, Nabuchodonosor, fils de Nabo-Polassar, roi des Chaldéens, assiégea Jérusalem, la prit, et fit charger de fers Joachim, roi de Juda, qu'il envoya prisonnier à Babylone, l'an du monde 3429. Nébucadnetzar fit un songe, et l'oublia; les magiciens, les astrologues, ni les sages, ne purent le deviner; en conséquence Arioc, officier de sa maison, eut ordre de les faire mourir. Le jeune Daniel devine le songe et l'explique; ce songe était une statue, etc. A quelque temps de là Nébucadnetzar fit élever un colosse d'or pur, haut de soixante coudées, et large de six; il obligea tout son peuple assemblé d'adorer ce colosse au son du cor, du clairon, de la harpe, de la saquebute, et du psaltérion : et, sur le refus de Sidrac, Misac, et Habed-nego, jeunes Hébreux, compagnons de Daniel, le roi les fit jeter

dans une fournaise, qu'on chauffa cette fois-là sept fois plus qu'à l'ordinaire, et ils en sortirent sains et saufs. Nébucadnetzar songea encore: il vit un arbre grand et fort; le sommet touchait les cieux, et les oiseaux habitaient dans ses branches. Un saint alors descendit, et cria: « Coupez l'arbre et l'ébranchez, etc. » Daniel expliqua encore ce songe; il prédit au roi qu'il serait chassé d'entre les hommes, que pendant sept ans son habitation serait avec les bêtes, qu'il paîtrait l'herbe comme les bœufs, jusqu'à ce que son poil crût comme celui de l'aigle, et ses ongles comme ceux des oiseaux; ce qui arriva. Tertullien et saint Augustin disent que Nabuchodonosor s'imagina être bœuf, par l'effet d'une maladie qu'on nomme lycanthropie. Au bout de sept ans, ce prince recouvra sa raison, et remonta sur le trône: il ne vécut qu'un an depuis son rétablissement; mais il l'employa si bien que saint Augustin, saint Jérôme, saint Épiphane, Théodoret, etc., cités par Pérérius, comptent sur son salut.

(15) Il ne faut pas confondre George, patron d'Angleterre et de l'ordre de la jarretière, avec saint George le moine, tué pour avoir soulevé le peuple contre l'empereur Zénon. Notre saint George est le Cappadocien, colonel au service de Dioclétien, martyrisé, dit-on, en Perse, dans une ville nommée Diospole. Mais, comme les Persans n'avaient point de ville de ce nom, on a placé depuis son martyre en Arménie, à Mitylene. Il n'y a pas plus de Mitylene en Arménie que de Diospole en Perse. Mais ce qui est constant, c'est que George était colonel de cavalerie, puisqu'il a encore son cheval en paradis.

NOTES DU CHANT V.

(1) On disait autrefois *sainte n'y touche*, et on disait bien. On voit aisément que c'est une femme qui a l'air de n'y pas toucher: c'est par corruption qu'on dit *sainte Mitouche*. La langue dégénère tous les jours. J'aurais

souhaité que l'auteur eût eu le courage de dire *sainte n'y touche*, comme nos peres.

(2) Satan est un mot chaldéen, qui signifie à peu-près l'Arimane des Perses, le Typhon des Egyptiens, le Pluton des Grecs, et parmi nous le diable. Ce n'est que chez nous qu'on le peint avec des cornes. Voyez le septieme tome *De formâ diaboli*, du R. P. Tambourini.

(3) Frappart, nom d'amitié que les cordeliers se donnerent entre eux dès le quinzieme siecle. Les doctes sont partagés sur l'étymologie de ce mot; il signifie certainement frappeur robuste, roide joûteur.

(4) On ne peut regarder cette damnation de Clovis, et de tant d'autres, que comme une fiction poétique; cependant on peut, moralement parlant, dire que Clovis a pu être puni pour avoir fait assassiner plusieurs régas ses voisins, et plusieurs de ses parents; ce qui n'est pas trop chrétien.

(5) Constantin arracha la vie à son beau-pere, à son beau-frere, à son neveu, à sa femme, à son fils, et fut le plus ambitieux, le plus vain, et le plus voluptueux de tous les hommes; d'ailleurs bon catholique: mais il mourut arien, et baptisé par un évêque arien.

(6) Les cordeliers ont été de tout temps ennemis des dominicains.

(7) Il semble que l'auteur n'ait voulu faire ici qu'une plaisanterie. Cependant ce Gusman, inventeur de l'inquisition, et que nous appelons Dominique, fut réellement un persécuteur. Il est certain que les Languedociens, nommés Albigeois, étaient des peuples fideles à leur souverain, et qu'on leur fit la guerre la plus barbare, uniquement à cause de leurs dogmes. Il n'y a rien de plus abominable que de faire périr par le fer et par le feu un prince et ses sujets, sous prétexte qu'ils ne pensent pas comme nous.

(8) Condigne, du latin *condignus*: ce mot se trouve dans les auteurs du seizieme siecle.

(9) Cette guerre n'est rapportée que dans le livre apocryphe sous le nom d'Enoch; il n'en est parlé ailleurs

dans aucun livre juif. Le chef de l'armée céleste était en effet Michel, comme le dit notre auteur; mais le capitaine des mauvais anges n'était point Satan, c'était Semexiah: on peut excuser cette inadvertance dans un long poëme.

(10) Ancien mot qui signifie cimeterre.

NOTES DU CHANT VI.

(1) Voyez le dix-septieme chant.

(2) C'est le même page sur le derriere duquel Jeanne avait crayonné trois fleurs de lis.

(3) Adonis ou Adoni, fils de Cinyras et de Myrrha, dieu des Phéniciens, amant de Vénus Astarté. Les Phéniciens pleuraient tous les ans sa mort, ensuite ils se réjouissaient de sa résurrection.

(4) On croit qu'Annibal passa par la Savoie: c'est donc chez les Savoyards qu'est le temple de la Renommée.

(5) Ce ramas est bien vil en effet. Ces gens-là, comme on sait, ont vomi des torrents de calomnies contre l'auteur qui ne leur avait fait aucun mal. Ils ont imprimé qu'il était un plagiaire; qu'il ne croyait pas en Dieu; que le bienfaiteur de la race de Corneille était l'ennemi de Corneille; qu'il était fils d'un paysan. Ils lui ont attribué les aventures les plus fausses. Ils ont redit vingt fois qu'il vendait ses ouvrages. Il est bien juste qu'à la fin il chasse cette canaille du sanctuaire de la Renommée, où elle a voulu s'introduire, comme des voleurs se glissent de nuit dans une église pour y voler des calices. (Voyez sur Sabatier, nommé ici Savatier par dérision, et sur tous ces autres messieurs, le texte et les notes du dix-huitieme chant.)

(6) Chérubin, esprit céleste, ou ange du second ordre de la premiere hiérarchie. Ce mot vient de l'hébreu *cherub*, dont le pluriel est *cherubim*. Les chérubins avaient quatre ailes, comme quatre faces, et des pieds de bœuf.

(7) Alguazil: guazil, en arabe, signifie huissier; de là alguazil, archer espagnol.

(8) Champion vient de champ, pion du champ. Pion, mot indien adopté par les Arabes; il signifie soldat.

(9) Braquemart, du grec *brachi-machœra*, courte épée.

NOTES DU CHANT VII.

(1) Etole, ornement sacerdotal qu'on passe par-dessus le surplis. Ce mot vient du grec στολη, qui signifie une robe longue. L'étole est aujourd'hui une bande large de quatre doigts. L'étole des anciens était fort différente: c'était quelquefois un habit de cérémonie que les rois donnaient à ceux qu'ils voulaient honorer; de là ces expressions de l'écriture: *Stolam gloriæ induit eum*, etc.

(2) Busiris était un roi d'Egypte qui passait pour un tyran.

(3) Le goupillon est un instrument garni en tout sens de soies de porc prises dans des fils d'archal, passés à l'extrémité d'un manche de bois ou de métal. Il sert à distribuer l'eau bénite, etc. Cet instrument était usité dans l'antiquité; on s'en servait pour arroser les initiés de l'eau lustrale.

(4) Sternum, terme grec, comme sont presque tous ceux de l'anatomie; c'est cette partie antérieure de la poitrine à laquelle sont jointes les côtes: elle est composée de sept os, si bien assemblés qu'ils semblent n'en faire qu'un. C'est la cuirasse que la nature a donnée au cœur et aux poumons.

(5) Atlas, la premiere vertebre du cou: elle soutient tous les fardeaux qu'on pose sur la tête, laquelle tourne sur cet atlas comme sur un pivot.

(6) Pubis, de puberté, os barré, qui se joint aux deux hanches, *os pubis, os pectinis*.

(7) *Coccis*, κοκκυξ, croupion, placé immédiatement

au-dessous de l'os sacrum. Il n'est pas honnête d'être blessé là.

(8) Salade; on devrait dire célade, de *celata;* mais le mauvais usage prévaut par-tout.

NOTES DU CHANT VIII.

(1) L'abbé Tritême n'était point de Picardie; il était du diocese de Treves; il mourut en 1516. Nous n'oserions assurer que sa famille ne fût pas d'origine picarde; nous nous en rapportons au savant auteur, qui, sans doute, a vu le manuscrit de la Pucelle dans quelque abbaye de bénédictins.

(2) Le *radius* et l'*ulna* sont les deux os qui partent du coude et se joignent au poignet; l'*humerus* est l'os du bras qui se joint à l'épaule.

(3) C'est dans la marche d'Ancône qu'est la maison de la vierge, apportée de Nazareth par les anges; ils la mirent d'abord en dépôt en Dalmatie, pendant trois ans et sept mois, et ensuite la poserent près de Ricanati. Sa statue est de quatre pieds de haut; son visage noir; elle porte la même tiare que le pape. On connaît ses miracles et ses trésors.

(4) Ils ne s'arrêterent pas d'abord à Loretto; c'est une inadvertance de notre auteur: *non ego paucis offendar maculis.* Cependant on peut dire pour sa défense que les anges s'arrêterent enfin à Lorette, eux et la maison, après avoir essayé de plusieurs autres pays qui ne plurent point à la sainte Vierge. Cette aventure se passa sous le pontificat de Boniface VIII, dont on dit qu'il usurpa sa place comme un renard, qu'il s'y comporta comme un loup, et qu'il mourut comme un chien. Les historiens qui ont parlé ainsi de Boniface n'avaient pas de pension de la cour de Rome.

(5) Bristol et Cambridge, deux villes célebres, la premiere par son commerce, la seconde par son université, qui a eu de grands hommes.

NOTES DU CHANT IX.

(1) Il n'est lecteur qui ne connaisse la belle Judith. Débora, brave épouse de Lapidoth, défit le roi Jabin, qui avait neuf cents chariots armés de faux, dans un pays de montagnes où il n'y a aujourd'hui que des ânes. La brave femme Jahel, épouse de Haber, reçut chez elle Sizarah, maréchal général de Jabin; elle l'enivra avec du lait, et cloua sa tête à terre d'une tempe à l'autre avec un clou : c'était un maître clou, et elle une maîtresse femme. Aod le gaucher alla trouver le roi Eglon de la part du Seigneur, et lui enfonça un grand couteau dans le ventre avec la main gauche, et aussitôt Eglon alla à la selle. Quant à Simon Barjone, il ne coupa qu'une oreille à Malchus; et encore eut-il ordre de remettre l'épée au fourreau; ce qui prouve que l'église ne doit point verser le sang

(2) On sait que le doge de Venise épouse la mer.

(3) Sannazar, poëte médiocre, enterré près de Virgile, mais dans un plus beau tombeau.

(4) Autrefois cet endroit passait pour un gouffre très dangereux.

(5) L'Etna ne jette plus de flammes que très rarement.

(6) Le passage souterrain du fleuve Alphée jusqu'à la fontaine Aréthuse est reconnu pour une fable.

(7) Saint Augustin était évêque d'Hippone.

(8) Les Phocéens.

(9) Le rocher de Saint-Maximin est tout auprès; c'est le chemin de la Sainte-Baume.

NOTES DU CHANT X.

(1) Ces sortes de divinations étaient fort usitées; nous voyons même que le roi Philippe III envoya un évêque

et un abbé à une béguine de Nivelle, auprès de Bruxelles, grande devineresse, pour savoir si Marie de Brabant, sa femme, lui était fidele.

(2.) Ce ne fut jamais que pendant la nuit que les lémures, les larves, les bons et mauvais génies apparurent: il en était de même de nos farfadets; le chant du coq les faisait tous disparaître.

NOTES DU CHANT XI.

(1) On ne connaît point dans l'antiquité le dieu du mystere; c'est, sans doute, une invention de notre auteur, une allégorie. Il y avait plusieurs sortes de mysteres chez les gentils, au rapport de Pausanias, de Porphyre, de Lactance, d'Aulus Gellius, d'Apuléius, etc. Mais ce n'est pas cela dont il s'agit ici.

(2) Il est indubitable qu'on représente toujours saint George sur un beau cheval, et de là vient le proverbe : « Monté comme un saint George. »

(3) Allusion aux tourbillons de Descartes, et à sa matiere subtile, imaginations ridicules, et qui ont eu si long-temps la vogue. On ne sait pourquoi l'auteur applique aussi l'épithete de rêveur à Newton, qui a prouvé le vide : c'est apparemment parceque Newton soupçonne qu'un esprit extrêmement élastique est la cause de la gravitation; au reste il ne faut pas prendre une plaisanterie à la lettre.

(4) Tout ce morceau est visiblement imité d'Homere. Minerve dit à Mars ce que le sage Denis dit ici au fier George : « O Mars, ô Mars, dieu sanglant, qui ne te plais « qu'aux combats, etc. »

(5) Toujours imitation d'Homere, qui fait blesser Mars lui-même.

(6) Milton, au cinquieme chant du Paradis perdu, assure qu'une partie des anges fit de la poudre et des canons, et renversa par terre dans le ciel des légions d'anges; que ceux-ci prirent dans le ciel des centaines

de montagnes, les chargerent sur leur dos, avec les forêts plantées sur ces montagnes, et les fleuves qui en coulaient, et qu'ils jeterent fleuves, montagnes, et forêts sur l'artillerie ennemie. C'est un des morceaux les plus vraisemblables de ce poëme.

NOTES DU CHANT XII.

(1) Mâchicoulis, ou mâchecoulis; ce sont des ouvertures entre les créneaux, par lesquelles on peut tirer sur l'ennemi quand il est dans le fossé.

(2) Il faut avouer que les pistolets ne furent inventés à Pistoie que long-temps après. Nous n'osons affirmer qu'il soit permis d'anticiper ainsi les temps; mais que ne pardonne-t-on point dans un poëme épique? L'épopée a de grands droits.

(3) L'équité demande que nous fassions ici une remarque sur la morale admirable de ce poëme. Le vice y est toujours puni: l'aumônier scandaleux meurt impénitent, Grisbourdon est damné, Chandos est vaincu et tué, etc. C'est ce que le sage Horatius Flaccus recommande *in Arte poeticâ*.

(4) Charles oublie sept cents femmes, ce qui fait mille. Mais en cela nous ne pouvons qu'applaudir à la retenue de l'auteur et à sa sagesse.

(5) Le nadir, en arabe, signifie le plus bas, et le zénith, le plus haut. La grande ourse est l'*arctos* des Grecs, qui a donné son nom au pole arctique.

(6) Ce sont les planches du pont: elles ne prennent le nom de madriers que quand elles ont quatre pouces d'épaisseur.

(7) On traitait les rois d'altesses alors.

(8) Il n'y avait point encore de peres capucins; c'est une faute contre le costume.

(9) Des ignorants, dans les éditions précédentes, toutes tronquées, avaient imprimé Licomede au lieu de Nicomede: c'était un roi de Bithynie. « Cesar in Bithyniam

« missus, dit Suétone, desedit apud Nicomedem, non « sine rumore prostratæ regi pudicitiæ. »

(10) « Alexander pœdicator Ephestionis, Adrianus Antinoi. » Non seulement l'empereur Adrien fit mettre la statue d'Antinoüs dans le Panthéon, mais il lui érigea un temple; et Tertullien avoue qu'Antinoüs faisait des miracles.

NOTES DU CHANT XIII.

(1) L'auteur désigne clairement ici la fin du mois de juin. La fête de saint Jean le baptiseur, qu'on appelle Baptiste, est célébrée le 24 juin.

(2) Ce que dit ici l'auteur fait allusion au trente-quatrieme chant de l'Orlando furioso :

> Quando scoprendo il nome suo gli disse
> Esser colui che l'evangelio scrisse.

Voyez notre préface, et sur-tout souvenez-vous qu'Arioste place saint Jean dans la lune avec les trois Parques.

(3) Les exemples des sorts sont très fréquents dans Homere. On devinait aussi par les sorts chez les Hébreux. Il est dit que la place de Judas fut tirée au sort; et aujourd'hui à Venise, à Gênes, et dans d'autres états, on tire au sort plusieurs places.

(4) Les onze mille vierges et martyres enterrées à Cologne.

(5) C'était un bouclier qui était tombé du ciel à Rome, et qui était gardé soigneusement comme un gage de la sûreté de la ville.

(6) Notre auteur entend sans doute l'artifice dont usa Jacob quand il se fit passer pour Esaü. Patte-pelu signifie les gants de peau et de poil dont il couvrit ses mains.

(7) Anne de Pisseleu, duchesse d'Etampes.

(8) Diane de Poitiers, duchesse de Valentinois.

(9) Henri III et ses mignons.

(10) Alexandre VI, pape, eut trois enfants de Vanoza.

Lucrece sa fille passa pour être sa maîtresse et celle de son frere, *Alexandri filia, sponsa, nurus.*

(11) La fameuse Gabrielle d'Estrées, duchesse de Beaufort.

(12) Celle qui depuis fut la connétable Colonne.

(13) On portait autrefois des hauts-de-chausse attachés avec une aiguillette; et on disait d'un homme qui n'avait pu s'acquitter de son devoir, que son aiguillette était nouée. Les sorciers ont de tout temps passé pour avoir le pouvoir d'empêcher la consommation du mariage : cela s'appelait nouer l'aiguillette. La mode des aiguillettes passa sous Louis XIV, quand on mit des boutons aux braguettes.

NOTES DU CHANT XIV.

(1) Comus, dieu des festins.

(2) *Roast-beef*, prononcez *rostbif*. C'est le mets favori des Anglais : c'est ce que nous appelons un aloyau. Les *uddings* sont des pâtisseries : il y a des *plumpuddings*, des *breadpuddings*, et plusieurs autres sortes de puddings. *Notandi sunt tibi mores.*

(3) Il l'était en effet.

(4) Alcide, Bacchus, Persée, fils de Jupiter; Romulus, de Mars, etc.

(5) Guillaume le conquérant, bâtard d'un duc de Normandie, fils de putain, comme le remarque judicieusement l'auteur d'après mylord Chesterfield.

(6) Cet endroit est encore imité d'Homere; mais ceux qui font semblant de l'avoir lu dans le grec diront que le français ne peut jamais en approcher.

NOTES DU CHANT XV.

(1) Nous avons déja remarqué que l'abbé Tritême n'a jamais rien dit de la Pucelle et de la belle Agnès ; c'est par pure modestie que l'auteur de ce poëme attribue tout à un autre.

(2) Dit-on pierre-ponce ou pierre de ponce? c'est une grande question.

(3) L'archevêque Turpin, à qui l'on attribue la vie de Charlemagne et de Roland, était archevêque de Reims sur la fin du huitieme siecle : ce livre est d'un moine nommé Turpin, qui vivait dans l'onzieme ; et c'est de ce roman que l'Arioste a tiré quelques uns de ses contes. Le sage auteur feint ici qu'il a puisé son poëme dans l'abbé Tritême.

(4) Le faux-bourdon est un plain-chant mesuré. Le serpent de la paroisse donne le ton, et toutes les parties s'accordent comme elles peuvent. C'est une musique excellente pour les gens qui n'ont point d'oreille.

(5) Stentor était le crieur d'Homere. Il est immortalisé pour ce beau talent, et le mérite bien.

NOTES DU CHANT XVI.

(1) J'avoue que je ne l'ai point lue dans Tritême ; mais il se peut que je n'aie pas lu tous les ouvrages de ce grand homme.

(2) « Remettez votre épée en son lieu, car qui prendra « l'épée périra par l'épée ». Saint Pierre conseille ici avec une piété adroite aux Anglais de ne pas faire la guerre.

(3) La Motte-Houdart, poëte un peu sec, mais qui a fait d'assez bonnes choses, avait malheureusement fait des odes en prose, en 1730 ; preuve nouvelle que ce poëme divin fut composé vers ce temps-là.

(4) Fortunat, évêque de Poitiers, poëte. Il n'est pas l'auteur du *Pange lingua* qu'on lui attribue.

(5) Saint Prosper, auteur d'un poëme fort sec sur la grace, au cinquieme siecle.

(6) Grégoire de Tours, le premier qui écrivit une Histoire de France, toute pleine de miracles.

(7) Saint Bernard, Bourguignon, né en 1091, moine de Cîteaux, puis abbé de Clairvaux : il entra dans toutes les affaires publiques de son temps, et agit autant qu'il écrivit. On ne voit pas qu'il ait fait beaucoup de vers. Quant à l'antithese dont notre auteur le glorifie, il est vrai qu'il était grand amateur de cette figure. Il dit d'Abélard : *Leonem invasimus, insidimus in draconem*. Sa mere, étant grosse de lui, songea qu'elle accouchait d'un chien blanc, et on lui prédit que son fils serait moine, et aboierait contre les mondains.

(8) Saint Austin ou Augustin, moine qu'on regarde comme le fondateur de la primatie de Cantorbéri, ou Kenterburi.

(9) Les Juifs emprunterent, comme on sait, les vases des Egyptiens, et s'enfuirent.

(10) Les Lévites, qui égorgerent vingt mille de leurs freres.

(11) Phinée, qui fit massacrer vingt-quatre mille de ses freres, parcequ'un d'eux avait couché avec une Madianite.

(12) Aod, ou Eüd, assassina le roi Eglon, mais de la main gauche.

(13) Samuel coupa en morceaux le roi Agag, que Saül avait mis à rançon.

(14) Judith, assez connue.

(15) Baza, roi d'Israël, assassina Nadad ou Nabab, et lui succéda.

(16) Achab avait eu une grosse rançon de Benhadad, roi syrien, comme Saül en avait eu une d'Agag, et fut tué pour avoir pardonné. Benhadad vaincu envoya des députés à Achab pour lui demander la vie. S'il vit, répondit Achab aux députés, il n'est plus que mon frere.

Cette réponse qui, humainement parlant, est d'une naïveté touchante et sublime, attira sur Achab la colere du ciel, et sur-tout celle des prophetes. (Rois, liv. III ch. 20.)

(17) Joas, assassiné par Jozabad.

(18) Allusion à l'épigramme de Racine :

> Je pleure, hélas! de ce pauvre Holopherne,
> Si méchamment mis à mort par Judith.

(19) Basilic, animal fort fameux, mais qui n'exista jamais. Léviathan, autre animal fort célèbre. Les uns disent que c'est la baleine, les autres le crocodile.

(20) Phosphore, porte-lumiere, qui précédait l'aurore, laquelle précédait le char du soleil. Tout était animé, tout était brillant dans l'ancienne mythologie. On ne peut trop, en poésie, déplorer la perte de ces temps de génie, remplis de belles fictions toutes allégoriques. Que nous sommes secs et arides en comparaison, nous autres remués de barbares!

(21) Les anciens donnerent un char au soleil. Cela était fort commun. Zoroastre traversait les airs dans un char; Elie fut transporté au ciel dans un char lumineux. Les quatre chevaux du soleil étaient blancs : leurs noms étaient Piroïs, Eoüs, Eton, Phlégon, selon Ovide; c'est-à-dire, l'enflammé, l'oriental, l'annuel, le brûlant. Mais, selon d'autres savants antiquaires, ils s'appelaient Erithrée, Actéon, Lampos, et Philogée; c'est-à-dire, le rouge, le lumineux, l'éclatant, le terrestre. Je crois que ces savants se sont trompés, et qu'ils ont pris les noms des quatre parties du jour pour ceux des chevaux; c'est une erreur grossiere que je démontrerai dans le prochain mercure, en attendant les deux dissertations in-folio que j'ai faites sur ce sujet.

NOTES DU CHANT XVII.

(1) Scudéri, auteur d'Alaric, poëme épique; le Moine, jésuite, auteur du Saint-Louis, ou Louisiade, poëme épique; Desmarets Saint-Sorlin, auteur de Clovis, poëme épique. Ces trois ouvrages sont de terribles poëmes épiques.

(2) Noms que prenaient autrefois les théologiens.

(3) L'histoire de Marie à la Coque, ouvrage rare par l'excès du ridicule, composé par Languet, alors évêque de Soissons. Ce passage nous indique que le fameux poëme que nous commentons fut fait vers l'an 1730, temps où il était beaucoup question de Marie à la Coque.

(4) C'est ce qu'on appelait autrefois cuisine de poche, et ce que signifie ce vers d'une comédie :

Porte cuisine en poche, et poivre concassé.

(5) Jéricho, comme vous savez, tomba au son des cornemuses : c'est un évènement très commun.

NOTES DU CHANT XVIII.

(1) Le duc de Bourgogne, qui assassina le duc d'Orléans. Mais le bon Charles le lui rendit bien au pont de Montereau.

(2) Gonesse, village auprès de Paris, célèbre par ses boulangers et par plusieurs combats.

(3) Charles VII ajourné à la table de marbre par l'avocat général Desmarets.

(4) Sa propre mere, Isabelle de Baviere, fut celle qui le persécuta le plus. Elle pressa le traité de Troyes, par lequel son gendre, le roi d'Angleterre, Henri V, eut la couronne de France.

(5) Ce sont les armes d'Angleterre.

(6) Selon les chroniques de ce temps-là, il y avait un misérable de ce nom qui écrivait des feuilles sous les

charniers Saints-Innocents. Il fit quelques tours de passe-passe, pour lesquels il fut enfermé plusieurs fois au châtelet, à bicêtre, et au fort-l'évêque. Il avait été quelque temps moine, et s'était fait chasser du couvent; il réussit beaucoup dans le nouveau métier qu'il embrassa. Plusieurs célèbres écrivains lui ont rendu justice. Il était originaire de Nantes, et exerçait à Paris la profession de gazetier satirique. Jamais homme ne fut plus méprisé et plus détesté que lui, comme dit la Chronique de Froissart.

(7) Guyon, ou Goyon, auteur du temps de Charles VII. Il composa une Histoire romaine, détestable à la vérité, mais qui était passable pour le temps. Il fit aussi l'Oracle des philosophes. C'est un tissu ridicule de calomnies. Aussi il s'en repentit sur la fin de sa vie, comme le dit Monstrelet.

(8) Autre calomniateur du temps.

(9) Autre calomniateur.

(10) Sabatier, natif de Castres, auteur de deux espèces de dictionnaires, où il dit le pour et le contre; calomniateur effronté, et le tout pour de l'argent. Il trahit son maître, M. le comte de L....c, et fut chassé d'une manière un peu rude, dont il s'est ressenti long-temps.

(11) Fréron donnait alors toutes les semaines une feuille, dans laquelle il hasardait quelquefois de petits mensonges, de petites calomnies, de petites injures, pour lesquels il fut repris de justice, comme on l'a déja dit.

(12) Il semble que ce chant de l'abbé Tritême soit une prophétie. En effet, nous avons vu un Fantin, docteur et curé à Versailles, qui fut apperçu volant un rouleau de cinquante louis à un malade qu'il confessait. Il fut chassé, mais il ne fut pas pendu.

(13) Autre prophétie. Tout Paris a vu un abbé Grizel, fameux directeur de femmes de qualité, dissiper en débauches sourdes l'argent qu'il extorquait de ses dévotes, et qu'on lui remettait en dépôt pour le soulagement des pauvres. Il y a grande apparence que quelque homme instruit de nos mœurs a inséré une partie de cette tirade dans cette nouvelle édition du divin poëme de l'abbé

Tritême Il aurait bien dû dire un mot de l'abbé la Coste, condamné à être marqué d'un fer chaud, et aux galeres perpétuelles, en l'an de grace 1759, pour plusieurs crimes de faux. Cet abbé la Coste avait travaillé avec Fréron à l'année littéraire.

(14) Les harpies Céléno, Ocypete, et Aello, filles de Neptune et de la Terre, venaient manger tous les mets qu'on servait sur la table du roi de Thrace, Phinée, et infectaient toute la maison. Zétès et Calaïs, fils de Borée, chasserent ces harpies jusque vers les isles Strophades, près de la Grece. Elles traiterent Enée comme Phinée; mais Virgile en fait des prophétesses. Voilà de plaisantes créatures pour être inspirées de Dieu!

> Virginei volucrum vultus, fœdissima ventris
> Proluvies, uncæque manus, et pallida semper
> Ora fame.

Elles se plaignent à Enée de ce qu'il veut leur faire la guerre pour quelques morceaux de bœuf, et lui prédisent que, pour sa peine, il sera contraint un jour de manger ses assiettes en Italie. Les amateurs des anciens disent que cette fiction est fort belle.

NOTES DU CHANT XIX.

(1) Vous savez, mon cher lecteur, qu'Hector et Ménélas se battirent, et qu'Hélène les regardait faire tranquillement. Dorothée a bien plus de vertu: aussi notre nation est bien plus vertueuse que celle des Grecs. Nos femmes sont galantes, mais au fond elles sont beaucoup plus tendres, comme je le prouve dans mon Philosophe chrétien, tome XII, p. 169.

(2) Je crois que notre auteur entend par ces mots, *que rien ne put toucher*, la dureté de cœur que fit paraître Atlas quand il refusa l'hospitalité à Persée. Il le laissa coucher dehors, et Jupiter l'en punit, comme on sait, en le changeant en montagne.

(3) Ce Bélin était en effet un contemporain; ce fut lui qui depuis peignit Mahomet II.

(4) Vous savez que Bruno fonda les chartreux, après avoir vu ce chanoine de Paris qui parlait après sa mort.

(5) Je soupçonne un peu d'ironie dans notre grave auteur.

NOTES DU CHANT XX.

(1) Voilà comment il convient de parler du diable et de tous les diables qui ont succédé aux furies, et de toutes les impertinences qui ont succédé aux impertinences antiques. On sait assez que Satan, Belzébut, Astaroth, n'existent pas plus que Tisiphone, Alecton, et Mégere. Le sombre et fanatique Milton, de la secte des indépendants, détestable secrétaire en langue latine du parlement nommé *le Croupion*, et détestable apologiste de l'assassinat de Charles I, peut, tant qu'il voudra, célébrer l'enfer, et peindre le diable déguisé en cormoran et en crapaud, et faire tenir tous les diables en pygmées dans une grande salle; ces imaginations dégoûtantes, affreuses, absurdes, ont pu plaire à quelques fanatiques comme lui. Nous déclarons que nous avons ces facéties abominables en horreur. Nous ne voulons que nous réjouir.

(2) Bernard, auteur de l'opéra de Castor et Pollux, et de quelques pieces fugitives, a fait un Art d'aimer, comme Ovide.

(3) L'âne de Silene est assez connu; on tient qu'il servit de trompette.

(4) L'âne d'Apulée ne parla point; il ne put jamais prononcer que *oh* et *non*: mais il eut une bonne fortune avec une dame, comme on peut le voir dans l'Apuleïus, en deux volumes in-4°, *cum notis ad usum delphini*. Au reste on attribua de tout temps les mêmes sentiments aux bêtes qu'aux hommes. Les chevaux pleurent dans l'Iliade et dans l'Odyssée; les bêtes parlent dans Pilpay, dans Lockman, et dans Ésope, etc.

(5) Les hérétiques doivent savoir que le diable demandant l'aumône à Martin, ce Martin lui donna la moitié de son manteau.

(6) Saint Roch, qui guérit de la peste, est toujours peint avec un chien, et saint Antoine est toujours suivi d'un cochon. Tous les bons chrétiens connaissent l'aigle de saint Jean, le bœuf de saint Luc, et les autres bêtes du paradis.

(7) Léda, ayant donné ses faveurs à un cygne, accoucha de deux œufs.

(8) Pasiphaé, amoureuse d'un taureau, en eut le minotaure; Philyre eut d'un cheval le centaure Chiron, précepteur d'Achille: ce ne fut point Neptune, mais Saturne, qui prit la forme d'un cheval; notre auteur se trompe en ce point. Je ne nie pas que quelques doctes ne soient de son avis.

NOTES DU CHANT XXI.

(1) L'auteur du Testament du cardinal Alberoni, et de quelques autres livres pareils, s'avisa de faire imprimer la Pucelle avec des vers de sa façon, qui sont rapportés dans notre préface. Ce malheureux était un capucin défroqué, qui se réfugia à Lausanne et en Hollande, où il fut correcteur d'imprimerie.

(2) On sent bien qu'ici le nom de madame Audou est substitué au nom d'une grande dame de la cour, qui en effet avait eu de la passion pour Baron le comédien.

(3) Il y a dans Cîteaux et dans Clairvaux une grosse tonne, semblable à celle d'Heidelberg: c'est la plus belle relique du couvent.

(4) Aphrodise est le nom grec de Vénus: cela ne veut dire qu'écume. Mais que les noms grecs sont sonores! que cette écume est une belle allégorie! Voyez Hésiode. Vous ne douterez pas que les anciennes fables ne soient souvent l'emblème de la vérité.

FIN DES NOTES.

CLASSIQUES.

CHAQUE VOLUME SE VEND SÉPARÉMENT.

J. Racine. Théâtre	4	Florian. Gonzalve de Cord.	2
Boileau	2	Vertot. Révolut. romaines.	4
Fénelon. Télémaque	2	— Révolut. de Suède	2
P. et Th. Corneille	5	— Révolut. de Portugal	1
Crébillon	3	S. Réal. Conj. cont. Venise.	1
Molière	8	Prévost. Manon-Lescaut	1
Regnard	7	Malherbe	1
La Fontaine. Fables	2	Régnier	1
— Contes	2	OEuv. choisies de Laharpe.	2
— Les Amours de Psyché	1	— Gresset	2
— Théâtre	1	— Lafosse, Duché, ch.	1
— OEuvres diverses	2	— Lemierre	2
J.-B. Rousseau	2	— Colardeau	1
Bossuet. Oraisons funèb.	1	— Debelloy	2
— Histoire universelle	2	— Saurin	1
Massillon. Petit-Carême	1	— Brueys et Palaprat	2
Fléchier. Orais. fun., etc.	2	— Poisson	1
Montesquieu. Esp. des lois.	6	— Boissy	2
— Grandeur des Romains.	1	— Favart	3
— Lettres persanes	2	— Champfort	1
— OEuvres mêlées, etc.	2	— Sedaine	3
Voltaire. Henriade	1	— Guimond de la Touche	
— Poèmes	1	et de Châteaubrun	1
— Epîtres	1	— Beaumarchais	3
— Contes en vers	1	— Collé	1
— Théâtre	12	— Piron	2
— Pucelle	1	— Destouches	2
— Romans	4	— La Chaussée	2
— Siècles de L. XIV, etc.	6	— Dufresny	2
— Charles XII	1	— Lagrange-Chancel	1
— Histoire de Russie	2	— Dancourt	5
— Essai sur les mœurs	8	— Bernard	1
— Dictionn. philosoph.	14	— Houd. de La Motte	2
— Dialogues philosoph.	3	— Barthe	1
— Mélanges historiques	6	— Boursault	2
Rousseau. Nouv. Héloïse.	5		
— Emile	4	LITTÉRATURE ÉTRANGÈRE.	
— Les Confessions	4	The Vicar of Wakefield	1
Labruyère. Caractères	3	Letters of Montague	1
Pascal. Les Provinciales	3	The Sentimental Journey.	1
La Rochefouc. Maximes	1	Fables by Gay and Moore.	1
Nicole. Pensées	1	Gerusalemme liberata	2
Lesage. Gil-Blas	5	Virgilius.. 1. Phædrus	1
— Théâtre	1	Horatius. 1. Sallustius	1
— Diable-Boiteux	2	Cornel. Nepos	1

— IMPRIMÉ PAR BÉTHUNE ET PLON. —

www.ingramcontent.com/pod-product-compliance
Lightning Source LLC
Chambersburg PA
CBHW070755170426
43200CB00007B/787